特色文化城市研究丛书

主编　张鸿雁

"十三五" 国家重点出版物出版规划项目

特 色 文 化 城 市 研 究 丛 书

差异与认同

——沪宁杭文化特色比较研究

吴新兰 张鸿雁 著

江苏凤凰教育出版社
Phoenix Education Publishing, Ltd

图书在版编目(CIP)数据

差异与认同：沪宁杭文化特色比较研究 / 吴新兰，张鸿雁著. --南京：江苏凤凰教育出版社，2019.3
ISBN 978-7-5499-7944-8

Ⅰ. ①差… Ⅱ. ①吴…②张… Ⅲ. ①地方文化-对比研究-上海、南京、杭州 Ⅳ. ①G127.5

中国版本图书馆 CIP 数据核字(2019)第 054892 号

书　　名	差异与认同——沪宁杭文化特色比较研究
著　　者	吴新兰　张鸿雁
责任编辑	薛　柏
装帧设计	李广玹
责任监制	杨赤民
出版发行	江苏凤凰教育出版社(南京市湖南路1号A楼　邮编210009)
苏教网址	http://www.1088.com.cn
照　　排	江苏凤凰制版有限公司
印　　刷	江苏凤凰新华印务有限公司
厂　　址	江苏省南京经济技术开发区尧新大道399号(邮编210038)
开　　本	787 mm×1092 mm　1/16
印　　张	19
版　　次	2019年4月第1版
	2019年4月第1次印刷
书　　号	ISBN 978-7-5499-7944-8
定　　价	75.00元
网店地址	http://jsfhjycbs.tmall.com
公 众 号	苏教服务(微信号:jsfhjyfw)
邮购电话	025-85406265,025-85400774,短信 02585420909
盗版举报	025-83658579

目 录

从“城市文化自觉”到“城市文化自为”（总序）

城市是文化的容器，是人类社会、经济、文化进化、发展的“动力因”。人类自从走进城市，社会就进入了加速度状态，5 000～8 000 年的人类文明史，演绎了人类城市进化和城市化的过程。亚里士多德说过：“为了生活，我们来到城市，为了更好地生活，我们留在了城市。”从城市产生那天开始就有了城乡差别，就存在着农村人口向城市流动的现象，而且这种城乡流动一直延续了数千年。最近的 40 年来，中国广袤的大地上呈现了人类历史上最壮观、最伟大、最悲怆、最生动的城乡人口流动场景——6 亿多农业人口从乡村来到了城市，城市化率从 1949 年的 10.6%，到 1978 年的 17.8%，再到 2018 年的接近 60%，我们用 40 年走完了西方城市化一两百年的发展过程。在这历史性的城市变革之中，城市在发展进化，一些乡村在衰落，另一些乡村以新的面貌在发展……中国城市社会来临了。这一社会巨变，为中国从传统型社会转化为现代型社会奠定了基础。但是，城市化的高速发展也必然带来相应的社会问题，急功近利的城市建设和“千城一面”的发展方式，使整个社会都在反问和反省：我们城市的特色哪去了？不同区域城市的“味道”哪去了？中国式的本土化城市形态哪去了？特色文化城市建设不仅被提升到了现代社会创新发展和现代性建设的高度，也同时被提升到了国际竞争的高度——特色文化已经成为全球城市竞争的必备条件。从城市社会学、城市规划学与城市文化学的三重视角看，特色文化城市研究与建构是现代社会创新发展的一种新需要。

“特色文化城市研究”是国家哲学社会科学重大招标课题的指定题目，也是我以往一直在研究的问题之一。我在城市文化学的理论研究与实践中发现，中国城市发展的特色文化建设几乎被所有的城市所忽视，而发达国家的城市文化特色建设伴随经济的发展，特色文化越来越显性化。将中国置于全球竞争中，越发能感觉到特色文化城市研究和建设的重要性。简而言之，没有特色文化的城市就等于没有生命和灵魂的城市；城市没有特色文化也就没有了“身份识别度”，也就没有了城市能级提升的动力和可持续发展的“文化软实力”。

一、走出城市“特色”危机[①]——打造特色文化城市资本

当下，城市文化发展面临的已经不再是“有”与“无”、“大”与“小”、“多”与“少”的问题，而是品质高不高、特色强不强、创新能力有没有的问题。推动城市建设从外延式扩张向内涵式发展转变，必须走特色文化发展、文化错位发展、文化个性创新发展的道路。那么，如何理解城市特色文化发展的内涵？应当如何推动并建构特色文化城市？

历史性和民族性文化是特色文化城市的核心表达，是特色文化城市打造的基础和前提。城市的“特”应该“特”在哪儿？顾名思义，“特色”就是与众不同，有突出的特点，或是特定的、唯一的城市文化特质和文化模式。根据《辞海》的解释，特色就是一个事物从本质上

① 张鸿雁.走出城市的特色危机.群众，2016(5)

区别于其他事物的外显特征。特色是某种事物所固有的、独特的属性,人们可以根据该种属性来区分和识别这种事物。城市特色文化就是城市的与众不同之处,其在某一方面或某一领域或某一文化要素上表现为具有垄断性、唯一性、可识别性和资本性的文化属性,具有大众文化认同的、历史性的集体记忆价值。历史久远的城市往往都有其固有的特色,或者是因其久远而积淀为特色,或者是因地域空间文化影响演变为结构化特色,或者是两种文化基因碰撞、冲击、融合、叠加形成新的特色文化……这样的文化特色必然成为城市发展的强劲动力。罗马城,一个人人熟知的世界性集体记忆:“条条大路通罗马”(All Roads Lead to Rome),这本是一句出自《罗马典故》的谚语,而作为一种特色,它给罗马以永恒的光环和特色。号称世界四大古都的特色文化的表达有:“不朽之城市西安”“永恒之城市罗马”“众神之城市雅典”和“金字塔之城开罗”。显然,其特色的光芒不仅非常耀眼,而且具有唯一性和可识别性。从最直接的诉求来讲,建构“特色”就是为了追求永恒,追求永恒的城市发展动力。正是这样,追求特色也必然成为形形色色、大大小小不同类型城市的生存和发展之道。一个伟大的城市,一定不是仅仅因为规模大而强大,而是因特色文化的存在而强大。特别是在竞争激烈的全球化城市发展中,特色文化城市建构已经成为城市发展的前提条件。佛罗伦萨是中世纪西方文艺复兴的一个源起城市,芒福德对这个城市评价说:“佛罗伦萨只有 40 万人,但比起那些有几百万人的城市更有力量也更伟大。”之所以这样说,是因为这个城市的建筑文化、文学艺术文化、城市雕塑文化、商业贸易文化以及思想价值文化都具有唯一性、独立性和创新性,引领了一个时代的潮流。

城市特色文化可以从多样态、多角度、多层次加以分类,这也是我们需要解决的问题之一,即提供城市特色分类的文化学、社会学研究视角和方法。第一,城市主体的历史文化特色,这是城市特色的基本要素和底色,是尊重和延续城市历史价值的一种视角。第二,城市自然山水特色,如草原城市、山地城市、滨海城市等,这是尊重城市的自然存在,也是敬畏自然与赞美城市的一种表达。第三,城市风土人情与风俗民情等文化特色，这是具有地方性和地点精神的文化特质，是尊重地方文化习俗的一种方式。除此之外，还有城市的产业特色、制度特色、发展模式特色、生活方式特色、价值取向特色及建筑空间特色，等等，特别是现代化发展中创新形成并具有时代特征的“文化质性意义”，也是必须把握和重点创建的，既要尊重历史，更要把握现实和未来。

城市特色文化是可以建构的。在不同种类的特色中，城市历史文化特色是最基本的，在研究与挖掘、创新与发展中应该放在第一位。在全球城市现代化历史潮流中，很多城市的地方性、民族性文化被荡涤殆尽，我们经常说城市特色文化的丧失，在很大程度上说的就是历史文化特色的丧失，历史文化特色是城市特色的核心表达，现代城市文化特色应该是在继承传统上的创新。当代有一个新词叫“城愁”，它是与“乡愁”对应的。在全球化的进程中，城市的历史文化特色很容易被湮没、被替代甚至被消亡，很多城市难以保留历史中积淀形成的民族性文化，如建筑风格、空间形态及日常生活方式……如今，城市中随处可见的是大面积高密度的西方化建筑群、大面积的水泥玻璃幕墙、大体量相似的街区空间结构……甚至有些空间已经成为很难亲近的“城市水泥森林”……强调城市文化特色，既要加强对历史文化特色的保护与保存，又要注重对历史文化特色的延续和创新。我们都知道，为了保护好、利用好城市的历史地段和文化遗存，现在很多地方进行了一些历史街区的改造和重建，强调空间的历史文化传承。但是，在我看来，在这方面还存在着很严重的问题和历史价值观分歧。一些城市，几乎清一色的仿明清建筑，几乎每座城市都有一定规模的“仿明清一条街”，这也是一个时代符号化的存在，但是显然有些过度了。恢复某些历史文化及建筑是必要的，但不应该仅仅是大规模恢复明清建筑文化，而是要在恢复某些历史文化建筑及空间的基础上，有所创新和发展，这在城市社会学、城市规划学、城市史学和建筑学界等被称为“城市更新与更替”，就是在本土化的意义上，创造出新时代的民族化产品和空间形式。我们要问的是：我们这个时代在城市规划和城市建设上建构、创新了什么样的具有时代意义的特色文化城市？当代城市建设有没有形成民族的、地方的文化特色？我们现在的城市规划、建设的城市空间形态，能不能成为人们未来历史的、民族的集体记忆？我们强调城市历史文化特色与现代创新文化特色相结合，就是一定要在保护、传承、发展中实现创新，在传统城市特色文化基础上进行现代性建构，从而体现具有历史特色的时代性价值。100 年后，人们在分析这个时代城市文化特质的时候会不会这样说：这个时代是一个恢复、模仿明清城市建筑的时代。当然，我们不希望这样，而是希望我们能够创造属于这个时代的城市特色文化，恢复和创新本土化的城市空间形态，创新有时代特色的本土化建筑和景观，在全球城市发展中，能够创造具有人类文化共同意义的多样化、民族化的城市样板和城市空间的集体记忆。

全球工业化以来，几乎所有国家都经历了乡村城市化的过程。现实的经验和城市化的历史规律已经告诉我们，未来的世界将是城市的世界，城市化和城市现代化将是一个世界性主题。当城市已经成为人类生活和生产的主要载体、城市人口超过乡村人口时，世界范围的竞争在本质上就是以城市为主体的经济、文化竞争，世界各国之间的各种竞争，已经从以往的以企业为主体的竞争，转变为以城市为主体、载体的世界性竞争。城市在世界范围内的竞争又直接表现为国家间的竞争，城市是国家地域生产力的集中表现形式，所以才有“全球城市”和“世界城市”概念的提出，才有世界级城市文化影响力霸权的存在。

城市必须有自己的特色竞争力，要么是有综合竞争力，要么是有核心竞争力，要么是有特色竞争力。发展中的城市，至少必须三者有其一。当然，三者皆备，则无疑是“世界性城市”或如萨森所论的“全球城市”。这其中展示给世界的城市特色文化竞争力的创新与提升，就是这一课题所要解决的本质问题之一：如何挖掘城市资源，创造城市自己独有的文化内核与独有的 IP，创造特定的国际化政治、经济和文化结构化形式，使城市形成广泛的有市民社会属性的创新文化土壤。如是，城市才会具有永恒的创新能力。

对从“文化转向”到“社会转向”的后现代意义的文化解释是:未来的城市化并不是像有些人认为的那样,所有的人都要到城市里去,到大城市去。丹尼尔·贝尔在《后工业社会的来临》中引用过这样一句话——“未来的城市无底、无形、无边”,社会发展会出现无边界城市和无边界的城市生活方式区域,原农村地带和城市会形成同样的生活方式——城市生活方式、城市文明和市民社会契约型价值取向。无论居住在哪里,人们都会以新型的现代工作方式、新型的现代网络型通信方式、新型的以私家车为主的交通方式、新型的以现代物流媒介为载体的消费方式、新型的以共享经济合作为平台的交往方式、新型的以智慧物联技术支撑的综合互动方式……在空间再生产的意义上,实现城市生活方式的无边界。城市化就是在传播、普及城市生活方式与城市文明,其本质和结果是市民社会的契约型生活方式的普及。

特色文化城市建设和规划不能过度政治化和权力化。近些年来,不少学者疾呼:中国城市已陷入“特色危机”之中,最为人所诟病的就是城市之间的相互抄袭和克隆,这不仅导致城市风格的丧失,而且还过度地进行了非民族化符号的表达。这些问题的出现,首先是因为在现代化进程中,城市建设丧失了对特色文化的把握,城市发展缺少了文化的主心骨。其次,地方政府政绩考核风向标使得城市发展出现偏差,导致城市决策者过度重视工业,盲目追求 GDP 增速,以及过度依赖土地财政形成的城市发展模式。土地财政不仅影响了城市特色文化的生成,也影响了整个城市地方性和民族性的文化建设。再次,部分城市管理者对城市历史文化的把握能力十分欠缺,对城市文化、历史和发展规律缺乏深入了解,盲目照抄西方的城市建设。值得注意的是,在城市空间规划上普遍存在一种文化认识误区,即“洋规划”才是好规划,因此,很多城市以“洋规划”和“洋人”规划为荣。长期以来,我们把西方文化置入中国城市的建设当中,套用了很多西方的城市规划理论和文化理念,没有形成中国化的、个性化的、具有特色文化的城市规划体系,无论在城市历史风貌上,还是在城市空间肌理上,都是用“洋人”的眼光来思考和衡量,缺少了本土化、民族化的文化意识。有西方学者说,很多城市问题是被规划出来的。至今还有些人没有搞清楚谁才是城市的建造者。房地产商号称是“造城运动”的开拓者,他们大规模圈地,使得经济利益成为城市建设的驱动力。开发商在建造城市的过程中很少考虑建筑与城市空间的结构关系,很少考虑城市服务体系和城市社会福利问题,他们主要考虑的是企业效益如何最大化,如何使楼盘的容积率提得更高,如何快速拿地、快速赚钱。这不仅导致一些城市成为“鬼城”“睡城”“单纯的住区楼盘”,而且使城市体系缺少了就业空间、生态空间和公共空间,既占用了大量土地资源,又降低了城市生活品质,同时把城市的一些优质空间变为少数个人财富增值的价值空间。

西方城市规划已经有一套完整的法律规程、责任和评价体系,而我们更多的是“长官意志”,使得规划过度政治化、权力化和政绩化。世界上有很多城市是值得我们学习的,如巴黎、伦敦、罗马、米兰、佛罗伦萨、京都和奈良,等等,其中最值得学习的是把城市特色规划作为城市进化的制度性手段,在城市规划中明确城市历史空间、公共空间、生态空间及建筑特色、城市色彩、景观风格、创意产业空间和就业空间等要素的文化价值,通过制订城市特色文化建设的专项发展规划,保证城市的有机风格、风貌和历史的延续。同时,很多城市颁布了城市特色建设的法律法规、保护纲领及行动计划,用各种各样的制度指标来确保城市的特色发展。在中国,虽然很多城市也有类似的针对历史文化空间和遗迹的保护性规划,但是这些规划执行力不足,实施过程中缺少监督,因为没有严格的法律程序,很多城市历史文化空间随意被改变,甚至被消除了。为了保护城市的历史与特色文化,必须运用大数据方法全方位整理、记录、统计城市文化要素,把物化空间要素、非物质文化遗产和精神文化等百分之百地整理归档,对城市建筑、景观、街区、道路、小品、公共空间等所有要素进行跟踪管理,采取高科技手段达到“精准”保护、建设和开发的目的。这里强调的是合理推行“精准保护”与“精准开发”相结合的模式。

“城市文化资本”构成新的城市发展的“文化动力因”。城市文化资源如果具有了唯一性、垄断性、资本性、历史文化特色性和公共性等要素，就可以创造性地进行城市文化资本再生产。如西安的大雁塔、小雁塔和大唐芙蓉园，北京的故宫和“798”，南京的中山陵和牛首山“地宫”……这里列举的城市文化资本要素都是一老一新，旨在强调城市特色文化的历史性和创新性所产生的资本性价值，既要挖掘历史文化，又要有现代城市文化创新。人类文化保存、延续与创新的主要载体是城市，城市里有各种各样的博物馆、历史建筑、文学艺术团体、高等学府、图书馆、工业集聚区、银行等，芒福德所论及的城市是“文化容器”就是在这个意义上所表达的概念。进一步说，人类财富与文脉传承的承担者主要是城市，当城市真正能够成为一种“文化容器”的时候，实际上这个城市已经成为人类思想、文化、人才、财富和创新的中心，这种中心性价值如果被毁坏了就很难重生。

“城市文化资本”概念的提出是从布尔迪厄“文化资本”一词衍生而来的。在我的《城市文化资本论》中，“城市文化资本”作为一种新的概念被提出，后被广泛应用。“城市文化资本”大体表现为十个方面的特点和属性：一是城市自然与人文文化资源的垄断性文化属性；二是城市自然和人文文化资源的唯一性文化属性；三是城市制度文化的创新性文化属性；四是城市符号化资源的“集体记忆”性文化属性；五是城市客观物化遗存资源的艺术性文化属性；六是城市优秀思想文化和创新文化的进步性文化属性；七是城市优秀行为文化和生活方式文化资源的样板性文化属性；八是城市公共资源的空间正义与公平性的文化属性；九是城市英雄主义和精英群体的引领性文化属性；十是城市历史文化资源刚性价值的文化属性。这里所强调的是，特色文化要素符号能够在某些条件下转换成城市文化资本价值。仅就中国城市而言，几千年中华文明积淀下来的以北京为代表的“京派”文化，近代中西文化冲突与融合而形成的以上海为代表的“海派”文化和以香港为代表的“港派”文化，均构成巨大的无形资产与“城市文化资本”形式，构成特色文化城市的“样本”，这三个城市的共性是规模大、人口多、文化容量大，又有其区位上的、政治上的和文化上的特殊性。但是,那些众多的拥有几万人、十几万人和几十万人的中小城市、镇应该如何建构自己的特色文化呢?这就是本课题研究的重点所在。正因为城市等级、能级和规模大小不同,所以才不能仅仅拼规模、拼综合实力、拼人口数量来发展城市,而是要强调创造特色文化、创造特色竞争力来发展城市并参与全球竞争,即使很小的城市,在巨型城市面前,在"世界城市"面前,也能够有自己的话语权,也能够展现自己的"世界身份"。

城市文化资本也是一种公共财富。一些让人引以为豪的城市文化资本要素都是世界瞩目的公共财富,具有公共文化资本的属性。那么,一般意义上的城市文化资本对推动特色文化城市建设有哪些意义和价值呢?简单说,城市文化资本创新能够引起物品和服务的不断流动与增值,城市文化资本构成了城市发展新的"文化动力因"。

首先,城市文化资本积累的过程也是城市环境改造、城市更新和城市创新发展的过程。世界上形象良好、文化活力强的城市,无不具有特定的文化构成关系和城市文化特色。比如,巴黎是公认的"服装之都""文化艺术之都""浪漫之都";维也纳的标签是"音乐之乡";伦敦是"充满选择机会的城市"和"奢侈品品牌之都";香港是"世界最自由和最安全的城市"……这些城市的整体形象为城市创造了无穷的魅力,这些要素本身构成了城市文化资本价值,既能够吸引人才,又能够吸引资本,还能够因为城市独有的魅力而成为世界旅游目的地。

其次,城市文化资本再生产本身就是在建构市民社会的文化场域。城市的作用在于改造人,缔造和改造人类自身,正是城市的主要功能。城市文化资本创新与"中国式城市文艺复兴"异曲同工,既能带来法律、规范和契约型社会的建设,形成市民社会的法理关系,又能表达市民社会文化价值观的普遍性,还能塑造新的城市文化和完成文化自觉的启蒙,如市民的举止风度、道德标准、服装文化、建筑风格、生活品位、健康生活方式等,在此基础上,还会有一个很好的社会文化选择机制。因为,在这样的城市里一定会有一个社会认同的样板阶层,他们是这个城市文化选择和创新的主体。在样板阶层的引导下，城市新文化、新变化最后彰显在市民身上，通过人的精神状态、文化素质表现出来。比如，城市创新能力的强弱，在本质上是由市民社会构成的城市文化土壤结构决定的。我常说“创新的土壤比创新本身更重要”，旨在说明社会文化环境的重要性。现在城市很多根源性问题的解决，都能在建构特色文化上找到相应的回答。

第三，城市文化资本创新铸造城市性和城市现代性。就现代城市文化的共性而言，首先是尊重人的主体地位和个性解放，城市空间要符合人体工学的要求，以人的尺度为尺度，而这恰恰是我们许多城市空间文化所欠缺的，许多城市甚至走向两极：要么过度平庸化，要么过度宏大化，两者都偏离了以人为核心价值的理念。特色文化城市建构与城市文化资本的再生产在本质上是一样的，建构城市文化特色是城市文化资本再生产的一个过程。当人类从工业社会走出来，社会与自然环境被人类多次“折腾”以后，人们开始思考社会良性发展的方式。城市社会空间集中了人类不同的生产形式，对自然的压力、破坏和消耗更大。而强调特色文化城市建设和把城市文化变成城市文化资本，就是推动城市社会发展驶入敬畏自然、尊重自然的轨道，寻找、创造出一条人类社会可持续发展的道路；就是“以文化魂”，把普遍存在的一般的文化资源转化为文化资本——创造特色文化城市，提升软实力，建构与自然和谐的、永续的发展方式。

从文化与自然哲学的角度看，城市也是一种生命体，表现着人类社会作为一种有机体的存在方式。既然是一个生命体，就要有生机和活力。人是城市的主体，所以城市也具有生命意义，也具有灵魂——城市主人的灵魂。每个城市都有自己的文化理念和灵魂，好的城市文化理念往往与民族的文化灵魂相关联。在西方城市与社会发展理论中，有学者将城市发展形态分为两种：一种是有规划的城镇，一种是没有规划的城镇。中国好多传统乡镇已存在上千年，它们不是由规划师规划的，而是由一些传统乡绅根据生活经验打造的。它们能够充分表现“天人合一”的空间形态，很自然地表达出自然和谐的纹理、肌理和空间关系。有了正式的规划学之后,我们都在追求秩序、追求功能、追求结构、追求价值、追求宏大、追求完善……当然也有人在追求与自然合一的规划理念。特色文化城市的研究,在理论与文化认知上提倡在尊重自然的前提下,寻找与自然契合的空间形式,包括城市空间肌理、城市植被、天际线、城市符号及建设材料的运用等,让城市成为"有机文化秩序空间形态"。日本的六本木以"城中城""立体城""艺术城"著称,其中最让人"惊艳"的就是屋顶、室内外打造的多样化的小体量园林和空中花园,还有小型稻田等,在某种意义上表达了城市是自然的一部分的文化理念。

人类是从自然走出来的,城市的未来也必须回归自然。芒福德在《城市发展史——起源、演变和前景》一书中最推崇的就是中国宋代《清明上河图》中描绘的城市,因为这是一个"有机秩序城市"。虽然现在很难达到其中所呈现出的空间关系、有机秩序及与自然融合的状态,但是,我们可以在局部地区,一点点地建立现代意义上的有机花园城市、有机森林城市。回归自然可以有多种表达方式,比如城市立体绿化,把工厂、大型商业综合体、创业产业区等慢慢地变成同时又是综合文化型的生态公园,这也是霍华德"花园城市理论"的再现,把森林引进城市,把花园引进城市,把立体植栽引进城市,把清水引进城市,把田园风光引进城市……这样的城市才更有生命力。

创造特色文化城市与特色小镇建设的主张和理念是高度一致的。第一,都是以特色为先。特色小镇是"单打冠军",要有独立的IP,要创造特色文化。第二,都是以生态为要。特色小镇必须要"三生融合":生态、生活和生产融合。第三,都是以高质量生活为要点。特色小镇是一种城市生活方式的集中体现地。第四,都是以创业、就业空间为主题。特色小镇必须是产城融合,是一个特色产业或高新技术产业集聚的平台和空间。第五,都是以文化旅游景区建设为标准之一。特色小镇的建设有一个旅游文化发展标准,即一定具有一个有艺术感的幸福生活体系。但是,当前要注意的是,有的特色小镇成了房地产开发项目,成了单纯居住的地方,功能没有复合化、有机秩序化。

总体来说，特色文化城市的建设是化解各类城市发展面临的资源枯竭、产业同质、土地浪费、人口膨胀、交通拥挤和就业不充分等系列社会问题的有效方案之一。特色文化城市研究与建设提倡的文化价值主张主要体现在三个方面。第一，创造新的高端产业集聚模式，特别是文化类产业集聚的效应，提供充分的就业机会，提升城市区域文化功能，进而放大城市经济能级，形成文化治理模式，以参与全球竞争。第二，建立现代城市文化治理模式，创新现代产业、传统产业与生活社区相融合的社会精准治理新秩序空间，改善城市社区生活品质。第三，培育市民社会和城市文化的自觉。城市的主体是人，必须以人为中心，以人的价值为城市价值，使城市更适应创业、创新者居住和生活。

二、城市社会来临——构筑特色文化城市是历史责任①

文化从来都是强者的武器。特色文化城市建设是全球化竞争的一种文化被选择。正如我们在全世界范围内看到的那样，被誉为世界性大都市的城市都有自己的特色文化，这种特色成为一种文化场域，能够让人们更好地生活，更好地创造，更好地在城市里扎根，更好地实现生活的梦想。法国学者西蒙娜·薇依在《扎根——人类责任宣言绪论》一书中说："扎根也许是人类灵魂最重要也是最为人所忽视的一项需求。这是最难定义的事物之一。一个人通过真实、活跃且自然地参与某一集体的生存而拥有一个根，这集体活生生地保守着一些过去的宝藏和对未来的预感。"所谓自然地参与，指的就是地

---

① 张鸿雁主持的国家社科基金重大招标项目：特色文化城市研究(12&ZD029)。

点、出生、职业、周遭环境所自动带来的参与。每个人都需要拥有多重的根。“每个人都需要，以他作为自然成员的环境为中介，接受其道德、理智、灵性生命的几乎全部内容。”①是的，扎根是一个人生活稳定、工作稳定、心理稳定和努力向上创造美好生活的前提，更是社会稳定发展的前提。中国人的“根”——文化之根仍在农村，一到过年过节，中国有许多人都要从城市回农村，或见父母，或见爷爷奶奶，或寻根祭祖，或走亲访友，或寻找儿时的记忆……据人民网 2018 年 2 月 16 日报道：“2 月 15 日除夕当天，也就是春节假期第一天，全国铁路、道路、水路、民航共发送旅客 5 194.4 万人次……春运前 15 日(2 月 1～15 日)，全国铁路、道路、水路、民航累计发送旅客 11.12 亿人次。”②改革开放 40 年来，城乡流动是社会整体变化、社会结构性转型、中国进入城市社会整体进化过程的经典写照。

中国现代化进程的特色之一是从“乡愁”到“城愁”的变迁，这也是中国城市的时代特点。一部分乡村人一方面带着乡愁过上了城里人的生活；另一方面，他们留着“乡愁”——在乡村里留下了大量的留守儿童、留守老人和留守妇女……社会在变革，全球化和城市化使得城乡人口大迁徙演绎了无数悲欢离合的故事。孟德拉斯在他的《农民的终结·导论》里批评当时的一些研究者说：“19 世纪的社会科学表明，它们对乡村的事物的不了解令人惊讶。它们的分析和解释的努力都是针对工业经济和都市社会的。”③偌大的中国乡村，存在着多样化的情况，很多研究者仅就个体看到的乡村来描述中国，实际上，中国既有苏南地区的华西、永联这样的已经变成特色城镇的乡村，也有苏北地区已经工业化了的乡村，还有全国 2 200 多个已经商业化的“淘宝村”型乡村，因为，有很多乡村里传统农业生产已经消亡，多梯

① 西蒙娜·薇依.扎根——人类责任宣言绪论.徐卫翔，译.北京：生活·读书·新知三联书店，2003：33

② 王紫.交通运输部：春运前 15 日全国共发送旅客 11.12 亿人次.人民网 http://t.cn/RRmqHp2.2018-2-16

③ 张鸿雁.农村人口都市化与社会结构变迁新论——孟德拉斯《农民的终结》带来的思考.民族研究，2002(1)

度的中国社会结构，呈现出多样化的乡村形态；有成千上万个已经成为旅游景点的美丽乡村，还有像湖北蕲春县那样有着100多万人口，仍然存在着9 900多个自然村，其中10户以下的自然村占40%的乡村；还有像浙江莫干山那样有大量“洋家乐”和高等级传统民宿的国际化乡村；亦有南京高淳国际慢城那样农民“就地城镇化”的乡村。当然，仍然还有遍布全国的大量的“空心村”，以及东北一些60年未曾有过变化的乡村……中国农村已经呈现了多样化、多层次、差异化和多类型的发展状况。[①] 孟德拉斯在1964年出版的《农民的终结》一书开篇就说：“20亿农民站在工业文明的入口处：这就是20世纪下半叶当今世界向社会科学提出的主要问题。”[②]孟德拉斯在20世纪60年代就论证了法国都市化过程中的都市与乡村差异缩小的发展事实，到20世纪80年代，法国城乡社会结构的变迁证实了孟德拉斯的观点。他在《农民的终结》一书出版20年后的1984年，为该书写了一个《跋》，其中说道：“虽然法国还有农业劳动者，但是他们已不再是传统意义上的农民。”孟德拉斯认为，《农民的终结》一书是给在法国存续1 000多年的农业开出的“文明的死亡证明书”。他自己还很感慨地说：“对另一些人来说，我是农民的陈旧价值的怀旧歌手。宣告农民的终结在读者中引起怀旧的伤感：尽管作者努力做到像他自己希望的那样‘科学’，但他永远无法控制他在读者中激起的感情共鸣。”是的，法国农业已经挣脱了传统农业的羁绊，有农业，但是没有了传统意义上的农民，在农场里工作的是“农业工人”“农场职员”，以及高级工程师、农业技师、农业高级白领等。这样的职业农民变成市民，就会“接受其道德、理智、灵性生命的几乎全部内容”，而使社会整体进入一个开放型的社会，一个典型的城市社会。在这里，我们应该清醒地认识到，城市化在本质上是让农民转化为市民，让他们有文化、有教养、有品位和有尊严地生活着。

---

① 张鸿雁.论当代中国城乡多梯度社会文化类型与社会结构变迁——依据“社会事实”对“二元结构”的重新认知.南京社会科学，2007(11)

② H.孟德拉斯.农民的终结.李培林，译.北京：中国社会科学出版社，1991：1

孟德拉斯提及的农业发展出路就是我们提出的乡村振兴、新型城镇化的道路，让农民成为职业农民，在具体方式上就是建构"都市农业"和"都市人农业"。这与霍华德提倡的田园城市异曲同工，就是建立以城市人为主体的现代农业体系和规模农业。(在我的调查中，中国一些地方城镇管理者理解的"都市农业"是：农村将产品供给城市。这是一种典型的误读)孟德拉斯说："最发达的国家，农业从业人员基本上分成三部分人：一是农场主——相当于中型企业经理；二是占有生产资料的'自我雇佣'型的农业生产者——相当于典型的中产阶级；三是被雇用的农业机械科技人员——相当于技术工人。"这应该是中国未来"农村振兴"的发展方向，未来农业的从业者应该是城镇市民，即有文化、有学历、有知识、有技术、有契约精神的城市市民，让农民成为现代化农业体系和技术农业、规模农业、观光农业、精准农业、智慧农业中的一个职员和农业技工(农业白领)。如果仍然以传统小农经济为主体，靠天吃饭，既摆脱不了贫穷，更不能建立一个整体的具有现代性的社会。

能不能让市民"扎根"是特色文化城市建构的一个重要内涵。"拔根"与"扎根"是中国现代化、城市化发展中一个特有的社会现象。从1978年改革开放以来，从乡村到城市，至今已有5亿左右的农民涌进城市，成为"城市人"，或是"城乡候鸟人"，或是城市新市民，就如见诸报端的那些表达方式："新昆山人""新苏州人""新深圳人""新海南人"……无论是城市人还是城市中的外来人，面对城市社会的快速变迁，都不同程度地存在着"无根性"的文化心理结构和行为文化特质。[①] 作为民族传统文化习俗的集中表达，传统节日期间的人口大迁徙和"空间大挪移"，很好地诠释了"乡村的无根性"和"城市的无根性"。春节是中国文化在"空间折叠"与"时间折叠"上最充分、最彻底和最深刻的一种社会存在。一张纸可以折叠，在理论上有某种意义的平面物品都可以折叠。某种空间场域在"黑洞力"的作用下，"空间折叠"表现为空间扭曲和折变演绎。

① 张鸿雁.中国"非典型现代都市病"的社会病理学研究.社会科学，2010(10)

一旦某一巨大空间被折叠——两点被折扣一起，时间和空间便发生了特定变化——既没有了时间，也没有了距离，这既是一种理论假设，也是一种客观存在。

生活里的时间与空间"折叠"是一种文化隐喻、文化实证和文化符号象征。在一定时间和空间内，多类型与多样态文化和现代性与传统性文化，被现代性和现代化的手段重塑、重构，并被仪式化。这种文化和空间同时能够成为民族的集体记忆、集体行为和文化心理结构的集体烙印。在本质上，这个时间、空间在某种意义上就是被"折叠"了——现代和传统两点被"折叠"在一起，传统文化"穿越"现代性时空以表达过去的文化价值，现代文化"穿越"传统以表达对过去时间的尊重，"穿越""折叠"使现代性与传统性被统一表达为过去的回归、重叠和新的开始。时间和空间在心理上、仪式上凝固成一种文化符号后，个体与群体的文化心理结构也因此演变为新的意识和文化。春节等民俗节日就是被"折叠"的空间和时间，在这个共时性的空间与时间里，旧的、新的，现代的、传统的，"有机团结"的和"机械团结"的……在心理上、空间上、时间上集聚和转换，特别是人流在空间上的转换，从城市到乡村，从乡村到城市，从城市到城市，文化时空被压缩、折叠、定格为共同的心理空间——春节，每一个人都把这个时间和空间当成弃旧换新的原点。这也是社会心理文化空间与时间"折叠"的一种隐喻，在新的开始之前，我们寻根、祭祖，寻找自己来到城市前的足迹，以满足人类本源性的怀旧文化需求。

几千年来，中国一直是以农业立国的传统农业生产型国家，城市是农业社会的附庸。从周宣王"不籍千亩"肇起，到近代社会以前，几乎所有的改良、变法和某种意义上的改革都集中在农业领域，或针对农业、农田和小农。譬如，商朝的"井田制"；春秋时代管仲的"相地而衰征"；战国时期李悝的"任贤重农"和商鞅变法中的"重农抑商"；西汉武帝时的"算缗令""告缗令"，征收商人财产税来限制工商业以促进农业发展；北魏至唐朝前期的"均田制"的推行；宋代王安石变法措施之一的"青苗法"；明代张居正推广至全国的"一条鞭法"；还有清朝政府普遍实行的"摊丁入亩"，等等。历朝历代花费巨大精力在农业的“变法”上，且集中在“土地税”“人头税”及“服劳役”上。但是对老百姓来说，几千年的中国农业、农村发展总是千疮百孔——多数时间食不果腹，表现为“闹饥荒”的灾年多于丰年，以至于人们见面的第一句问候就是“吃饭没?”直到20世纪五六十年代，甚至70年代仍然如此，吃饭问题一直是中国的大问题，几千年来的多次变法和革新都未能真正解决农业和吃饭问题，当然也没能解决农业生产力解放的问题，而只是在国家税收、百姓服劳役等方面有变化。到了改革开放的1978年后，才真正解决了中国人的吃饭问题。显然，解决这一问题的途径之一就是发展现代化，而现代化的结果和形式就是城市化和城市现代化。

回过头来看，我们试问：中国的农村曾振兴过吗?“振兴”一词的内涵一是“整顿”，二是“恢复”。宋代田况在《儒林公议》中说：“范仲淹入参宰政，富弼继秉枢轴。二人以天下之务为己任，谓朝政因循日久，庶事隳敝，志欲划旧谋新，振兴时治，其气锐不可折。”中国历史上屈指可数的几代盛世如“文景之治”“贞观之治”“开元盛世”及“康乾盛世”，其真实的一面也都被后来的历史学家说破过，古代文人和正史所粉饰的盛世屈指可数，可见的更多是哀鸿遍野、饿殍遍野、断壁残垣、饥寒交迫、青黄不接、满目疮痍……中国长达2 000多年的封建社会，是凝固化的超经济强制集权体系，导致形成汪洋大海般的封建型传统小农经济，城市与乡村各持其短，长期停滞且未能变革，如费孝通先生所论：未能有文化自觉。直到1848年，中国的城市人口还只有10.9%，而同时期(1850年)的英国城市人口已经达到50%以上，英国成为人类历史上城市人口第一次超过农业人口的国家。

在1848年以后的100多年时间里，中国社会烽火连年、军阀混战，天灾人祸不已。至1949年，中国近90%的人都来自农村，据相关记载，当时是“4万万同胞”，也就是说现在70岁左右的老人90%生在农村。到了1978年，中国城市人口也只有17.8%。20世纪50年代、60年代、70年代，有70%～80%的人是在农村出生的。到了2000年，中国城市化人口仍不到30.1%，20世纪80年代～90年代出生的人仍然有70%左右来自农村。2010年以后，城市人口达到

50%以上,2018年中国城市人口接近60%,这一时期的城乡人口比例才发生了结构性的变化,但是,真正有城市户口的人口还不到50%,大量没有户口的、长期居住在城市里的劳动者成了“新城市人”。可以这样说,2000年前后出生的人,50%左右来自农村。2010年中国城市人口第一次超过农村人口,中国已经进入城市社会,但仍然有40%以上的人口来自农村。乡村是我们当代城市人的“根”之所在,“乡愁”是我们共同的感受与记忆。

“城市文化的无根性”,表现最典型的是深圳,目前深圳有1 500万人左右,有深圳市户籍的人口仅354.99万人,占常住人口的31.2%。[①] 一些沿海发达地区如上海、浙江、江苏、广州等,外来人口都超过50%。另外一个最典型的地方是东北,很多城市是人口流出的,据说东北有接近100万人在海南省生活,曾经背井离乡“闯关东”,现在却从大东北来到大海南——闯海南。理论上和实际生活上乡村都不再是生活的“根”,人们不愿意在传统乡村扎根,乡村只是“乡愁的根”。

城市文化的无根性。我们看到的是:居住在城市里的一部分人就像“无根浮萍”一样“漂在城市里”,或者像社会学家描述的那样,是一种“边际人”,总要回到乡下去找“乡愁”的“根”,寻找过往文化记忆的“根”。“不要忘本”是一种文化伦理,回乡探望是一种亲情。简单地说,现实生活的变迁与社会转型使每个个体很难确定生活地点和坐标。[②] 而曾经的农村“乡愁”并不是现在这样仅仅是拜见父母、回忆孩提时代的“乡愁”,那时的农村“乡愁”是:愁吃、愁穿、愁工作、愁生活……这也是我在那个时代真实而直接的感受。当代的“乡愁”和那个传统的“乡愁”已经有了本质的区别,现代的“乡愁”已经成为一种情感、一种情怀、一种生命的怀旧、一种爱的回归,是一种曾出生在农村的中国人的集体烙印。

---

① 2016年“北上广深”人口大数据分析:深圳户籍人口仅31.2%.中商情报网 http://www.askci.com/news/finance/20160829/14272357840.shtml

② 米歇尔·博德.资本主义史:1500～1988.吴艾美,等译.北京:东方出版社,1986:11

为什么城市里没有你我的根？为什么当想到振兴乡村的时候，就会想到曾有过一个美好的乡村和农业？在中国历史上有过美好生活的乡村吗？奴隶社会有过吗？封建社会有过吗？近代社会有过吗？几千年的历史中，乡村对于城市而言是贫穷和落后的代名词。农民的生活曾经有过衣食无忧吗？不然，我们为什么努力建设"小康社会"？传统乡村是积贫积弱被城市剥削的农村——所以梁漱溟才说"我所主张的乡村建设，乃是解决中国的整个问题，非仅止于乡村问题而已"①，"乡村运动正是民族自觉的开端"②。很多仁人志士要想改变中国都是从改变中国贫穷、落后和愚昧的农村入手的。

三、从乡土文化之"根"到特色文化城市之"根"

我们的文化之根现在在哪？其未来在哪？在城市还是在乡村？能够让来自乡村的人在城市扎根、让从其他城市来的人在新的城市扎根是需要很多条件的，既要建构优质的城市市民生活空间和文化土壤，又要有已经优化的城市文化综合治理模式，还要"让城市充满选择机会"，更要让城市文化和生活空间具有宽容、公正、公平和正义的属性；不仅要满足人们生存的多种需要，如西蒙娜·薇依所说，还需要创造"灵魂的各种需要"，这些需要包括城市社会的"秩序""自由""责任""平等""荣誉""惩罚""言论自由""安全""风险""私有财产""集体财产"和"真理"等。让人们能感受到"有灵魂的生活"是其中核心的、最基本的需要，是一个人获得个人尊严的前提。社会整体意志的良知能够创造对个体的尊重，并将这种尊重推广为一种义务，这样的城市肯定是美好的，也是理性和科学的、民主与法制的，是城

① 梁漱溟.自述.梁漱溟全集(第二卷).济南:山东人民出版社,2005:31

② 梁漱溟.乡村建设理论.梁漱溟全集(第二卷).济南:山东人民出版社,2005:486

市社会的理想类型。

在现代城市社会的发展与变迁中，人口在流动，社会在转型，空间在变化，人们普遍存在着“无根”的感觉。虽然城市有时可以让人沉静下来，感受城市的文化和风情，但在社会转型中，这种感觉往往只是短暂的，甚至是稍纵即逝的，而现代生活中很多非典型性社会问题的表现形式之一就是人们都在“刷存在感”、寻找存在感，以至于演化成某些新的社会问题。

城市提供了乡村没有的个人价值增长的特殊环境，城市与个人发展有着本质联系，人们在城市中不自觉地创造着“自我文化”的“扎根”过程。考上大学，就是第一次“拔根”，这类“拔根”对于农村户口的人来说是社会流动中“向上流动”的起点和条件，然后就有了各种各样的“扎根”与“拔根”过程、类型和方式：打工、求学、就业和出国等。有的人从乡村走进城市求学，有的人从乡村出来打工，有的人从小城镇走进大城市，有的人从这个大城市走向另一个大城市；有的人成为临时工，有的人成为职员，有的人成为建筑工人，有的人成为大学教授，有的人成为公务员……人们从一个城市流向另一个城市，从一种行业换到另一种行业……人们不得不去思考，在什么时候、在哪座城市里能够“扎根”，哪个城市能够更好地让人们扎根。

当社会发展出现新的生产方式和新技术后，人们越容易被分化为不同阶层的群体，特别当城市社会成为典型的“异质型社会”时，这是帕克对城市分析的最深刻的一部分——城市的“异质性”。在城市社会的变迁中，人们一次又一次地创造新的生活和体验，或许每个人都一直在试图“扎根”，但现实是必须应对如潮的社会变迁，一次又一次地被“拔根”——离开家乡，离开原单位，离开原来的行业，离开生活过的城市，去寻找新的“根”和城市……无论穷人还是富人，无论是高学历者还是低学历者，也无论是城市里人还是乡村人……面对瞬息万变的现代化发展和生活、生产的技术型变化，有时是束手无策的。产业结构的变化，新型业态的变化，新型消费方式的变化，新型交通方式的变化，新兴网络经济的变化以及智慧产业、3D 打印产业、机器人产业的兴起等,使得所有社会阶层都面临新的挑战,所有不同类型的群体和个人都有可能"被拔根"。"无根性"所形成的不稳定性是现代风险社会非典型性社会问题产生的原因之一,即使在城市社会精英群体层面,虽然他们在外在形式上表现了城市人生活的"嵌入性结构",甚至通过城市的"事本性"构成了"强关系"社会网络,但是,过快的变化也使得他们面临各种各样的"被拔根"境况。城市"无根性"更为深刻地表现了城市人的关系结构,人们渴望在这个城市所形成的"地点、出生、职业、周遭环境所自动带来的参与"①。在这个意义上说,既要有生活源文化的"根"——乡愁与乡村的生活,还要有创业发展和个人价值理想实现之"根",让人们能够在城市里形成"嵌入性的生活体系",感觉到城市的关怀和温度。

城市社会被放大的"无根性",使得任何个体都必须重新进行"社会再包装"和"社会个体再整饰"才能融入社会。② "一个十分清楚的逻辑关系是:中国实现现代化→首先必须改变80%的农业人口的文化心理结构→使更多农业人口走进现代化生活→让更多的农业人口实现文化心理结构的现代化转向→必须改变传统农业社会的社会结构和生产结构→推进经济转型良性发展与改变生产方式、生活方式→最终使'乡村人'成为'城市人',成为有契约精神的市民,从而使中国从传统的乡村社会转化为城市文明社会。"③

正如孟德拉斯所说:"农民是相对于都市来限定自身的。如果没有都市,就无所谓农民,如果整个社会全部都市化了,也就没有农民了。""当农业劳动者不再把自己作为生产者,并开始考虑自己的生产销路时,他的整个世界都改变了。种地养家的农民和满足消费者需求的农业生产者具有完全不同的视野。"为了简明描述我们应该思考的未来振兴后的乡村的生活,我们还是用孟德拉斯话来解释:20世

① 西蒙娜·薇依.扎根——人类责任宣言绪论.徐卫翔,译.北京:生活·读书·新知三联书店,2003:33

② 张鸿雁.中国"非典型现代都市病"的社会病理学研究.社会科学,2010(10)

③ 张鸿雁.社会经济形态转型条件下"结构性农业经济"的构建.社会科学,1996(1)

纪 80 年代的法国,“乡下人享有都市生活的一切舒适,统计数字表明,在巴黎人、都市人、郊区人、小都市居民和乡下人之间,已经不像 20 年前那样具有系统的差异”,所有的家庭都有现代化电器和小汽车,而在某些方面在原乡村地区的居民还有优势,如住宅空间和冰柜比都市中心区居民的要大得多。他认为,“乡下人享有都市的一切物质条件和舒适,从这种意义上说,他们的生活方式都市化了。这种生活差距的消除是在 70 年代完成的。作为逆流,一些异型的生活形式出现了。”[①]因此我们可以试问:三代四代以后,我们的“根”在哪?答案肯定是不同的,理解也是不同的。不解决农民的问题,也就不能解决中国社会落后的本质问题,几千年的中国农业社会,直到现在很多社会问题都源于还在深化的城乡二元结构。中国老一代学者在研究社会问题的时候,都蕴含着一种个人价值理想与人文精神指向,具体表现为对劳苦大众的人文关怀——20 世纪二三十年代,有一批知识分子、文化人深入乡村开展实地研究,试图从根本上解决中国的贫穷问题,其解决之道的切入点是:对农民进行文化启蒙教育。从当代的世界潮流看,乡村振兴有三种思路:一种是关注、关心农民,让农民仍然像以前一样留在原来的土地上维持传统生活;一种是留在原来的土地上创造新的生活;一种是让农民变成市民,进入城镇生活体系并通过身份转换,重新以城市人的身份来改变乡村。我们的关注点应该是在乡村能否建构现代城市生活方式、现代城市文明和现代城市市民的生活体系,让传统乡村中的每个个体获得人性的解放,让每一个人活得有理想、有利他主义的价值取向。

我个人之所以关注乡村、关注乡村的“空心化”问题的解决,主要是因为在我多年的城市研究中得出这样一个结论:要想解决农民贫困问题,就必须减少农民,必须让农民转化为城市市民或者成为有知识的农业工人,其根本的方法之一就是积极推进科学的、适合本地情

---

① H. 孟德拉斯. 农民的终结. 李培林,译. 北京:中国社会科学出版社,1991:2,175,284,300,302

况的乡村城市化。同时在城市研究中我还看到，目前推进的乡村城市化不仅存在理论与认识上的误区，而且还存在着实践与操作上的错误，一些地方的城镇化建设不仅难以推动，而且还在走偏。合理的新型城镇化在把传统农民变成市民的同时，也应该创造现代新型的城镇科技农业，在“原农业地带”创造城镇生活方式，创造新的城市社会关系体和区域现代性——“城市性”，包括建构、培育契约精神、民主精神、集体良知、利他主义倾向等，这就需要对农民进行文化启蒙再教育。乡村城镇化也是在创造新的“地域生产力格局”，建设“财富积累中心”以及人文主义精神，要让“城市性”和“城市现代性”要素凝结成为农民的一种文化认知。进一步说，在全球一体化和全球城市化的今天，如何能在中国原来的农业地带进行有效的城市文明传播是一个十分迫切的问题，也是中国现代化需要解决的“短板问题”。

马克思在《资本主义生产以前各形态》中讲过，“近代的历史是乡村城市化的历史”，人类城市化的历史已经证明了马克思的观点。从更深层次的意义上说，我们在关注乡村问题、表达人文关怀和学者责任的时候，还应该有时代的担当。一个学者在探索现实与历史问题的同时，还需要直接参与城市和乡村文化的规划、建设实践，并把一般的责任担当转化为具体行动。我当过知识青年，下过乡，当过农民，20 岁当农村生产队队长，东北农村里所有活儿都做过，还当过林业工人和建筑工人，应该说是十分了解农民生活的疾苦，也更了解农民没有文化知识的苦痛生活事实。我认为，不能让传统农民仅仅附着在原来的土地上，以传统的生产和生活方式继续着不能改变贫困的生活，而要在“原农业地带”创造一种“城镇人”的市民生活方式。

发达国家都曾出现这样一种现象：社会精英群体带着知识和资本重返乡村去参与村镇的规划建设和治理工作。因专业需要和个人价值取向，我主持了多项城市规划、城乡一体化规划、县域“多规合一”规划、特色小镇规划、旅游景区规划以及村镇治理规划、村镇空间规划、村镇文化旅游规划、村镇农业科技园区规划和传统古村落“精准保护与开发”规划等。从20世纪20年代以来，在美国、英国、法国、德国、日本和韩国等经济较发达国家，很多知识分子都曾参与乡村的改造、重建和新文化创造运动。特别需要类比的是，这一时期的中国(20世纪二三十年代)，以晏阳初等学者为代表的人们正在办学校，开展平民启蒙教育。晏阳初认为，中国的大患主要是民众的“贫、愚、弱、私这‘四大病’”，要改变落后的中国，必须改变“少文化缺知识”的农民。但是，那个时代战火连年加之外患频仍，注定了他们不可能真正实现改变农民贫困生活的愿望，更不可能改变积贫积弱的社会。今天，中国处在一个改革开放、可以创新的时代，为学者介入乡村治理提供了良好的环境，让农民从仅仅是“活着”转而走向“生活着”的状态，并进入有文化价值追求的生活方式。这里强调“生活着”，意指个体人生终极价值的追求。要想达到此目的，必须去重构乡村的“文化根柢”①。在这方面，日本、韩国和中国台湾等均有成功的案例，如日本古川町、中国台湾宜兰的社区治理模式等，都有大学教授、学者、规划师、建筑师等在乡村一做就是几年甚至十几年。在浙江德清莫干山一带正兴起的“洋家乐”就是乡村城镇生活方式化的一种发展模式，是城市精英下乡推广城市文明的一种成功案例。目前，已经出现大批城市精英重返乡村的热潮，他们在传统乡村或深山里建构新型的城市生活方式，创造类城市生活方式的空间体系及要素——新型的咖啡馆、民宿客栈、书院、乡村学院，使得新型的产业共享平台、社会交往方式、生活样态在乡村开始兴起。关键是，他们还带去了新型的城市市民生活体系、新的人生价值取向、新的创业经验等。这些都改善了当地人的生活质量和水平，构成了有地域文化特色的城镇生活型空间体系。

在中国城市化向乡村传播城市文明的过程中，可以看到已经具有显性化的“五种乡村文化重构与治理模式”：一是无锡“田园综合体”模式。二是浙江德清的“洋家乐”模式。一些外国人和上海、杭州

---

① “根柢”最早出自鲁迅在《致许寿裳》中的论述——“前曾言中国的‘根柢’全在道教，此说近颇流行。以此读史，有多种问题可迎刃而解”。

等城市里的文化人、学者和新一代“文青”主动下乡建设乡村，在乡村经营发展创业的案例。三是浙江“安吉美丽乡村建设”模式。它创造了完整的建设经验，并形成了以政府为主导、企业和村民共同参与的建设模式。四是我本人主持规划、设计和策划的“南京高淳桠溪国际慢城”模式，是以“福民富民”为核心，以农民就地城市化为外在特点的一种可持续发展的创新模式。五是安徽黟县的“碧山文化”模式，即通过老宅基地的流转，创造一种新型区域旅游和保护乡愁、保护老房子宅基地的流转模式。当下，城市里有投资能力的“文化资本家”正在乡村里四处寻找投资机会，在乡村不自觉地重构地域文化，如雨后春笋般兴起的乡村书院就是一例，其意义非常深远。

让农民变成市民是城市化的根本目的之一，也是特色文化城市建构的难点和重点。这不是一蹴而就的，而是一个漫长的教育和习得的过程。一个明显的事实是，如果不让农民进城，就永远没有改变他们命运的机会。在中国几千年的封建社会里，城市是皇族和达官显贵的居住地，农民没有成为城市市民的机会。而中世纪的欧洲则相反，逃亡到城镇里的农奴过上 101 天就有可能成为市民，所以马克思曾说，欧洲中世纪的城市是由逃亡的农奴建造的。改变传统农民生活方式的路径大体有二：一是让农民先到城里来，参与城市建设，接受城市文明，获得城市生活感受；一是城里人到乡村去，唤醒乡村，培育乡村的文化自觉，创造“城镇型农业”特色村镇，推进乡村城市文明建设运动，即创造乡村发展的内在“文化动力因”。

中国农村的短板问题之一就是“空心村”留守老人和儿童问题。这些被闲置的“空心村”不仅浪费了大量的土地和资源，而且使一些农村区域呈现经济和文化大面积双重沦陷的情况，那些断壁残垣述说着一种衰败和乡愁。因此，一些欠发达地区的乡村急需文化整治。新型城镇化形成了两道风景线：一道是鳞次栉比的高楼大厦构成的繁华城市，一道是空寂无人落后衰败的乡村。那些衰败的乡村成为低俗文化的滋生地，可以称之为“大面积文化坍塌”。因此，我们这一代知识分子有责任把农民带进现代社会。

与晏阳初和梁漱溟等老一辈学者亲自参与乡村治理相比，当代中国知识分子对乡村的文化重构有相同的一面，也有不同的一面。相同的是情怀，不同的是时代背景和工作内容。当代社会发展给我们提供了创造现实的基础。比如，早在2011年，在高淳桠溪国际慢城的规划与策划中，我们在文本中明确提出了“两年内农民收入倍增计划”，之后通过政府与农民的共同努力，根据规划要求按期实现了“福民富民”的目标。在湖北的蕲春县（一个山区贫困县），我们提出“药旅联动战略”，政府决策并直接推动全民参与，做到家喻户晓，给全县的干部上课，培训农民和村主任，全县都被动员了起来，3年左右，经济和社会发展发生了深刻变化。20世纪的知识分子更多地强调文化知识教育，而我们是在进行文化知识教育的同时，为农民规划城镇，推进产业发展，为农民实实在在谋幸福。我在最近发表的《“社会精准治理”模式的现代性建构》（《探索与争鸣》2016年第1期）中指出，江苏省已经是经济文化较发达省份了，仍然还有300多万文盲。南京这样一个人文荟萃的地方，还有20多万文盲。江苏尚且如此，那么全国的文盲群体应该是很庞大的。如果一个正在推进改革开放、进行现代化建设的国家还存在这样庞大的文盲群体，是很难使整个国家进入现代性发展体系之中的，这些关键性“社会短板”问题必须通过“社会精准治理”来解决。

我们深入乡村田野调查，深入每家每户精准调查、精准统计，以便达到“精准规划、精准治理、精准开发”的目的。我们在湖北蕲春做的田野调查，对10 000个自然村进行了统计和评估，走遍了全县15个乡镇的500个行政村，还对很多自然村进行了一家一户的入户调研，询问他们人在哪儿、老年人有几个、房子有多大、在哪里打工、就业收入情况、宅基地情况及土地流转情况等，即用“嵌入性”方法进入农村，到社会基层去了解农民。更重要的是，我们观察到：这些居住在深山里的人，是城市人，又是乡村人，可以称其为“城乡候鸟族”、城市“边际人”。他们中的一部分人在老家山里有房子，在镇上有房子，或在县城有房子，也有的在打工地如苏州、深圳等城市还有房子，这种现象对于我们理解当代农民的文化价值取向是有帮助的。江苏洪泽县龟山村基本上是一个“空心村”，共有100户人家，我们对每一户都进行了详细的摸底调查，包括房屋的年代、是否为古迹，经济来源，人口数量，在外地就业情况等，并进行了全面造册，提出了精准治理方案，应该说做到这种程度是很不容易的。之所以说我们和老一辈社会学家比，进入乡村的目的和目标是不一样的，是因为老一辈社会学家是希望唤醒和启蒙农民来改变中国，而我们是通过教育农民、重新规划乡村、建构特色产业来改变农村和农民。现在的中国农民多数是有一定文化的，我们希望让他们尽快转化为市民，以多样化、多渠道的方式让他们成为城镇市民，其中包括鼓励那些“乡村精英”回乡主动参与重构现代乡村建设，创造新的社会文化共同体，包括建构现代性的乡村文化——“集体良知”。

深入农村，了解城市和农村的差异，唤起农民的“文化自觉”[①]，让城乡社会全员成为市民社会结构中的“文化因子”，是我们追求的目标之一，从费孝通先生的“乡村文化自觉”，进而发展到现代意义上的“城镇文化自觉”。我们在江苏、浙江、湖北、安徽和东北等地开展的许多乡村实践，都是首先培训农民，包括一些乡镇干部，让他们懂得、理解如何建构乡村特色文化、乡村“地点精神”，保护“乡愁”文化和集体记忆。在一些农村地区，年轻人都出去打工了，好多行政村、自然村的村主任年龄比较大，我们曾经专门对他们进行相关培训。他们有很多人不懂电脑，也不会看地图，他们的乡音有些我们很难听懂，但我们克服困难，引导他们挖掘自己乡村的特色文化，让他们了解乡村变革的意义，特别是给他们以新概念启蒙，如民宿文化、农家乐文化、淘宝村文化、乡村旅游文化、农副产品特色文化、乡土品牌文化、农村电商文化、农业休闲观光文化和“产城一体”等知识。虽然简单的培训很难产生理想的效果，但是，毕竟他们是生活在现代社会的人，电视、多媒体演示对他们还是会起到一定作用的。以往很多乡村的农副产品多是“田头交易”，利润少，劳动强度大。我们强调，引导

① 费孝通.关于“文化自觉”的一些自白.学术研究，2003(7)

农民成为新一代“农业工人”,农副产品的初加工、二次加工和深加工的附加值的意识正在农村兴起。

在城市规划和乡村规划的研究中,我们运用大数据理论、现代网络管理理论、智慧旅游等理论与方法,对农村的文化、历史、相关资源进行梳理和创新,并且通过整合优秀的乡村文化使之转化为“城镇文化资本”“旅游文化资本”,进而形成保护、开发乡镇文化资本再生产的过程。比如可以进行乡村农副产品的营销推广,进行相关农业产业特色类型和价值链的建构,进行产业模式和营利模式的规划、策划等。我们规划设计过农业科技产业园、食品加工科技产业园、一村一品开发、乡村旅游节等,使之与城市生活、“产城一体”相结合,切切实实地改变了当地的经济和文化状况,达到了预设效果。鲁迅曾言要唤醒中国的“文化根柢”,这就是我们的唤醒方式。我们以学者身份“嵌入性”地进入乡村是有很多优势的,如我们以学术研究视角挖掘各种文献资料,找到当地人不知道的历史资料、本地故事、本地传承的口碑文化等。有时候,当我们把一些成果拿出来的时候,许多当地人甚至相关部门的管理者都很惊讶,有的成果甚至可以填补地方文化的空白。我的体会是,在这样现代性意义上的农村文化保护和建设中,我们这一代知识分子如果能够深入下去,是真的可以大有作为的。

我之所以愿意以回望的视角关注乡村文化还有另外一个原因:乡村是城市文化的“根”。保护好乡村文化,是城市特色文化建构的前提。乡村文化的保护与建设是一个长期的过程,因体制等原因,很多地方领导干部不可能长时间扎根农村,一般三五年任期满后就要走人或升官。回想当年巴黎市长奥斯曼,规划建设巴黎整整18年,现在巴黎的空间样态还是160多年前的形态。而中国的学者在乡村建构方面遇到的是“铁打的衙门流水的官”,有时候很多规划、设计与策划很难实现,主要是因为县市包括乡镇换官换届,很多建设规划往往半途而废。

重构乡村社会与文化生活空间还必须解决一个认识问题,即保护那些该保护的,拆掉那些不值得保留的、落后的甚至肮脏龌龊的建筑和村落。在保护乡村文化的认知方面,国内很多知识分子都在呼吁。我们必须面对现实,对现存的乡村村落加以区分并进行分类处置,保护传统文化中的那些优势的文化要素,而不是其他。我们现在做的乡村文化保护与重构,有一整套成功的经验,包括一整套可行的方法、程序,它们是规范而有效的。即用城市社会学的一般理论与方法、社会学和人类学的田野调查方法、城乡规划学的理论、区域经济理论、旅游经济产业规划理论、"城市文化资本"理论及产业经济理论等方面的知识,进行综合跨学科的规划与策划。我们特别强调通过特色文化城镇建设,在农村建构一种就业和创业的机制与文化土壤。我们认为,建设特色文化村镇是中国乡村振兴的切入点。全世界有50多万个小城镇,发达国家60%的小镇都有特色文化和特色产业,而中国还不到20%。缺乏文化特色就必然缺乏就业机制,缺乏就业机制是中国一些农村凋敝的主要原因。我们可以看到,在经济发展较落后地区的一些乡镇、村落,几乎无业可就。没有就业机制,农村的可持续发展是不可能的。所以,给农民创造创业、就业的机会,是回归乡村、回归乡村建设的关键点,而要解决此类问题,必须走新型城镇化的道路,走都市农业的道路,走产城融合的道路,给农民以新生的文化土壤和机会。这其中的规定动作之一就是:必须把那些有传统特色的乡愁文化保留放在首位。我之前发表的一篇文章主题就是"'精准保护'传统乡村"(《中国名城》2016年第1期),在这篇文章中,我首次提出了对优秀传统村落进行"精准保护与开发"的概念。我们必须清醒地认识到:有些落后乡村的生产模式和生活方式是不值得保留的。在原农业地带的大范围区域内,应该有新型的科技农业、现代型农业、智慧型农业、大数据农业、精准农业、设施农业、创意农业、观赏农业和传统村落形态多样化的新型旅游农业等,只有这样,才能真正创造多样化的乡村发展模式,改变乡村的本质并保留好"乡愁"。

四、从乡村社会到城市社会："集体良知"与市民社会文化觉醒

在城市发展的方式上，特色文化城市建设是在创造城市社会的现代性，创造城市现代性的新文化价值主张。当下，一边是中国城镇化的高速发展，一边是一些传统农村深陷在旧文化的泥潭中。如果说城乡有鸿沟的话，用卡斯特的话说就是：现代社会人与人之间的差异主要表现为信息占有量差异所造成的鸿沟。必须运用多学科知识，必须打通规划学、地理学、经济学、社会学、旅游学、文化学、历史学及农学等多种知识的边界，才能有效地进行乡村规划和建设，这实际上需要一个由拥有多学科知识的成员组成的团队。

在特色文化城市的研究中，我们重新看到了城乡在空间上的地理差别和变革，更深刻地了解了城市特色空间再生产的理论与变迁，看到了发达国家城乡之间发生的质变。就像在美国和欧洲国家所看到的那样："即便是一个人住在森林里、一个家庭住在农业地带并经营农业，但他们是传统农民。"即使住在很小的"村子"里面，他们也是现代"城市人"，是懂得契约精神的市民，因为他们享受和创造的是城市文明，他们以特有的工作方式和生活方式实践着城市市民社会的生活。

在这里，我个人认为并强调：重构乡村文化，不能简单地、单纯地依靠农民，一定要由社会文化精英来引导农民重构。因为，如果农民能够重构农村新文化的话，那么传统农村就不会有几千年来不变的传统落后文化了。重构乡村文化是城市文明对乡村文化的"接替与侵入"，在此意义上我们必须再一次强调：重构乡村文化不是保护落后。1949年时，中国有600多万个自然村，当时中国有4亿人，到现在我们有近14亿人。而且，从1848年鸦片战争以来，很多美丽乡村被毁于战火，到1949年，"传统美丽村镇"屈指可数，而且好多美丽乡

村经历几场运动又被人为地破坏了。从理论与现实的意义上看，那些值得我们记忆的特殊空间、有真正的传统“乡愁”和人文集体记忆的村落，即像乌镇、周庄、南浔、婺源那样的村庄本来就不多，1949 年后的一段时间里因某种原因又不能进行传统村落文化格局的建设，大量的自然村，即仅以居住功能为主的村落，多数是 1949 年后建造的，这样的村落多数仅仅能够居住而已，而不具有典型的历史文化特质和“地点精神”。因此，解决乡村文化重构问题的根本之道在于让大多数乡村人成为有文化的人，成为城市文明体系下有“市民意识”的人，成为“现代乡绅”，这样才能出现乡村的文化复兴。如果有那么一天，如美国、法国和德国那样，在乡村里生活的人主要是知识分子、高学历群体、高级白领和各种工程师……这样的乡村社会才能真正以重构城市文明的方式表现自己的文化自觉，这样，文化特色建设的土壤才会广阔而肥沃。

我曾经在意大利参观一个小镇，并深入调查了两个企业。一个企业有 170 年的历史，另一个企业有 140 年的历史，人们都把住在这个小镇视为一种荣耀，一种世代传承的文化荣耀。这个小镇不是传统的农民在生活而是原来的传统农民变成了城市的市民在生活、在创造，但是永久地保存了这里的文化和“乡愁”记忆。实际上，发达国家已经证明了这样一个事实:不是把农民留在那里就叫留住乡愁，而是要把那些文化、文脉和集体记忆保存好，并让农民过上现代文明生活，才能够真正保护好“乡愁”。现在也有些争议，很多人，包括一些作家、文艺人呼喊中国乡村都没有了，他们理解的是把农民留在那里就可以了，甚至有些教授也是这样理解的，可是，让他们自己回到原来的农村生活他们又不愿意回去。这才是现代版的叶公好龙。我在《社会学研究》2013 年第 3 期专门谈到过这个问题，乡村是什么呢?孟德拉斯在《农民的终结》里谈到，在乡村，董事长就是农业经营者，打工的是高级白领，中层管理者和工作者是股东，企业是农业的托拉斯。欧美的一些传统小镇、小村，有的是巧克力小镇，有的是旧报纸旧书小镇，有的是老爷车小镇，有的是特色餐饮小镇，有的是博物馆小镇，等等，可谓形形色色，但它们都有自己的唯一性，其中有些特色小镇还不如中国的一个村庄人口多。特色产业不一定就是工业，更多的是文化类产业，是本地特色产品类甚至典型的怀旧产业。我们强调的乡村保护就是保护原文化、原空间样态、原文化肌理、原生态体系、原住民、原习俗、原风貌和原地点精神，但是，这里——传统乡村必须有就业，而相对充分的就业必须与城市经济相联系，无论什么样的小镇、小村，要想生存发展就必须成为大、中、小城镇的结构构成的一体化部分。

有资料说，美国60%以上的人住在中小城镇里，在洛杉矶周边有80多个城镇，它们构成了一个地域城镇生存体系。小城镇是最能够体现美国生活方式的地方。小城镇不是落后的农村，而是景色优美、设施齐全的"生活共同体"，去过美国的、对此有深入研究的人都有这种感觉。但是，在中国，很多落后的村落不仅生活方式不完全，而且污染还较为严重：一是河水和饮用水污染，二是生活垃圾污染，三是农药污染，四是乡镇工业污染。特别是，落后的生活习惯与生活方式是各种疾病频发的重要原因，几乎每个省都有一些比我们想象的还要落后的地方，而这些落后村落的贫困、污染、陋习等地方性问题长期得不到改变。另外，还有文化和伦理上的问题，如经常看到某媒体说，高速公路上运输水果或运输其他物品的车翻了，很多农民一起哄抢货物，这种落后的集体文化行为就是传统乡村脱离现代城市文明的一种结果，也是在空间上远离城市文明的结果。因此，要想改变农民，必须让农民成为有契约精神的、遵循现代文明规则的市民社会的成员。如何让一些落后地方的农民有利他主义文化倾向？最重要的是让他们具有由现代文化认知所构成的"集体良知"。在那些传统乡村，因为经济和文化的落后，加上缺乏文化教育，很难形成有人文主义内涵的群体认知，这样的群体在某种意义上说很难建构起爱国主义文化和情操，中国近代历史的一些事实已经证明了这一点。所以说，要实现中国现代化，就必须解决底层社会，特别是乡村社会的文化缺失问题。特色文化城市建设还担负着城市文明与城市文化传播、呼唤乡村文化自觉的任务和历史责任。

特色文化城市再建构还要寻找那些优秀的城市与村落空间、优秀的地方精神和地方文化，寻找那些值得传承的、向上的优秀集体记忆，来重构特色文化。有时候我们很着急，因为人们对城市生活方式和市民社会的关系理解相差甚远，有很多人认为把农民留在乡村就可以了，可是他们不知道，好多传统的乡村连下水道、化粪池都没有，晴天还好，一到阴雨天污水流到井里、流到河里……这种情况非常非常多。必须通过新型城镇化、现代科技、现代文明、现代城镇系统和现代科技农业，把小城镇、传统村落纳入大中城市的网状地域结构中来，像上海、苏州、无锡的郊区那样，让城市文明普及乡村，让特色文化成为全社会的文化资本，这样农民的现代生活空间体系才能建构起来。在中国一些落后的村落，特别是那些“空心村”，虽然房子坍塌了，农民亦弃之不顾，但是房子的宅基地产权还在农民手中，农民到城市打工之后，往往会在乡镇、县城或是大城市郊区购房，收入较高者又重新回到村里，在交通好的地方再盖房子，因此，一户多基、一户多宅的现象在一些地区比较普遍。如果不解决此类问题，新型城镇化的发展就会有很大阻力。我们反复强调，传统乡村文化重构的本质就是让农民市民化，让他们受到良好教育而有“集体良知”。我们之所以反复强调从“乡村文化自觉”到“城市文化自觉”的转化，是因为，这是现代乡村文化建设的必由之路，而且也是中国特色文化城市创新的“文化根柢”重构。

“原农业地带”这一概念是非常重要的。我们可以看到大城市区域中的一些小镇和村落，会散散落落地形成一个有机性的区域空间，在美国、澳大利亚、法国、英国、德国、日本和加拿大的大部分地区就是这样：有的人住在森林里，有的人住在湖边，有的人住在自己的农场里，有的人住在山里，有的人住在乡下……去哪都要开车或者依赖公共交通，住在“农业地带”怎么就是农村人呢？这个概念需要改变。城市生活方式的普及，让每个人得以住在不同的空间里享受和实践着现代文明，如前所述，主要是通过“交通方式”“交往方式”“通信方式”“工作方式”和“消费方式”形成的“城市生活方式”的变革，形成城市文明的高普及率，住在哪里都是有教养、有契约精神的市民。我

1986 年参加苏州建城 2 500 年的学术会议，那时我就提出，迟早有那么一天，苏州和上海要连在一起，当时引起很大的争论，很多人并不同意我的想法。现实是苏州和上海基本上连在一起了，所以我现在还要说：迟早有一天，上海、苏州、无锡、常州要连在一起，成为大都市“连统区”或称“大都市联合统计区”，这种趋势不是靠政策就可以阻挡的，因为它是通过公共交通、市场关系、土地级差、网络化梯度、社会结构变迁等因素形成的差序化社会空间格局的必然结果。当下，网络社会形成的“自媒体”文化和经济能够从一个侧面说明现代性和城市生活方式的这种无边无界无形的特征和意义。

那么，在城市化进程中，农民在哪呢？首先，从身份讲，农民要成为市民，从这一点上说，在哪都可以。其次，从空间上讲，农民应该在城镇生活体系内，中小城镇应该成为大中城市的区域网状结构化的组成部分。第三，从分类上讲，农民可以在城市里，也可以在“原农业地带”，还可以在深山里……但更希望有更多的农民就地成为城市市民。

五、特色文化城市发展与创新：建构在世界民族之林占有一席之地的城市

人类社会的城市化有其自身发展规律，但是，因各个国家的经济结构、文化结构和政治结构不同，城市化发展的阶段也不同。1848 年时中国的城市化率是 10.9%，美国也只是 10.6%左右。可是过了 100 年后的 1949 年，中国城市化率仍然是 10%左右，而美国已经接近 70%，也就是说在 100 多年的时间里，中国的城市化没有任何发展，而西方发达国家基本完成了城市化过程并进入城市社会。中国近代社会仍然是传统农业社会，这也是当代中国城市化任重道远的原因之一。假如按照近代西方发达国家城市人口每 25 年翻一番这一规律发展的话，就中国目前城市化率已经达到 58%左右的情况看

其结果是可想而知的。未来25年左右,中国将会全部完成城市化发展过程。一个国家城市化水平如果达到85%左右,也就等于完成了城市化,这其中有一个经常被人们忽视的理论,即“城市文明普及率”理论——如果城市化率是10%的话,只有30%的人可以享受城市文明;如果有30%的城市化率,就会有50%的人享受城市文明;如果有50%的城市化率,就会有70%的人享受城市文明;如果城市化率达到75%或85%的话,就会有95%以上的人享受城市文明,也就等于完成了城市化这一过程。不言而喻,城市化和城市现代化不是所有的人都要到城市里生活,而是城市生活方式和城市文明普及所表现出的城市性与现代性。

进一步解剖还可以看到,如果城市化率达到85%左右,城乡人口流动就基本停滞了,或者说流动方式被改变了,主要体现在城市(镇)之间的人口流动,发达国家如美国、德国、英国及日本已经证实了这个结果。从理论与实践的双重视角看,城市化率达到50%以上时,在一般情况下(在不出现巨大社会动荡的前提下),社会经济发展会进入较高速发展状态,全球城市化已经证明这一点。如果城市化率达到85%以上的话,城市化人口红利就会失去,中国特有的房地产市场也会出现质性改变。在人类社会发展史上,1850年英国首次完成了城市人口超过农村人口的社会变迁,并在第二年创办了人类历史上第一届世界博览会。无独有偶,2010年,中国城市化率第一次达到了50%,这一年,上海举办了人类历史上第41届世界博览会。相似的历史说明了同一个问题:城市化率达到50%的时候,表明社会财富已经集聚到了一定程度,城市经济到了可以反哺农村的水平。农村的基础建设、环境改造、生态补偿、空间规划、产业发展等都可以得到城市的反哺和辐射。我们已经看到,大城市郊区农业、发达城市的县属农业发展得都比较好,其原因就在这里。这也进一步证明了这样一个概念:城市是地域生产力的集中表现形式,凡是经济繁荣的地区,也必然都是城市繁荣的地区,反之亦然。上海、北京、南京、杭州、深圳、苏州的农业和农村发展都比较好,也是城市化和城市现代化的一个结果。实际上,深圳和上海是中国最早宣布没有农民的城市。

只有现代化建构过程形成现代性社会结构，并在社会整体财富增加达到一定程度时，才有可能形成现代型城市社会。否则，外不能抵御列强侵略，内不能创新发展，游民四起、哀鸿遍野的时代，民众温饱都不能解决，面对大好河山，只能抱残守缺，眼望东流水而束手无策，近百年来的中国，无数城市和乡村在列强的炮火下，多成为断壁残垣……我研究城市近40年，十分清楚城市的内在价值：城市是社会发展的中心，城市是社会发展的动力，城市是社会发展的创新地，城市是人才集聚的高地，城市是人类的财富中心，城市是新兴阶层崛起的文化场域（如佛罗里达在《创意阶层的崛起》中所说），城市是市民社会的舞台和新历史的出发点……所以说，58%的城市化率，至少表明了社会财富增长进入了快车道，特别是中国新兴中产阶级正在成长，城市已经有能力对农村进行经济与文化反哺。我们可以看到：发达地区美丽乡村建设大多比落后地区要强很多，比如浙江省和江苏省的"美丽乡村建设"，政府不仅补贴大量资金，而且村民的文化自觉意识也普遍比较高。相反，一些经济较为落后地区的政府则很难对乡村建设有较多的补贴，村民因缺乏文化知识而缺乏文化自觉。

传统农业社会的特点之一是：农业劳动者的劳动时间和闲暇时间是不能明确划分的，往往是日出而作，日落而息。城市社会的特点之一是：人们的工作时间和闲暇时间是可以明确分离的，而且闲暇时间具有某种法律保障，这也是划分城市生活方式和传统农村生活方式的界标之一。其实，我们完全可以从词义上区分城市生活和乡村生活，如农民的生产我们一般称之为"劳动"，而城市人的劳动我们一般称之为"工作"。通过这些分析我们可以想象：传统农村变成现代城市生活的聚居点、现代生活的小镇应该是什么样。其实发达国家已经有标杆和样板，比如发达国家的工程师小镇、白领小镇、企业总部小镇和特色家族企业小镇等。这样的"原农业地带"的小城镇和居住点是城市生活方式的延伸，有人称之为"逆城市化现象"，而我称之为"城市生活方式的再深化现象"。如莫干山里山村、桠溪国际慢城的乡村，这些原来传统落后的小镇、小村已经直接跨入国际生活的范畴,那里的一些外国人、城里人、本地人、外出打工回来的人,正在实践着乡村城市化的过程,正在创造山村里的城市生活方式。无论是外地人还是本地人,他们的生活质量和收入已经远远超出了原来的农民和一般的城市居民。正如孟德拉斯所说,那样的乡村里,农民的房子比城里人的房子大,农民的冰箱也比城里人的冰箱大,但他们已不是传统农民,他们在敲响传统农业的丧钟。这也是一种必然的趋势:中国面临着传统农业终结的考验。

最后,我们要重复这样一句话:乡村与城市的本质区别是生活方式。推进社会整体的现代化,必须走城市化和城市现代化创新发展的道路,而发展健康的现代化城市一定要建构有特色文化的城市。

特色文化城市研究的学术价值与应用价值必须放在一个基本的背景框架下进行审视,即便在改革开放之后经历了长时间的城市化变革,长久以来存在的城乡二元结构及其衍生制度、产业经济结构、政治文化生态等依然是当下许多社会问题的根源所在。要解决这个问题,就必须着力实现农村、农业和农民的现代化,也就是积极推进科学的、适合本地情况的乡村城市化。而在这个过程之中,城市文化建设尤其是城市特色文化作为城市永续化发展的动力和生产资本,历史性地成为创新城镇化发展方式、构建城市核心竞争力的有效途径,也因此成为突破城乡二元结构困境的新可能。

回应多重的时代变革挑战,探寻中国城市“文化驱动”的创新突破路径。全球化进入新阶段、城市软实力竞争、中国文化崛起等新时代变迁的到来,使得寻求城市发展的差异化、特色化、可持续化动力显得愈加迫切。在这种情况下,特色文化城市实际上成为一种以“文化驱动”为核心动力的城市发展新可能。也正因为如此,特色文化城市才能够为中国的城市化和现代化提供一种创新的模式和范式,从而驱动城市化的稳定永续发展。

创造全球竞争背景下特色文化城市发展的中国研究范式。特色文化城市的创建在西方发达国家和地区已有相当成熟的模式与路径,但对于中国的城镇化来说,直接搬用与移植显然不能成为一个合理的选择，因此通过特色文化城市的课题研究，尝试构建特色文化城市发展的中国样板和中国路径，从而为中国的城市文化模式的个性化发展提供参照体系与指导就显得尤为重要。

建构一种中国本土城市现代化发展的理论思考范式。中国城镇化的发展规模、发展速度与当下所呈现出来的发展态势已经成为影响全球经济社会发展的重大社会现象，必须配套以相应的本土化理论话语体系。在这种情况下，本丛书以特色文化城市为切入口，积极回应中国城市社会来临之际出现的发展趋势，重构、重组、重建、重缀中国本土化的城市文化发展理论，并提出新的与时俱进的中国特色文化城市发展战略。

为区域特色文化城市的分类差异创建提供理论指导。中国的城市化发展呈现出典型的区域梯度差异性，因此如何做到因地制宜地有效引导就显得格外重要。本丛书通过对中国各区域特色文化城市要素内涵以及建构方式的研究，结合类型学的划分和不同城市所处发展阶段的差异化，谋求对区域性的特色文化城市创建、特色城市定位、城市文化品位完善等相关环节的分类指导。

守望中国的民族地方文化乡愁，鼓励城乡一体的“文化自觉”与“文化自信”。城市不仅仅是文化的容器，而且更重要的是人类文化创新的平台，人类社会先进的思想文化和科学技术大体都产生在城市里。中国悠久的民族传统文化与现代创新文化都值得彰显与继承，特色文化城市研究不仅可以让城市凸显自身文化特色，更可以赋予城乡以同样的“文化自觉”与“文化自信”，从而充分激发城乡发展活力。

《特色文化城市研究丛书》来自国家社会科学基金重大项目，参与成员先后发表了署名国家课题编号的学术论文 51 篇，其中，发表在中文核心期刊上的论文 32 篇。

下面这段话是我在《城市文化资本论》前言里的一段话，我仍然想用这段话作为这套丛书总序的结尾——

托马斯在《名言集锦评注》一书中有一句话说得真好：“为了人类

社会能够变得和谐完美，我们当中需要有些人去过无用的沉思默想的生活。”①城市研究也必须要过沉思默想的生活。无独有偶，中国学者王国维《人间词话》中的第26则“人生三境界”也道出了做学问人生的辛苦与乐趣：“古今之成大事业、大学问者，必经过三种之境界：‘昨夜西风凋碧树。独上高楼，望尽天涯路’，此第一境也。‘衣带渐宽终不悔，为伊消得人憔悴’，此第二境也。‘众里寻他千百度，蓦然回首，那人却在，灯火阑珊处’，此第三境也。此等语皆非大词人不能道。然遽以此意解释诸词，恐为晏、欧诸公所不许也。”显然这三境界是多数人所不能为也，关键是，其意境与乐趣是自己所得，只有个人在其真心追求的空间境界才能看到。也许是从20世纪70年代到河南登封告成镇挖掘夏代城市遗址开始，我就对城市的产生与发展产生了兴趣，并开始进行相关的研究，1980年发表第一篇学术论文。几十年的城市研究既需要沉思默想，又需要走到实地考察研究。虽然凡勃伦的书我曾读过几遍，但是，我从来没有感受过凡勃伦所说的“有闲的感觉”，对他所描述的所谓有闲阶级，作为一个学者很难与之对上号，因为，从读研究生时开始，就没有感觉到什么时候是“闲”，或许是专门做学问这行当不属于有闲阶级，至少我是这样。似乎从研究生时代起，就感觉一直在与时间赛跑，总感觉时间不够用，当过了知天命的年龄时，就已知来日不多；当在接近六十耳顺的年龄时，知道以后岁月唯追求比生命长久的符号而已！一切只是一个过程，生命是有限的，如果能够让生命延续，只有那可贵的让社会认同的思想而已！

在《柏拉图全集》第一卷里苏格拉底和卡利克勒在辩论满足欲望与美德时说：“你所描述的生命真是一件奇怪的事。你知道的，欧里庇得斯说过：‘有谁知道，死就是生，生就是死？’如果他说得对，那么我也不会感到奇怪。我们也许真的已经死了，因为我听说过有位聪明人说过我们是死人，我们的身体是一个坟墓，往往在里头的灵魂的

---

① 约瑟夫·皮珀.闲暇文化的基础.刘森尧，译.北京：新星出版社，2005：7

性质是摇摆不定的。”①是的，人生以来，有过无数次的摇摆不定，无数次的寻寻觅觅，或许我的灵魂已经死过，或许想通过研究城市获得再生！虽然这是一种极其难以实现的奢望，但是，我还是要追求这样的奢望！

特色文化城市研究，我们在路上！

我以我的方式追求、延续生命的价值！

张鸿雁

于慎独斋

2018年8月8日

① 柏拉图.柏拉图全集.王晓朝，译.北京：人民出版社，2003:380

我与城市（绪论）

人的一生会与很多城市有各种交集，相信很多人都有和城市相关的故事，都有对于城市的记忆。那座城在你的心里生根，也许因为它是你的家乡，也许因为它是你工作、学习过的地方，也许因为它是你爱的人生活过的或正在居住的地方，也许因为它是你在书上或者影视作品中深情凝视过的地方。因为研究城市的缘故，我对城市有很多理性的思考，也有很多感性的体悟。

首先要讲的是我的家乡。我出生在安徽北部的一个小城。对于城市与乡村的认知，最早来源于父亲讲述的《城里蚊子和乡下蚊子》的故事，故事中乡下蚊子说："城里哪都挺好的，就是城里的人没有人味儿。"儿时，父亲经常提到，十里八乡，数他的成绩最好，他"挣断红薯秧子"，成了城里人，吃上了商品粮，还把我们从农村带到了城里。学习，是从乡村到城市的唯一出路。在父亲的眼里，"楼上楼下、电灯电话"体现了城市的富庶便利，"吃上商品粮"而不用"面朝黄土背朝天"体现了城里人的优越，但是城市社会比起乡村社会唯一欠缺的是"人情味"。所以，父亲固执于自己的"乡情"，他认为回报乡亲的最好办法就是让他们都富起来。40 年前，他带领自己村里的人种上了"红富士"，让他所在的村庄从最穷的村子变成了当地出名的"富村"。20 年前，父亲又带领他们种上了"白果树"。成为"城里人"的父亲，用知识改变了乡邻的生活和命运。

出身于农村的母亲同样重视"乡情"，我家经常有农村的亲戚朋友来吃饭、借住，天天门庭若市。父母亲为了他们的“人情味”，付出了很多时间和精力，当然也收获了“十里八乡”的乡亲们的夸赞。但是，他们也常常为“人情”所累。乡村的人注重“人情”，但是缺乏清晰的界限和距离。城里人虽然“冷漠”“没有人情味”，邻里之间交往不是那么密切，但是有一种让人舒适的距离感。

小时候，乡村和城市对我来说，最大的区别就是人们对待“知识”的态度。城市是“知识”的集中地，但是，在乡村生活的人往往只看眼前的“经济利益”，不少家长并不愿意在教育上投资。

第二个要讲的是南京。我与南京有太多的渊源。第一次到南京大学看读研究生的姐姐，“蹭住”在中美中心的宿舍。后来，我也考到南京大学，读硕士、博士，最后在南京安家。南京这座城市包容性很强，全国各地的人都有，只要你有梦想，这里可以给你足够的空间去追寻。当然，这里还有我喜爱的美食——鸭血粉丝汤。南京的美是数不胜数的。春牛首，秋栖霞，一年四季美景不断的紫金山，让人流连忘返的玄武湖和明城墙，让人惊艳的各大知名大学的校园……对于我而言，南京就是家所在的地方，心灵归属的地方。

南京是一个很容易让人有归属感的地方，虽然我不是出生在这里，但是这座城市不温不火的节奏，总能给人恰到好处的温情。我的青春在这里挥洒、事业在这里成长，我人生中最重要的十几年全在这里度过。2016 年，国家发展改革委员会公布的长三角城市群规划中，南京被定位为长三角唯一的特大城市。作为新南京人，我当然希望它越来越好，不管南京定位如何，我对它的感情都越来越深。

第三个要说的是济南。济南是除了我的家乡和南京，我待过时间最长的城市。我年幼时读到过老舍的《济南的冬天》：“一个老城，有山有水，全在天底下晒着阳光，暖和安适地睡着，只等春风来把它们唤醒，这是不是个理想的境界?”“济南的人们在冬天是面上含笑的。”宿舍里四个人都开玩笑说是被老舍“骗”到济南去的。山东大学的录取通知书上关于泉城济南的句子——“四面荷花三面柳，一城山色半城湖”，让我向往、激动。大学四年，在异省他乡的济南，我收获了这辈子最重要的几段友情。多年过去，关于济南的记忆依然清晰：

绿荫满满的山东大学校园、洪家楼的教堂、大明湖、千佛山。济南于我,就像是处了多年的朋友,一想起来就会觉得很亲切。

第四个要说的是上海。我的第一份工作在上海。上海是标准的国际化大都市,也是很多人追梦和圆梦的地方。我喜欢繁华的南京路、亲民的五角场、充满异域风情的外滩。都说一线城市的生活节奏很快,上海给我的感觉确实是这样的,虽然曾经想过在这个城市有自己的一方天地,但是它终于还是和我擦肩而过了。若干年后,因为各种事务,我去上海多次,每次都是匆匆而过。我终究没有对上海产生归属感。

因为研究沪宁杭,我对杭州也有着特别的体悟。"上有天堂,下有苏杭。"杭州是江南的代表,有山有水,有江有湖,有茶有诗。我第一次对杭州有具体印象,还是小时候看电视连续剧《新白娘子传奇》。那时,杭州在我眼中,是遥远的地方,是一个有着各式各样好东西的神奇城市。第一次去杭州,我就跑到了西湖。如今的杭州是中国一座重要的城市,西湖让这座城市充满人文魅力;浙江大学不仅提升了这座城市的知名度,更让这座城市增添了学术高度;阿里巴巴让这座城市具备了与世界接轨的活力。未来,我期待着自己与杭州更多的缘分。

另外,还想说说国外的城市——东京。东京,是我出国访学的地方。天气好的时候,这个城市总能不动声色地把你"美醒",每个季节,东京的街道两旁都有不同的花:三月的樱花,四月的杜鹃,五月的菖蒲花,六月的绣球花……东京是世界知名的大都市,其人口密度远超北京、上海,但是并不嘈杂。即使在上下班高峰期,地铁站里满满都是人,也让人觉得很安静,只能听到鞋子踏在地面上的声音。东京是个特别注重细节的地方。让人最为惊叹的是东京的洗手间,不仅干净整洁、一尘不染,而且里面一定有免费供应的厕纸。在东京的道路上你看不到边走边吸烟的人,所有的吸烟者都需要找到"吸烟处"才可以吞云吐雾。城市的魅力不仅体现在设施上,更体现在城市人的素质上。东京人很守规矩,不仅是不闯红灯,甚至在走斑马线的时候,也会自觉排队通过。中国的城市不缺高楼大厦,但是和东京这样的国际大都市相比，似乎还是欠缺了点什么。不过，虽然日本的城市文化建设现在看来的确有一些比我们优越的地方，但是我们也要知道，中国现在的城市化率和 40 年前的日本差不多，中国的城市正在积极地赶超日本城市。

虽然由于课题研究、走亲访友或者旅游，我还去过很多城市，如北京、天津、香港、澳门、广州、大阪、京都等，但是以上详细介绍的城市都是我居住过较长时间的地方，在我的记忆里都是特别的存在。

沪宁杭在中国的城市中，都是知名度极高、非常有文化特色的城市，不仅是国人的向往之地，也是外国人来中国旅游的必选之地。城市就是品牌，品牌的力量决定了城市里集中的都是优质的资源，包括旅游资源、交通资源、医疗资源和教育资源等。沪宁杭除了高校众多、经济发达之外，旅游业也十分发达，杭州西湖、上海外滩、南京中山陵……都是外地游客打卡必去的景点。

我的父母很注重“乡情”，但也不愿意再住在他们的“乡村”，他们真的喜欢上了看似“冷漠”实则“舒心”的城市。城市是理性的，只要了解和遵守城市的规则，生活的多数方面都是可以预见的。中国的乡村社会，从我们的父辈来说，人们还都相信要“多子多福”，才能有所“依靠”；要“人情往来”，才能有所“归属”。在日新月异的城市中，这种观念早已改变，人们并不依赖亲朋之间的“强联系”就能生活。鼠标一点，晚饭就有了；想要看个病，网上就可以预约了。理性和秩序化的城市生活给人们带来更多的便利，使人们感觉舒适。

对于城市，我们除了真实体验，还有很多文化想象。比如，在电影、文学作品中出现的城市，也许会构建一种更鲜明的“城市印象”。我没有去过巴黎，但是我看到凯旋门、埃菲尔铁塔、塞纳河就会想到巴黎；我没有去过纽约，但是我看到自由女神像、曼哈顿、百老汇就会想到纽约。标志性的景观或者地名，让人对这些城市的记忆更加鲜活。这种“城市印象”，也是“遇见”的一种，承载着城市特有的文化魅力和我们的想象。

每个人的一生，会去很多地方，无论是山村，还是城市，一定会有一个地方能够吸引你。“遇见”就是一种缘分，不论是哪一种“遇见”，都丰富了我们的生活和体验。因此，在此想借本书感恩每一个我所“遇见”的城市，也感恩每一位我所“遇见”的人。我们与城市一起成长，城市化的发展给予人们更多的优质资源，给予人们无穷的活力和想象的空间，也给予人们留在城市的理由。城市，让生活更美好！

仅此一篇，献给尽心尽力指导我在城市研究中成长的导师张鸿雁教授，献给给予我生命、教会我思索的父母，也献给中国城市化的进程。此外，师姐高虹、师妹宋扬、师弟李栋等参与了书稿的前期调研和资料收集工作，在此一并表示感谢！

吴新兰

2018 年 4 月 10 日

第一章
文化：城市文化与文化基因

“人们为了生活，聚居于城市；人们为了生活得更好，留居于城市。”

——亚里士多德

长三角城市群的发展日新月异，目前，很多学者已经把长江三角洲称作“世界第六大城市群”[①]。长三角城市优势明显，具有很强的集聚效应，在国内属于资源、人口、文化、科技的聚集高地。长三角城市群主要围绕着上海、南京和杭州形成，并且，作为中心的上海与作为副中心的南京、杭州的区域性协同配合是不可或缺的，这三个城市如何共谋发展、优势互补将决定整个区域共荣和共赢的效果。比较研究是建立科学的认识观的基础之一。有比较才能看到差异，差距是前进的动力。同时，通过城市文化的比较研究，城市可以建立自己的文化认识和理论。在当前形势下，城市和城市文化的比较研究、城市文化的开发都是十分迫切和必要的。

对沪宁杭文化进行比较研究，追溯沪宁杭三地的历史踪迹，探讨沪宁杭各自的城市个性文化与城市文化基因的影响因子，找出城市

① 姜卫红，胡雅龙. 世界第六大城市群崛起之路. 上海：上海社会科学出版社，2010

文化发展与演变的规律，对沪宁杭三城的发展有重要的现实价值和指导意义。从更广的范围来说，城市文化差异与认同的研究对当代中国的城市文化发展规划以及中国的城市形象认知等都能提供具有重要意义的研究案例以及借鉴经验。但在具体的比较研究前，我们必须清楚城市文化该如何界定。

一、城市文化是人类文化的一种形态

文化的发展和城市的发展是不可分割的，文化的生产与消费都与城市密切相关。刘易斯·芒福德把城市比喻成文化的容器，无形或者有形的文化通过人类的聚集与活动展现在城市的舞台上。城市是人类活动所创造的，城市的发展演变史也是人类文化的发展演变史。城市文化是人类文化的一种表现形态、一种特殊形式，是人类文化发展演变到一定历史阶段才会出现的产物。因此，对于城市文化的研究，需从对一般人类文化的理解开始。

（一）城市是人类文化的结晶

文化的范围非常广泛，关于文化的定义非常丰富，甚至有说法认为“文化就是一个筐，什么都可以往里装”。“文化”一词，单从词典的解释来看，可以分为不同的层次。从广义来说，“文化”是人类在社会历史实践过程中所创造的物质财富和精神财富的总和，包括文艺、科技、教育、艺术等内容。作为考古学用语的“文化”，指的是同一个历史时期的不依分布地点为转移的遗迹、遗物的综合体，包括同样的工具、用具，同样的制造技术等，是同一种文化的特征，如下文中将要提到的河姆渡文化、崧泽文化、湖熟文化等。

文化是人类世代相传的经验。所以，文化是一种历史现象，有历史的继承性。继承性在现在与过去以及将来之间发挥着纽带作用。

同时,文化的形成和发展也与地理因素有着不可分割的关系。文化和文化的发展是在一定的时间和空间内进行的,所以,在对文化进行讨论时,我们不能脱离特定的时间和空间。文化是会随着空间状况的改变、时间的变迁而发生改变的,因此文化一般要与一定的社会和历史阶段相适应,反映特定社会的政治和经济状况。同时,文化类型在形成之后又会以其巨大的反作用力作用于特定社会的经济发展,影响其政治走向。文化这一概念虽然很抽象、宽泛,但是在生活中,我们随处可见有形的文化的物质形态,如建筑、服饰、广场等。从社会学的观点来看,没有所谓脱离历史和空间而产生的"纯粹的"文化,"所有的文化事物,不论是符号的还是物质的,都要从它们的社会起源、它们对于其观众和使用者的重要性方面去理解。"①

城市由人类创造,是人类文化的一种物质表现形态。城市往往表现了当地的最高文明与发展的水准。同时,城市的发展就是文化不断积累的过程,城市也可以说是一种文化的形态。城市作为人类聚居的一种方式,它既是人类创造的一种文明和文化,又是这一文化的容器。"人类所有伟大的文明都是由城市产生的。"②因此,城市也可以说是由于人类的聚居而创造的一种物质和精神表现形态,是人类文明的结晶。

(二) 城市文化的内涵与结构

从对文化的理解来看,作为城市的文化也很难定义,应该说它包括了人类在城市社会的建设和发展过程中所创造的各种物质财富和精神财富。谈到城市文化,我们很容易联想到乡村文化,乡村文化给人的印象是单纯、落后的,而城市文化给人的印象则是丰富多彩的。我们可以直观地认为,城市文化就是由城市市民在共同生活中创造

① 约翰·R.霍尔,玛丽·乔·尼兹.文化:社会学的视野.周晓虹,徐彬,译.北京:商务印书馆,2002:142

② 帕克,等.城市社会学.宋俊岭,等译.北京:华夏出版社,1987:2

和发展起来的，其内容丰富。很多人都把城市文化划分为市民文化、企业文化、校园文化、社团文化、社区文化、景观文化、餐饮文化、商贸文化、节庆文化、旅游文化等，还有人把城市文化的构成要素归纳为城市建筑文化、城市公共文化、城市科技文化、城市自然文化、城市制度文化与城市精神文化等。① 我们不能否认一个城市的建筑风格、节庆活动是城市文化的体现形式，但是如何将这样丰富多彩的城市文化划分出一个比较合理的结构层次，是我们要探讨的问题。

城市文化和文化一样范围广泛，具有普遍的一般特征，它包括物质文化和非物质文化两个方面，又受各种因素的影响和制约。也有学者根据文化的分层，把城市文化的结构大致区分为物质文化、制度文化、精神文化三个层次。② 但是本书认为城市政府行为状况、市民素质等各种行为文化也是城市文化特质的信息载体。因此，根据学界的共识以及自己的思考，本书将城市文化的结构区分为四个层次。第一层次是物质文化层，它包括城市的标志性建筑、公共设施等。例如具有城市特色风格的建筑、广场、园林、道路、雕塑、植物等由人们共同创造的物质财富，这些物质财富从不同的侧面体现了城市文化的内容。第二层次是制度文化层，它包括了城市的管理制度、管理模式、城市法律法规、民风民俗、伦理道德等，这一层次的城市文化也属于人的劳动创造物，是脑力劳动产物的体现。第三层次是行为文化层，它包括了市民的各种社交活动、休闲活动、消费行为等。第四层次是精神文化层，它包括了城市精神、城市人的价值观念、文化心理、性格特征等，属于城市文化的最高层次，常被认为是城市文化的灵魂。

在这四个层次的城市文化结构中，物质文化层、制度文化层、行为文化层毫无疑问是城市人的创造物，并且作为“物”，它们具有发展变化的物质特性；精神文化层是城市文化的一种升华，它虽然不具备

---

① 温朝霞.浅谈城市文化在城市可持续发展中的作用.党政干部论坛，2001(8)

② 陈立旭.都市文化与都市精神：中外城市文化比较.南京：东南大学出版社，2002:26

"物"的特性,属于精神范畴,由于物质决定精神,存在决定意识,所以物质文化层、制度文化层、行为文化层的不断运动、变化,决定着精神文化层也要随之发展变化。城市精神文化层的不同决定了城市特质的不同,处于不同城市精神文化层支配下的城市人塑造着不同的城市物质文化、制度文化和行为文化。

(三)城市文化的特质与气质

城市从其产生之日起,就与文化结下了不解之缘。"对城市文化的论证从来就是在城市与文化的互动中实现的。"[①]城市是人类文化发展进化的产物,通常被认为是人类进入文明时代的标志之一。同时,城市的产生与发展,也加速了人类文化与文明的进程。不同于乡村的聚居方式,城市的天然属性和功能是"集聚-扩散"性,即它聚集并吸收周围的物质资源和文化能量,然后通过在城市的融合与提炼,形成资源和能量的高地,并形成自己的影响力,把自己的能力扩散并影响到周围地区,因而城市常常被称为文化的容器与加速器。

城市文化随着城市的产生、发展,形成了独有的特质。首先是集聚性。城市形成的原动力是物质与文化在时间与空间上的相对集中。同时,城市又不是简单的物质与文化的集合,自城市产生之日起,它就开始突破自身的原始功能,表现出自为性,直接带动社会政治、经济、文化的发展,推进人类社会的物质文明与精神文明的加速发展。从物质层面来说,城市中各种物质、能量、信息的集聚,促进了城市社会分工的合理化,易于产生规模集聚效益;而从文化层面看,"城市通过在时间和空间上扩大人类联系的范围,在有限的地区内叠加多种社会功能,为社会协作、交往、交流、控制提供了良好的基础,从而具有凝聚、加工、整合文化的功能。"[②]其次是多元异质性。沃思是美国芝加哥学派的代表人物之一,他在1938年发表的一篇著名论

---

① 吴忠,王为理,等.城市文化论.深圳:海天出版社,2014:16

② 杨东平.城市季风:北京和上海的文化精神.北京:东方出版社,1994:58

文《作为一种生活方式的都市性》中，提炼出了城市的三个核心特征：人口规模大、人口密度高、生活方式的高异质性。他认为一切所谓的“都市性”都是从这三个因素及其交互的关系中发展起来的。生活方式的异质性主要表现为职业、价值观念、行为方式等的差异性，城市文化的多元异质性也表现出对外来文化的接纳性和宽容性，并带来了城市亚文化的多样化，“大城市从来就是各种族、各文化相互混合、作用的熔炉。城市就是这种生动的、潜移默化的相互作用的中心，新的种族、新的社会形态又从这些相互作用中产生出来。”①最后是地域性。城市文化是在一定地域条件下发展起来的，由于各个城市所处的地理位置、气候条件等不同产生了生产、生活方式的差异，形成了不同的地域文化。城市文化的地域性在于城市文化是在一定地域内产生的，是居民在长期的共同生产与生活过程中形成的，具有特定的历史文化空间属性，它既是一定地域内的城市居民产生文化认同感、心理归属感的基础，也是城市文化和城市个性发展形成的重要因素。“虽然现代化的传播手段使各地具有了更多的共性和世界性色彩，但这并没能完全消除地域文化的独特性，相反刺激了各地域的城市文化向更有特色的方向发展。”②

随着世界上越来越多的人口聚集于城市，城市与人之间的感情及联系日益密切，城市文化的作用正在日益凸显，城市文化的研究也越来越受到关注和重视。城市的“文化特色”越来越成为城市品牌和品质的象征，成为城市人情感的归宿。城市的出现、发展以及城市的社会结构、组织、社会群体甚至社会管理方式等方方面面都会对城市以及城市文化的发展产生影响和作用，都应该属于城市文化的研究范围。城市的文化特色，即我们通常看到的一个城市的气质或精神来自历史与文化的积淀，往往体现在不同时代建筑中，也体现在城市人的行为举止、风俗习惯中。

---

① 帕克，等.城市社会学.宋俊岭，等译.北京：华夏出版社，1987：41

② 张鸿雁.城市形象与城市文化资本论——中外城市形象比较的社会学研究.南京：东南大学出版社，2002：149

二、“文化基因”及城市文化特质的影响因子

“文化特质(或称文化元素)指一种文化的组成部分中最小的单位。各种文化特质的总和就是文化的内容。文化特质内聚成文化体系里最基本的结构和功能单位——文化丛(或称文化特质丛)。文化丛指功能上相互关联、组合的文化特质群。”[①]这些文化特质再造了人和社会，由于文化具有继承性，文化的特质也具有继承性，它如同人的基因符号能影响人的面貌、性格一样，文化特质是文化模式的基本构成因素，本书把它看作一种基因符号——“文化基因。”

(一)“文化基因”的含义

城市是人类存在的一种样态，是人类群体生活需求的一种“基因密码”和社会再造“文化密码”的必然结果，没有其他选择。[②] 说到城市文化，必然要探讨一下城市和城市文化的影响因子，即城市的“文化基因”。

“基因”本来是遗传学的词汇。科学研究表明，根据基因组成可以了解每个人包括头发颜色、身体胖瘦、视觉能力等外在方面的情况，甚至还可以了解包括血型、性格特征等内在信息。“人类一直在研究自身进化的‘基因密码’，人类进化的过程和现代社会人所表现的行为取向与价值取向，有些是由人类的‘基因密码’决定的，有些是由后天社会因素和社会再造的‘文化密码’影响而生成的。”[③]城市文

① 吴克礼.文化学教程.上海：上海外语教育出版社，2002：73

② 张鸿雁.城市·空间·人际：中外城市社会发展比较研究.南京：东南大学出版社，2003：1～2

③ 张鸿雁.城市·空间·人际：中外城市社会发展比较研究.南京：东南大学出版社，2003：1～2

化研究中，除了显性表现的物质层面、行为层面、制度层面的城市文化外，影响各种城市文化不同表现的隐性的“文化基因”也值得特别挖掘。“文化基因”在城市文化模式的表现中具有重要地位。正如遗传基因是生物体的内在信息源一样，文化符号的有序排列构成“文化模式”。“‘文化模式’是人的外在信息源，它为组织社会和心理过程提供了一个复制模板或程序，据此便可以塑造公众的模式化行为。”① 城市的“文化基因”是构成城市“文化模式”的重要文化符号，就如同人类的“基因”一样，影响着城市的面貌以及城市文化的风格。

城市有着和乡村不同的“文化基因”密码。由于城市的“集聚”和“扩散”的“文化基因”的影响，城市文化有开放性和多元性的特点。另外，相对于乡村来说，城市通常是周围地区的中心，不仅是政治、经济中心，也是文化、信息中心。此外，城市文化还具有向周围地区辐射的作用，对周围地区产生重要的牵引作用。

城市文化是城市人所创造的物质文明和精神文明成果的总和，是城市人在处理各种人际关系、社会关系以及人与自然之间的关系时所采用的活动方式，表现出的精神状态以及创造的精神和物质的成果。城市文化产生于城市，由城市人创造，然而反过来看，城市文化对城市发展、城市建设以及城市的人文面貌都有不可忽视的作用和影响。城市文化是城市的“气质”，是城市的灵魂，对城市形象塑造起着重要作用。城市文化的发展水平不仅是城市的文化辐射力、影响力的影响因素，还决定城市经济发展的速度。

城市“文化基因”就是城市这个载体能对人的文化品位和城市的形象塑造起到潜移默化影响的文化因素，它具有历史性、传统性、地方性、唯一性。一座有个性魅力的城市往往延续了数百年甚至数千年的文化基因，孕育出一条条古街、一处处名胜。正如提到上海，人们就会想到外滩、豫园、城隍庙；提到南京，人们就会想到中山陵、明孝陵、南京长江大桥；提到杭州，人们必然会想到西湖。城市的文化

① 陈立旭.都市文化与都市精神：中外城市文化比较.南京：东南大学出版社，2002：5

由世世代代的思想家、伟人的意志以及居民的思考方式和生活形态积淀而成。个性独特的城市都是具有地方特色、民族特色或者历史特色的城市,而它的独特文化,就像一个人的独特气质,这样的魅力就是城市的"吸引力"。

(二)"文化基因"形成的影响因子

城市文化基因由于某些人为的因素会发生变异。和人的基因改变一样,文化基因的改变也是朝向两个方向的。城市文化建设中的文化基因改变,可以指引城市朝向可持续的方向发展,可以说,这是一种文化进化。但也有不利于文化正常发展的文化基因的变异,如在城市房地产开发中比较常见的是社区开发的混乱,又如环境因素造成的城市灭亡等。

城市最初的产生、生存和发展离不开一定的地理自然环境,城市必须具备一定的自然条件才能够繁荣和发展。历史上就有一些有名的城市因为自然环境的变化而灭亡,比如,"因水源断绝或干旱而废弃的有中国新疆的楼兰城、高昌城,非洲的大津巴布韦,美国……的梅萨维德悬崖城。中美洲伯利兹原首府伯利兹城被台风荡平了。中国陕北的统万城被流沙掩埋而废弃了。"①。此外,自然环境条件对人类的生活方式具有重要的塑造作用,特别是其所在地域的气候、物产、土壤、植被、资源等是城市文化特质形成的重要影响因子之一。地域特色构成城市文化基本的底色,形成城市文化最初的积淀②。早在古希腊,就有学者把民族的禀赋和地理环境的影响联系在一起③。就中国而言,南北气候和地理环境的差异,形

① 李原,李洋.被毁灭的城市.北京:学林出版社,1985

② 杨东平.城市季风:北京和上海的文化精神.北京:东方出版社,1994:14

③ 亚里士多德在《政治学》中说,"寒冷地区的人民一般精神充足,富于热忱,欧罗巴各民族尤甚,但大都拙于技巧而缺少理解";"亚细亚人民多擅长技巧,深于理解,但精神卑弱,热忱不足";"唯独希腊各种姓,在地理位置上既处于两大陆之间,其秉性也兼有了两者的品质"。亚里士多德把民族禀赋归于地理环境,开了环境地理决定论的先河,虽然这一论断过于绝对,但是其论述了地理环境对人的性情的影响,也有一定的合理性。

成了特质不同的文化:崇礼尚仪的齐鲁文化、热情豪放的西部文化、柔婉细腻的江南文化等。可以说,地域特征是城市文化的一个影响因子。

城市文化除了地理的空间维度,还有历史的时间维度。城市文化是在一定的社会经济和政治基础上产生的,是社会经济、政治的反映,具有鲜明的时代特征和地域特性。凝结着人类智慧的文化又在历史的浪涛中得以传承和发展。城市的人文传统和历史、文化遗存一样具有传承性。可以说,现实生活中,所有的城市人都是带着过去的"文化积累"和"文化记忆"生活的,因此,有学者赋予了城市"记忆功能"[①]。城市的记忆,是城市发展的内在"动力基因",也是影响城市个性形成和城市文化特质的重要影响因子,是城市财富积累的"文化资本",具有资本再积累的功能和价值。

"集聚"是城市的重要特点或者本质特点:人口在这里集中,产业、资金、技术、信息、财富在这里汇总,就连建筑的密度也是城市区别于乡村的重要特征。城市集中了各路文化精英,各种思想流派、艺术流派,也集中了各种问题。城市中人口的聚居使城市生活具有异质性、匿名性、密集性。人口结构的复杂使城市犯罪率远远高于农村,产生了很多的社会问题。因此,对城市文化的研究也必须包括对城市结构、城市人的特质的认识和分析,但是,过度的聚集也会产生一定的社会问题即"城市病",这些城市社会问题会对城市文化产生什么样的影响,也是一个值得研究的课题。

研究城市文化的差异,需要了解在一个城市的发展中,谁在规划和制定城市的发展政策和方案,他们对城市文化的影响到底有多大。城市的社会组织机构、城市的管理者或领导者对城市发展制定的政策,对城市的发展方向和城市文化的发展状况都具有重大影响,可以说也是一个城市文化的影响因子。城市规划的制定者包括政府的领导者和城市规划的专家。在制定城市规划时,必须考虑到人民的需

---

① 纪晓岚在《论城市本质》一书中将城市的基本功能界定为养育功能、教育功能、生产功能、娱乐功能、管理功能、记忆功能六个方面。

要和人民的利益,合理的城市规划应该是由政府主导、专家设计、顺应人民需求的规划。

(三)"文化基因"的变异和动力因

城市是一个巨大的有机复合体,城市"文化基因"变异的动力因是多元的。影响城市文化结构变迁的动力因有很多,如城市的经济水平、城市的地理环境、城市的人口结构、城市的开放程度、城市人口的生活水平和素质等都会对城市文化结构和文化发展产生重要影响,成为"文化基因"变异的动力因。本书将以上"文化基因"改变的因素概括为影响"文化基因"变异的动力因。以下主要从地理因素、政治因素、经济因素、人口因素、科技因素、时代因素六个方面进行论述。

1. 地理因素

任何一个城市的文化,都是在一定的地理环境中形成和发展的。我国著名学者钱穆先生说:"各地文化精神之不同,究其根源,最先还是由于自然环境有分别,而影响其生活方式,再由其生活方式影响到文化精神。"①地理环境不同,其孕育的生产方式、生活方式就不可能相同,地理环境的这种影响如同给人类文化打上了"自然胎记"。因此,不同的地理环境当中的人们的生活方式、思维方式、精神状态多多少少都会受到地理环境的影响而产生或多或少的差异。决定城市文化发展的自然环境包括气候条件、地形地貌条件、地质条件、可资利用的建材情况等。

俗话说,"靠山吃山,靠水吃水。""在传统的社会关系中,城市的发展水平往往取决于城市的自然资源要素和交通区位优势。"②传统城市对所属的自然资源和传统产业资源具有很强的依赖性。城市的

① 史及伟.杭州历史文化特征与新人文精神研究.江南论坛,2003(3)

② 张鸿雁.城市形象与城市文化资本论——中外城市形象比较的社会学研究.南京:东南大学出版社,2002:10

产生与发展受地理因素的影响比较多。离开了地理环境这个物质基础，就无从谈论一个城市的文化及其特征。城市文化的形成与发展，既不是唯心主义绝对理念的产物，更不是造物主赋予的，而是人们长期实践活动的结果。地理环境是人们实践活动的物质依托。

不同的地理环境提供不同的自然条件和自然资源，从而使生活于其中的人们从事不同的物质生产方式，建立与生产方式相一致的社会组织形态，最终便形成了具有鲜明地域特色的地域文化。上海的高速发展与其优越的地理位置密切相关。“城市濒临海洋，这是大自然赋予的特别优越的地理条件，不过，沿海城市却不一定都是港口城市，也即不一定都具有天然的港口之利。由于海洋地质、海岸构造等因素的制约，有些沿海城市并不具备建港条件。例如我国著名的风景城市杭州，虽处于杭州湾内、钱塘江口，但因湾内纵深大、水滩浅，尽管其濒海临江，却不能开辟海港，杭州也就不成为一个海港城市。沿海城市不等于港口城市，这二者显然是要被严格区分的。上海是河口型的海港，港区建在黄浦江通向外洋和长江的下游河口，港内有深水航道，黄浦江的上游还伸向腹地，与众多的内河相连接。”①上海拥有优越的地理位置，地处长江流域的边界，不仅交通便利，而且富有外国需要的产品，具有成为经济中心的天然便利条件。

杭州的建城以及城市文化也与其地理环境有着密不可分的联系。“杭州城市于隋代在今址最初兴起的决定因素是钱塘江这一天然航道所具备的通江连海的航运功能。”②谈到杭州的文化，人们必然会想到杭州的山山水水。杭州的山水巧妙地搭配着，相得益彰。就拿西湖来说，西湖四周为山，又有小山缀于湖中，山围绕着水，水环绕着山，宛如妩媚的白娘子在悠悠地传递着似水柔情。杭州文化也有一半浓缩在这西湖的山水里。历史上，凡到过杭州的文人，几乎都与西湖结下不解之缘，留下很多吟诵西湖的诗歌，如苏轼的“欲把西湖

---

① 《上海和横滨》联合编辑委员会，上海市档案馆.上海和横滨——近代亚洲两个开放城市.上海：华东师范大学出版社，1997：14

② 范今朝，汪波.运河(杭州段)功能的历史变迁及其对杭州城市发展的作用.浙江大学学报，2001(9)

比西子,淡妆浓抹总相宜”,白居易的“未能抛得杭州去,一半勾留是此湖”。在诗人的眼中,西湖就是如此让人流连忘返。可以说,杭州没有西湖就没有现在的城市文化特质。

2. 政治因素

政治因素对城市文化的兴衰起着重要作用。从世界城市发展来看,有些政治城市同时也是经济、文化中心,如北京、东京、巴黎、伦敦等。在政府主导经济发展的时代,作为政治中心的城市具有集中产业、人口、信息等资源的优势,特别是对按计划建立的政治城市来说更是如此,如东京能形成东京大都市圈,就和其作为日本首都这一政治因素有着不可分割的联系。

中国的封建社会,自秦始皇统一六国,实行郡县制后,直至清王朝,大多数朝代实行的是统一的中央集权制,各朝代的都城规模都很大,有几个朝代在新王朝建立之际,即按照规划新建规模宏大、布局严整的都城,如隋唐时期的长安、洛阳,元朝的大都等。这些都城都是集中全国的财力、物力,以超经济的手段,役使人民在短期内建成的。[①] 北京也是一座因政治而兴的城市。曾几何时,北京只是一个比较重要的北方边防要塞,因为明朝从南京迁都北京,北京城的格局开始发生改变。虽然经历了600多年的变迁,至今北京和南京仍有一些相同的地名,比如新街口和成贤街。经历了明朝多年的经营,北京的人口开始超过南京,成为明朝最大的城市,工商业也日趋繁荣。中华人民共和国成立后,北京的城市发展日益繁荣和其作为首都的地位密不可分。政治因素对城市文化兴衰的影响,在沪宁杭城市文化发展中也有着更具体的体现。比如,南京的城市文化特色是和十朝都会的历史以及政治的兴衰联系在一起的;南宋偏安在杭州建都,对杭州城市繁荣的影响更是不容忽视的。

作为影响城市文化的政治因素还表现在政府行为的移民上。正是“从秦灭巴蜀的中原诸夏移民、元末明玉珍的‘军垦’移民、清初的

---

① 中国城市科学研究会.城市科学与未来城市,北京:中国科学技术出版社,2016:6

'湖广填四川'的百万移民、到举世瞩目的三峡移民，造就了重庆这座城市多样性、开放性并举的城市文化"。[①]

3. 经济因素

经济的繁荣一向是带动文化繁荣的因素。江南文化的特色是与其经济的发展联系在一起的。经过几百年的发展，江南在宋元时成了天下之粮仓。所谓"苏湖熟，天下足"，不仅是对江南地区富庶的赞许，也是对其作为经济中心的地位的肯定。自秦汉以后，江南丝织业开始兴起，南宋时发展到高峰。南宋时，杭州服饰是全国最时髦的，"瘦金莲""遍体香"装束非常流行，这些新款式使江南透出金粉靡香的奢华气息。至明清时，无论是秦淮河畔，还是西子湖边，人们的服饰愈见华丽新奇，"讲究"是江南人生活的一大特色。[②]此外，"杭州经济的繁荣，促成了有史以来杭州小说的最高潮，出现了一大批具有较高艺术水准的'西湖小说'"。[③] 南京织锦业的发展，还让南京产生了具有地方特色的曲艺——"白局"[④]。

20世纪上半叶，上海由于经济发展因素的影响，具有引领社会生活时尚的作用。"《良友》画报是对中国市民文化影响最大的画报之一，它产生于市民社会发育最为成熟的上海，凭借着深厚的市民社会的土壤，成为引领社会生活时尚的重要画报。"[⑤]改革开放以来，上海由于经济地位的提升，还获得了将外地人"改造"成上海人的力量。"上海话的权威性随着上海地区经济文化中心的确立而得到巩固，整个语音、词汇、语法系统在外来方言的影响中非但没有动摇，反而形成了在移民占80%的上海城区土地上，外籍人及其子女都学上海话、

① 重庆创意产业"十一五"发展规划. http://www.docin.com/p-766516759.html

② 李勤德. 中国区域文化. 太原：山西高校联合出版社，1995:162

③ 葛永海. 古代小说与城市文化研究. 上海：复旦大学出版社，2004:134

④ 白局始自明代织锦工人用南京方言演唱俗曲、小调、民歌以自娱，逐步发展成为曲艺曲种。南京白局常用曲牌主要有《满江红》《银纽丝》《穿心调》《数板》《梳妆台》《剪剪花》《下河调》《汉阳调》等。

⑤ 苏桂宁. 20世纪中国市民形象与市民文化. 北京：中国社会科学出版社，2013:107

用上海话交际的局面，上海地区还是通行上海话。”[①]经济因素的影响力量可见一斑。

4. 人口因素

城市是人创造的。城市是人的聚居地，人口因素不仅关系到城市的发展，还关系着城市的存亡。“城市人口的数量规模决定了城市的体积大小，城市人口的职业结构标志了城市的工业化程度和经济发展类型，城市人口的文化结构则反映了该地区社会文明的发育状况。可以说，人口结构是城市系统运行中的核心构件。”[②]

城市之间的竞争最根本的是对人力的竞争，人力资源已经成为城市争夺的热点。很多城市已经意识到人口因素在城市建设中的重要性，不断放松户籍管理政策，以吸引更多的优秀人才。2018 年，合肥实行最新的人才引进落户政策，拥有大专及以上学历的人员可以拿毕业证、学历证明直接挂靠合肥集体户。与合肥相隔不到一小时车程的南京也不甘示弱。2017 年 12 月召开的中国共产党南京市第十四届委员会第五次全体会议“明确了 2018 年南京经济社会发展的主要目标，明确提出了八项重点任务。其中第一项任务，就是打造具有全球影响力的创新名城，为此南京推出了青年大学生‘宁聚计划’，每年吸纳就业创业 20 万人以上”；“实施新一轮人才安居政策，建立多主体供给、多渠道保障、租购并举的政策体系，建设人才安居房 100 万平方米，满足各类人才住房需求。”[③]“人口密度以及相应的文化活动密度的增加，是文化结晶化的条件，反过来也是这种趋势的产物。城市的文化结构造成了各方面文化需要的增长，如对能源、交通和劳动力的需要，对商品交换、信息交流的需要，等等。这些需要通过与周围乃至更远的地区交换来实现，从而形成了城市对周边文化的吸引力。”[④]人口的聚集是城市繁荣与发展的重要标志，同时，城市的发

---

① 钱乃荣. 沪语盘点：上海话文化. 上海：上海文化出版社，2002：8

② 沈进. 现代城市管理与调控. 南京：南京大学出版社，1991：51

③ 赵思婷. “抢人大赛”进行时 东南大学举办第十二届暑期招聘会. http://js.ifeng.com/a/20180517/6584079_0.shtml

④ 高小康. 时尚与形象文化. 天津：百花文艺出版社，2003：154

展与繁荣也体现在人口的增加与迁移上，进入城市的人口又会给城市文化增加更为丰富的内容和形式。明人田汝成在《西湖游览志余·卷二十》里就说："杭州男女瞽者，多学琵琶，唱古今小说、平话，以觅衣食，谓之陶真。大抵说宋时事，盖汴京遗俗也。"[①]城市文化由于人口迁移带来的影响可见一斑。

然而，人不是越多越好，过重的人口负担，会造成交通拥挤、住房困难等一系列城市问题。人口因素不仅包含人口数量，还包含人口质量和人口结构。可以说，"城市的人口结构决定了文化发展的结构"[②]。比如，对日本来说，老龄化问题越来越影响到城市和城市文化的发展。"幽灵城市"一词已成为时下日本的流行语。据预测，30 年后日本的人口将从现在的一亿两千万减少到八千万，日本大部分城市的人口都将减少三分之一到二分之一。正如 NHK（日本放送协会）的纪录片中所说的那样，日本已经患上了"外国人依赖症"，越来越多的企业需要外国就业人口来支撑，越来越多的学校也需要招收外国留学生才能维持生计。其实，"幽灵城市"并不仅仅存在于日本，中国也出现了一些"鬼城"[③]和"逆城市化"的征兆。当"逃离北上广"不再是一句口号，而成了"行动"，就为中国城市化的浪潮敲响了警钟。

5. 科技因素

科技改变生活，科技创造新的城市文化。文化与科技的发展有着密不可分的联系。科技是文化创作、传播的主要载体和根本动力。城市文化是城市生产方式和生活方式的产物。"机械复制的艺术品使艺术迅速地普及化。它能够迎合市民受众的文化需要，以市场消费的方式迅速地传播，使其成为文化商品。这种文化产品的商品属性更为突出，艺术作品的属性也相应地改变。它能够凝聚市民受众的审美趣味，引领市民社会的生活潮流，改变市民社会的生活方式和

① 葛永海. 古代小说与城市文化研究. 上海：复旦大学出版社，2004：119

② 佘国平. 论城市功能塑造与文化发展. 社会科学，1994(7)

③ 美国《时代》杂志曾评论鄂尔多斯康巴什新区为"ghost city"，形容该城城市人口密度极低、房地产泡沫严重，后来，"ghost city"被中国媒体译为"鬼城"。

生活观念。"[1]城市的生活以及生产方式随着人类科技发展而发生改变。"蒸汽机、电的发明,带动了出版业、电影业的发展;第三产业的崛起,使电视、信息和文化娱乐业随之而兴旺;现代科学技术的广泛应用,也使文化表现形式和文化设施的水平有很大的提高。"[2]信息时代的到来,催生了在家办公、网络会议、网上学习、网上购物等新的工作和生活方式,网络使人们的交通、居住、工作和游憩等各个领域都发生了深刻改变,也使得城市的空间发生了改变,原来的"提袋消费"多数被"网上消费"改变,原来的实体商场、超市受到网上商家和超市的挤压……随着各个功能区之间的边界变得模糊,集居住、工作、休闲于一体的网络化多功能社区也逐渐涌现。随着经济全球化的发展,文化交流以及人们之间的交往越来越便捷,城市文化也会趋同。另外,随着科技的发展,科技与文化的交融,城市中还产生了新的经济形态——文化创意产业。科技的发展改变了人们的生活与生产方式,城市文化结构也因此发生改变。

6. 时代因素

漫长的历史会让一个地方形成文化的积淀,时代的发展也会改变这种积淀。如一些社会新风尚的出现等都有时代因素的影响。同样是在中国,古代的民俗和现代的民俗就有很大的差异。同一座城市,由于时代不同,其建设、发展的标志也不相同。"21 世纪工业社会时代的城市形象标志是林立烟囱,工业社会向信息社会过渡时代的城市形象的标志是摩天大楼。"[3]

随着时代的发展、科技的进步、人们交往的便捷,城市文化不仅受到纵向的时间因素的影响,还会受到横向的交流因素的影响。"城市的历史脉络根据城市的自然状况和历史发展的差异而有所不同,在时间上表现出文化的地域性和传承性,有自身的独特性和延续性。同时,文化的横向并联脉络,这是占主导地位的传统城市文化在社会

① 苏桂宁. 20 世纪中国市民形象与市民文化. 北京:中国社会科学出版社,2013:104

② 佘国平. 论城市功能塑造与文化发展. 社会科学,1994(7)

③ 周汉民,等. 塑造城市形象　"大都市形象论坛"摘要. 文汇报,2005-1-24

文化变迁当中，与外来文化相融合、交流而形成亚文化层次。在空间分布上表现为多文化的共存和交织。”①随着全球化时代的到来，城市文化也面临新的压力。正如安东尼·吉登斯所说，“全球化不仅产生向上的拉力，而且也产生了向下的拉力，给地方独立带来了新的压力。”②城市文化的全球化，使城市面临同质化的危机，但并不单纯地意味着城市文化的同质化。事实上，城市文化的全球化过程，正如当今城市经济、社会、政治的全球化过程一样，表现为一个内在的充满着矛盾的过程，它既包含一体化的趋势，又包含多样化的倾向。“在全球化的背景下，世界各地的城市文化正逐渐脱离产生它的特定社会语境，转而成为一种‘浮动的符号’，直接进入其他不同地域的城市文化语境，并融入一个巨大的全球城市文化网络。”③

三、城市文化特色及其属性

城市是文化的象征，城市文化是城市的内涵，体现着城市的个性和魅力。城市不仅是一个区域的人流、物流、信息流的集中地和发散地，也是文化的集结点和辐射点。各种各样的文化在这里融合，从而形成了各具特色的城市文化。④ 在世界范围内，无论是早期的巴比伦古城、古代雅典、古代罗马，还是文艺复兴时期的佛罗伦萨、18 世纪的伦敦城、19 世纪的巴黎和维也纳，以及 20 世纪的纽约、伦敦、东京、巴黎……无不以鲜明的城市文化形象著称于世，成为特定年代和特

---

① 雷诚．论城市文化意象创造．重庆建筑大学学报，2001(9)

② 安东尼·吉登斯．失控的世界．周红云，译．南昌：江西人民出版社，2001：8

③ 陈立旭．都市文化与都市精神：中外城市文化比较．南京：东南大学出版社，2002：2

④ 徐康宁，等．文明与繁荣：中外城市经济发展环境比较研究．南京：东南大学出版社，2002：244

定地域的城市文化象征。[①] 每个城市由于“文化基因”存在差异，都拥有自己的特色文化。这些特色文化表现为不同的城市风格、城市精神或者说城市形象。以下从四个方面来考察城市文化特色的属性。

（一）可识别性

可识别性主要指唯一性、差异化和个性化。随着消费社会的来临，人们对消费文化的要求就是要有可识别性，小到女性用的化妆品、手提包，大到对居住或者旅游的城市的选择。可识别性已成为人们普遍认可的消费理念。城市因文化不同而产生差异，具有自己的独特个性，形成具有唯一性的“可识别”的城市形象。城市文化特色是复杂的城市系统中表现最为突出的特征，能够通过这些突出的部分，展现整体的完整形象。因此，城市文化特色的第一个属性，就应该是它的可识别性。其实，特色之所以能成为或者被称为“特色”，就在于其具有可识别性。

一个城市从建城以来经历的沧桑岁月，以及通过不断累积记忆，兼容创新，凝聚共同价值，凝结地方文化特色的名人、故事、街巷、老字号等元素而形成的文化资源，是城市特色文化的最重要的属性。根据文化的性质，文化可以分为物质文化、行为文化、制度文化和精神文化[②]，城市特色文化也包含这四个方面的内容。正如提到天安门，人们会想到北京；提到“儿化音”，人们会想到北京人说话所特有的韵味。提到东方明珠，人们会想到上海；提到“海派清口”，人们会想到上海人说话所特有的幽默方式。

城市文化特色中最容易给人留下直观印象的就是作为物质文化代表的城市地标。城市地标往往被印在城市纪念明信片上，成为这座城市独有的“城市名片”。城市地标就是城市文化特色的重要表现

① 陈宇飞.文化城市图景：当代中国城市化进程中的文化问题研究.北京：文化艺术出版社，2012：10

② 吴克礼.文化学教程.上海：上海外语教育出版社，2002：65

形式之一。“标准定义中的城市地标，应该有清晰的文化指向，有丰富文化故事作为内容支撑。城市地标也不应该仅仅指高耸形态的建筑物。”[①]东京的浅草寺、二重桥，巴黎的埃菲尔铁塔、凯旋门，纽约的自由女神像，北京的天安门，上海的外滩，南京的中山陵等都是识别这些历史文化名城的关键要素。

根植于一个城市特有土壤的特色文化，既是具有文化辨识度的独特的精神文化标识，也是人们了解这一地区的窗口和媒介。因此，可识别性是城市文化特色的重要属性之一。

（二）可传承性

对于任何城市，历史都是最具个性的非物质文化遗产。它的精华就是包蕴其间的独特的城市精神。[②] 城市作为人类生活聚居的空间场所，具有长期的文化积淀形成的独特风格、个性与品质。

按照美国学者威廉·费尔丁·奥格本的说法，文化的发展与进化有四个因素：发明、积累、传播与调适[③]。一个地区的文化发展离不开这四个因素，但是其中“积累”和“传播”是至关重要的，“积累”是传承，也是纵向的文化传播过程；“传播”主要指的是横向的传播，把一个地区的文化传播到另一个地区。文化的“发明”往往借助于“积累”和“传播”才得以出现。“积累”和“传播”会带来文化的改变和进化，但是在所谓的“共同的文化基础”之中发展起来的城市文化或地域文化，就是本书所理解的具有可传承性的文化特色。

文化具有可传承性。城市特色文化也是可以传承的。城市文化的发展除了空间维度的作用，自然还有时间维度的作用，这就是城市的人文传统和历史背景。正如张鸿雁教授所言：在所有的现实城市

① 陈宇飞. 文化城市图景：当代中国城市化进程中的文化问题研究. 北京：文化艺术出版社，2012：35

② 单霁翔. 关于“城市”“文化”与“城市文化”的思考. 文艺研究，2007(5)

③ 威廉·费尔丁·奥格本. 社会变迁——关于文化和先天的本质. 王晓毅，等译. 杭州：浙江人民出版社，1989：199

生活中,所有的人都生活在过去城市的“文化积累”之上[①]。文化学家把人类文化的发展选择模式分为两种,一种是替代性选择,一种是积累性选择。从城市文化的发展来看,城市文化的积累性选择是文化发展模式的主体,城市文化的积累性、可传承性是城市文化的特征所在。

特色文化在世世代代的传承中,成为维系一个城市的市民精神和城市发展的纽带。因此,可传承性也是城市文化特色的重要属性之一。虽然随着全球化和文化的全球传播,文化会进化,但是传承下来的文化特色会成为一个城市的底色。

(三) 文化认同性

许多伟大的文化产生于城市。城市文化的容量和质量是城市区别于乡村的真正价值所在,也是人们对城市向往的原因所在。每个城市都有属于自己的独特的记忆,而每个人的记忆也总要附着在某个地方,和某个城市密切相关。某个城市的建筑、街道、地名、美食、人物,都可能让人产生“乡愁”。

文化认同,就是一种让人无论身处何地都会产生的“乡愁”。所有的“乡愁”,都是对一方故土的眷恋和思念,都是一种文化的认同。林海音对北京因“乡愁”而难忘,“不能忘怀的北平! 那里我住得太久了,像树生了根一样。童年、少女和妇人,一生的一半生命都在那里度过。快乐与悲哀,欢笑和哭泣,那个古城曾倾泻我所有的感情,春来秋往,我是如何熟悉那里的季节啊!”[②]

文化认同既是社会发展“现代性”的一种文化结晶,也是社会结构体系的文化凝聚力所在。[③] 不同的地方有不同的文化特色,不同的

① 张鸿雁.城市形象与城市文化资本论——中外城市形象比较的社会学研究.南京:东南大学出版社,2002:12

② 林海音.城南旧事.合肥:安徽教育出版社,2015:247

③ 张鸿雁.核心价值文化认同的建构与文化治理——深化改革文化治理创新的模式与入径.南京社会科学,2015(1)

文化特色塑造出不同的城市形象。城市文化为城市居民的交流、社区的融合提供了共同的文化环境和容易沟通理解的生活方式。文化认同不仅会让同地域的人之间增加凝聚力、归属感，也会让不同地域的人增进相互理解，城市因为文化认同而增加了吸引力。因此，在全球化时代，我们不仅要研究经济问题、政治问题和社会问题，更要研究文化认同的问题。在全球竞争的时代，要想获得更好的发展，就必须得到更多的文化认同。因为文化认同带来的美誉度，会增加所在地居民的归属感，也会增强一个城市的美誉度，为城市发展带来更多的人口资源和发展机遇。在全球化时代，要取得世界的“认同”，关键是要有较高的识别度，能有自己特色的文化优势。因此，文化认同性也是城市文化特色的重要属性之一。

（四）可“文化资本”性[①]

“我们的城市就是我们消费的对象和消费的场所。”[②]城市居民对一个城市的文化价值、文化生命力的充分肯定与积极参与，是城市经济社会发展的原动力。文化需要发展，城市特色文化也不例外，我们不能闭门造车，不能因循守旧，应在保留城市特色文化资源的同时，为其注入新血液，才能使其更具活力，比如通过“一带一路”，把城市特色文化作为一种品牌推出去，让更多的人看到、认识，进而喜欢这种文化。很多城市都不缺文化资源，但是只有通过“文化资本”化，才能使这种文化特色成为城市可持续发展的“文化基因”。

每个城市都有自己不同的历史积淀、人文底蕴、资源禀赋及风俗

---

① 最早提出“文化资本”的是法国社会学家布尔迪厄，在他来看，一个人艺术趣味的形成更多取决于他的家庭和社会渊源。城市文化研究专家张鸿雁教授在此基础上，提出了“城市文化资本”的概念，认为城市既是人类文化的结晶，又是地域生产力的集中表现形式，是社会发展的中心和动力。本书借用了张鸿雁教授“城市文化资本”的概念，认为一个城市的特色文化与城市的历史资源密切相关，是城市可持续发展的动力因，具有可“文化资本”性。

② 斯蒂芬·迈尔斯．消费空间．孙民乐，译．南京：江苏教育出版社，2013：1

习惯，随着城市的发展形成了具有可识别性、可传承性的区域特色文化，这样的特色文化不仅会使当地居民获得文化归属感，也可令外来者产生向往之情，从而形成这座城市的影响力和辐射力，成为城市得以存在和可持续发展的“文化资本”。

城市作为一个有机发展的综合体，其存在与发展有着其独特的生长规律，需要特有的文化资源的支撑。把这些资源资本化，是城市文化建设的重要任务。“不同的国家、民族、城市会创造不同的城市文化，在不同的社会发展中形成不同的文化特点。从比较社会学的视角出发，除了文化资本以外，任何形式的资本都具有某种‘匮乏性’，如货币资本、社会关系资本、财富资本及权力资本等无不必然具有‘存量有限’的特点，而且这些资本形式必须通过一定的物化的、符号化的交换方式，在一定时空范围内被消耗殆尽。相形之下，‘城市文化资本’显然不同，它是从人类本原价值和价值理念出发的智慧再生产的成果，是思想、智慧、思维和意识的生产与创造，具有取之不尽、用之不竭的特点。”[1]因此，如何让城市的文化资源转化为“文化资本”，使“文化资本”发挥它的“再生产”的作用是非常重要的。

城市是人类文明发展的产物，是人类文化、科学技术、历史积淀的“积淀池”，也是人类文化发展与进步的“媒介”和“基因库”。作为“文化基因库”的城市，在走向人类更高文明的过程中，如何对其文化资源进行发掘、保存、保护、培育和发展，以及对文化资源发展中不利因素的清理与剔除，都是城市可持续发展的重要课题。“文明化”就是文化发展和进步的目标，是人类进步和发展带来的成果。城市规划、城市管理、城市形象塑造都需要提高城市文化的品位和影响力。随着消费层次的提高，人们对城市文化的丰富性和生产性的追求明显地提高了。城市化进程也可以说是城市多元化基因从追求数量变化为追求质量的过程。在其多元化的基因中，文化基因是其中一个

① 张鸿雁.“城市文化资本”：借古开今、创想未来的永续动力.上海城市管理，2014(5)

最重要的因素。城市的发展和兴衰,以及可持续发展都离不开城市文化基因的潜移默化的作用和影响。在城市建设中发掘城市历史文化资源,汲取这座宝库的历史文化基因,提升城市文化品格,铸造城市文化精神,才能激发出创造热情,凝聚人气,增强城市人的心理归属感,把城市真正建设成人类的精神家园。

第二章

基因：沪宁杭城市特质与个性溯源

"我们生活的城市也许是城市本真的背面，而真正的那一面我们不曾涉足。你所生活的城市正是你看不见的城市。"

——卡尔维诺

"文化是社会遗传的一种形式。"①城市文化作为人类文化的一种形态，具有历史继承性。今天的城市文化是在昨天城市文化的基础上发展起来的，只有了解它的过去，才能认识它的现在，展望它的未来。然而，在当代中国轰轰烈烈的城市化进程中，城市中的历史文化遗存和历史文化遗产似乎变得离我们越来越遥远，成了"老古董"。我们必须认识到城市化、现代化不是西化，不是对西方的全盘照搬。随着对城市化进程中出现的各种问题的反省和思考，越来越多的有识之士通过学习提高了认识，明白了历史环境保护、文化资产活用、地方特色维护等课题是现代城市文化建设过程中不可缺少的内容。城市文化建设中，历史资源之所以弥足珍贵，不仅是因为它对一个城市文化特质的形成有重要的影响，而且因为历史是不能复制和重复

① 陈立旭.都市文化与都市精神：中外城市文化比较.南京：东南大学出版社，2002：25

的，任何城市的文化特色都不可能被模仿或者克隆。我们追溯城市的历史，就是为了发挥历史文化资源的优势，汲取这座宝库的历史文化基因，提升城市文化品格，建设好人类的精神家园。

当今世界，经济与文化日益呈现出相互融合的趋势。南京、上海、杭州作为长江三角洲地区的重要三极，从一定意义上来说，它们既隶属于同一个都市经济圈，又同属于一个大的文化圈。追溯这三个城市的文化发展历程，我们不仅可以清楚地把握这三个城市的文化源流和文化特色，还可以对它们未来的文化发展提出新的思路。

一、原生态文化与“城市文化基因”

历史迈着沉重而清晰的脚步来到今天，我们生活的地球也走过了约46亿年的不平凡历程。46亿年，从宇宙演变来说，不过是弹指瞬间，对人类来说却是“路漫漫其修远兮”。沿着考古发掘的轨迹，借助已发现的不同的化石、文物、遗迹，我们试图以其演变的过程与痕迹诠释其历史渊源的独特风格，并为今后城市文化的发展提供论据。

（一）新石器时代——文明的萌生

长江流域和黄河流域同是中华民族文化起源的摇篮。长江文化可分为上游的巴渝文化、中游的荆楚文化、下游的吴越文化。沪宁杭三座城市都处于长江下游的长江三角洲，是江南的历史文化名城[①]。江南文化带有独特的文化基因，特殊的地域所形成了沪宁杭不同的城市特色。

1977年11月，在南京召开的长江下游新石器时代学术讨论会

---

① 国务院先后公布了三批国家级历史文化名城。第一批24个，第二批38个，第三批37个，共计99个。

上，有关人士认为，江南文化源头只能是马家浜文化，稻作要素是江南史前文化的重要标志。“以嘉兴马家浜遗址为代表的马家浜文化是长江下游、太湖流域新石器时代早期文化的代表，记载在了《大不列颠百科全书》和1990年出版的《中国大百科全书·考古卷》”①。作为江南文化源头的马家浜文化，其遗址遍布杭嘉湖地区以及苏州、无锡、常州、上海。继马家浜文化之后，江南地区又经过了崧泽文化、良渚文化阶段。马家浜文化是浙江早期人类由浙西丛林走向东部平原并发展稻作农业，从而创造出一个极其璀璨的早期文化的代表。

如果没有跨湖桥文化的发现，把马家浜文化作为三座城市的原生态文化并不为过。随着时间的推移，人们总是会有新的发现。2001年，萧山跨湖桥遗址的发掘将浙江的文明史提前到了大约8000年前。考古证明，早在8000多年前的新石器时代早期，萧山跨湖桥一带就产生了与河姆渡文化、马家浜文化特征有明显差异的、发展水平很高的跨湖桥文化，这就使杭州成了中华文明、东方文明的发祥地之一。

大约6000年前，在南京市区的鼓楼岗一带，就有原始居民居住。考古工作者先后在这里挖掘了面积约11万平方米的北阴阳营原始村落遗址。在南京所辖的大江南北两岸已经发现两百处左右这一时代的村落遗址，尤以秦淮河中游的江宁湖熟一带最为密集，故有“湖熟文化”之称。湖熟文化的存在时间相当于中原商代前期。湖熟文化的典型遗址有南京北阴阳营遗址第三层、锁金村遗址下层、太岗寺遗址上层等。湖熟文化是长江下游的一种早期青铜文化，青铜器的出现是青铜时代出现的标志。湖熟文化是吴文化的前身。

相比江浙，上海的文明萌芽相对较晚。据考古发掘发现，在6000多年前，上海的大部分地区都处在海岸线以外，即使是海岸线以内的地域，也因濒临海滩而不适合人类居住生存。20世纪60年代，在青浦赵巷镇崧泽村发掘了崧泽遗址，崧泽遗址是考古认定的最早的上

① 张兴龙．从起源角度看江南文化精神．江南大学学报，2008(6)

海人的故乡和上海文明的起源地。①

(二) 良渚文化——文明的曙光

传统社会关系中,更多的是“靠山吃山,靠水吃水”。传统城市的兴盛与发展离不开城市赖以产生的自然资源要素。与自然资源要素密切相关的传统产业资源、历史文化资源也是传统城市生存与延续的资本。沪宁杭三座城市都有优越的地理位置,有良好的人文环境和传统。三座城市由于同样继承了良渚文化的光辉,同属于吴越文化圈,有很多相通的文化特质。无论是杭州地区最早可以追溯到的跨湖桥文化或河姆渡文化,还是南京的湖熟文化、上海的崧泽文化,这些都只能称为“文明的萌芽”,真正“文明的曙光”应该属于良渚文化。

良渚文化因良渚遗址而命名,它主要分布在太湖流域,距今5000年左右。可以说,良渚文化不仅是长江下游古代文化的重要代表,也是中国甚至东方早期文明的主要代表,因此,良渚文化素有“文明的曙光”的美誉。值得一提的是,良渚文化遗址这个中心聚落已具有“城”的规模,是聚落群的政治、经济、文化、宗教的中心,已具有早期萌芽性城市的特征②。

良渚文化的中心是分布于余杭的良渚遗址群,考古研究表明,遗存展示了一种“城”的雏形和文明程度。以精耕细作闻名的农业的发展,促进了社会组织的变化,也促进了家畜饲养业、手工业、制陶业的专门化生产,特别是制陶、治玉,甚至髹漆、纺织、酿酒和造船等技术在当时都得到了全面发展。例如,良渚文化时期盛行“黑皮陶”,即表面有一层黑陶衣,并经打磨光亮的风格独特的陶器,在考古界素有“良渚黑陶”之称。③ 良渚文化的玉器出土数量很多,而且种类非常丰

① 龚若栋.上海人与上海文化探源.历史教学问题,2002(4)
② 刘树人.空间遥感环境考古的地学分析.地球信息,1998(1)
③ 林华东.从良渚文化看中国文明的起源.浙江学刊,1994(6)

富。仅余杭反山遗址来看,11座墓葬中,随葬玉器就有3200多件,20多个品种,这在国内外都是非常稀有的,因而闻名海内外,被视为中华民族崇尚玉器传统的代表。玉器的雕琢品质优良,图案优美,其中最常见的神面纹据考证是良渚先民的神徽。此外,出土的器物上面的特殊符号,也被认为是原始的"文字",是现代成熟文字的"前身"。除此之外,良渚文化中出土的绸片,也被认为是世界"丝绸之源",甚至把中国"丝绸之国"的历史追溯到了5000年以前。以上种种发掘出土的器物,都表明了良渚文化当时无论是在中国还是世界都是处于文明领先的地位。

虽然后来由于北进失利及水患,良渚文化主体很快衰落了,但从社会发展程度来说,良渚文化处于原始的"文明社会"时期。根据考古学的发现,良渚文化时期,人们已经进入稻作时期,农耕文明的发展带来了手工业的发达,大量的玉器以及其他器具随之出现,在出土器具上还出现了原始的文字。总而言之,良渚文化时期已经有了先进的生产力,手工业发达,开始出现了文字,这些都表明良渚文化为后来的文明发展奠定了经济基础,是沪宁杭城市发展的原生态文化。在良渚文化原址上发展起来的沪宁杭三城先天就携带了远古文明的文化因子。

(三)吴越文化——城市文化的初现

吴越文化作为吴越两地人民在数千年社会实践中创造的物质财富和精神财富的总和,集中反映了吴越两地人的精神风貌、观念意识、心理态势和人格风范。吴越文化是吴文化与越文化在双方长时期的争战与交流中逐步融合形成的,有很高的文化成就。[①] 吴越文化作为一种富有历史和特色的区域文化,奠定了沪宁杭三城的"气质"。内涵丰富的吴越文化包含了上海、江苏南部、浙江东南部地区,并直接影响了这些地域后来的发展历程,具有与中原文化不同的气质和

① 王立人.长三角区域文化共同发展之思考.江南论坛,2004(3)

风格。

吴越文化的本质特征主要表现在六个方面。一是鲜明的水乡文化特色。这里有十分明显的水乡风貌，有长江、运河、太湖等，水是吴越人生活的依托，水上交通开拓了吴越人的视野和思路，也为商业的发展打通了路径。二是浓郁的市民文化特色。相对于国内其他地区而言，吴越两地由于商品经济发展较早，较早地形成了市民阶层。三是外柔内刚的文化品格。自南北朝以来，在文化的滋润之下，此地民风渐趋柔和。四是重文重教的文化理念。在古代科举考试中，吴越两地出的"状元"最多。在当代的"两院"院士中，吴越两地籍人士的数量也是数一数二的。现代吴越两地的基础教育、职业教育也处于全国领先水平。五是博采众长的文化个性。在悠久的历史中，五彩缤纷的外部文化向吴越文化输入了各种新鲜内容。吴越文化在保留自己特色的同时，博采众长，不断丰富。六是工商文化特色鲜明。①

说到吴越文化，人们最先联想到的是上海文化。虽然上海文化经历了西方文化的洗礼，但是吴越文化还是上海文化的根源与底色。在明清时期，苏州是当时的经济文化中心，上海属于苏州管辖，因而多受苏州吴文化的影响。尽管后来的上海已经成为辐射全国的经济中心，其文化中依然表现出很多吴文化的特征，如上海话很容易让人想到苏州的吴侬软语，精明而务实的上海人和吴文化有了摆脱不了的血缘关系。"海派"文化的包容性是其最宝贵的一个特点。上海城市的精神中的"海纳百川，兼容并蓄"就是来源于此。吴越文化的核心内容如果用一句话来概括的话，就是"人性柔慧，尚浮屠之教，厚于洋味，善进取，急图利，而奇技之巧出焉"。吴越文化历史悠久、积淀深厚，具有很强的生命力，因而影响至今，沪宁杭三城处于吴越之地，其气质与吴越文化有着密切的联系。

远古的良渚文明、城市雏形的因子、有着相当历史和渊源的吴越文化，构成了沪宁杭三城发展的历史背景，呼应着并在一定的程度上

---

① 王立人.长三角区域文化共同发展之思考.江南论坛，2004(3)

成全了三城后世出现的诗情将略、超然才气。

二、城市文化特质与“城市文化基因符号”认知

所谓“城”是防御性、统治性长垣，如王侯的“堡垒”，分封建爵的“采邑”，要地驻军的“要塞”。“市”主要是交换商品的场所。随着社会的进步和商品经济的发展，“城”与“市”合二为一，形成社会经济政治文化融合的实体——城市。由此可见城市是社会发展到一定阶段的产物，它以人的集聚为主体，以空间和环境利用为基础，以集聚社会经济效益和人们安居从事工商业和服务业为特点。这种集约经济文化的空间地域系统具有内在运行规律，其中“集聚”为最根本的特征，包括人口的集聚、经济因素的集聚、文化因素的集聚；集聚的数量、综合的质量和组合的结构，直接影响城市化的水平。

世界上没有两片相同的叶子，也不会有两座完全相同的城市。由于历史传统、自然环境、人文景观和经济条件的差异，不同的城市发展各有千秋，有着不同于其他城市的文化特质和个性。城市个性是历史的产物，也是人类文化的凝结，正如一个人的性格，一旦形成就很难更改。城市个性赋予城市独特的魅力。一个最有个性的城市，也是最富有魅力的城市，最具发展潜力和竞争力的城市。①

抛开共同的背景，沪宁杭三城的历史演进有所不同，就如同生于江南山水间的女子，秀美之中有各自的风采和特色。如果说上海是一位现代化的摩登女郎，那么南京和杭州就是端庄秀丽、温文婉约的大家闺秀。从性情上看，“沪”热闹浮华，“宁”凝重悲情，“杭”则梦幻富足。这从文学的取向可以看出来，比如在中国民间文学史上占有重要地位的《白蛇传》的故事发生在杭州，杭州让人联想到一个充满

① 王新文.关于城市形象的文化审视.山东大学学报，2003(4)

美丽幻想的女子,她"对花对酒,为伊泪落"。《桃花扇》中秦淮河边敢爱敢恨的李香君让人在美丽的爱情之外,也可以看到"商女亦知亡国恨"的沉重。上海的浮华和热闹在文学中的呈现是近代的事情,让人艳羡那种"拼今生换一醉"的劲头。沪宁杭虽然都是"女性化"的城市,但却拥有不同的美,这和其发展历程有必然的关系。

(一)悲情古都:南京

沪宁杭三城中建城最早的是南京。南京是一座山清水秀的城市。作为十朝都会的古城,南京遗留有不少名胜古迹,如陵墓、城墙、寺庙、殿宇、石雕、石窟、古钟、楼台、园林和湖泊等。历史建筑和遗迹是城市的记忆。南京既有作为古都的如烟繁华,也有许多悲怆的记忆。

南京历史悠久,远在6000年前,玄武湖畔就出现了原始村落。公元前472年,越王派大臣范蠡在秦淮河畔建筑了一座较大的土城,该土城被称为越城,也叫范蠡城。公元前333年,楚威王设置金陵邑。公元212年,孙权在金陵邑原址建石头城。之后,东吴、东晋、宋、齐、梁、陈、南唐、明、太平天国、中华民国在此建都。历朝历代演绎着南京作为"都城"的故事①。

最早定都南京的是三国东吴孙权,"一带鸿图开建业",他把当时的都城命名为"建业"(后改名建邺)。孙权在南京建都,主要有两个值得一提的伟大功绩。首先,建都促进了地区经济文化的繁荣与发展,南京一度成为当时的经济、文化中心,而南京的地理位置也促进了它的经济影响力向东南辐射,从而改变了当时长江中下游、珠江流域和南海诸岛等广大地区的落后状况,带来了这些地区的经济和文化的发展。其次,孙权在南京建都,改变了秦汉以来秣陵旧城的城市状态,为南京的城市发展奠定了很好的基础。

东晋是在南京建都的王朝中时间最长的一个朝代。从317年司

① 史念海.中国古都和文化.北京:中华书局,1996:138

马睿在建康称帝至420年司马德文为刘裕所废,历经十一帝。在这一百多年的时间里,由于政局稳定,生活太平,南京的经济得到发展和繁荣,人口数量猛增,成为当时全国经济最发达、文化最繁荣的地区之一。不过让人遗憾的是,东晋时期虽然经济文化繁荣,但是留存下来的古迹却很少。

后来的南朝宋、齐、梁、陈四代均在建康建都,当时的经济全面发展,文化更加繁荣,科学、教育等事业都有长足进展,特别值得一提的是,当时产生了既是我国也是世界最早的学科分类,如玄学、文学、儒学、史学。很多文化名人出生在当时的建康,如杰出的数学家、天文学家祖冲之,山水诗人谢朓等。南朝建康的历史古迹也留存较多,“南朝四百八十寺,多少楼台烟雨中”,寺庙、陵墓、故居等见证着那个时代给南京带来的繁荣与沧桑。

1368年,明太祖朱元璋在应天府称帝,同年八月,攻占元大都(北京),完成了统一大业,以应天府为南京。明初的南京是名副其实的“中心城市”——全国政治、经济、文化中心。1927年,国民政府定都南京。

南京有着丰富的山水资源和优美的人文景观,其旅游资源的丰富性绝不亚于国内其他城市,但是,一提到南京,很多外地人想到的不是紫金山,而是中山陵。可见南京的城市文化特色中得到公认的还是其历史人文特色。南京是一座独具人文魅力的历史古城,同时又是一个屡遭刀兵的城市,战乱后留下的一些断壁残垣、新亭旧地,成为文人墨客凭吊的对象。南唐二陵、明孝陵、雨花台……南京的古迹很多,而且每一处古迹均带有浓厚的人文色彩。走在南京,仿佛走在一段段的历史中。凭吊每一处遗址,好像都是在和历史对话。

“天远山围,龙蟠淡霭,虎踞斜晖,几度功名,几番成败,浑似鸥飞。”苦难与兴废无常,写满了南京2000多年的建城史。

历史给了南京太多的故事,也留下太多的伤痕。在这里上演的不仅有王朝的兴废、帝王的更迭,更有百姓尸骨遍野、满地狼藉的灾难。南京的历史上有很多血染的痕迹,549年,侯景攻破台城(今南京城内)后纵兵杀掠,尸骸填满道路。到了近代,1853年,洪秀全进南京后，整个南京城一片腥风血雨。其后，湘军攻入天京（今南京）后，更是“万室焚烧，百物荡尽”。不过，最惨烈的还是1937年侵华日军制造的“南京大屠杀”。“南京这座城市差不多逢战必败，虎踞龙蟠帮不上忙，正如长城挡不住北方少数民族的铁骑。诗人陆游曾力主南宋迁都南京，结果宋高宗以‘修德行而不在择险要之地’为托词，硬是赖在‘暖风熏得游人醉’的杭州不肯走。自古王业不偏安，宋高宗的想法一直被指责为投降路线，可是南宋在杭州建都的时间，比十朝之都的南京任何一个朝代都长，长得多。”“尽管有那么好的地形，都说金陵有王气，为什么南京一而再被攻陷，接二连三出亡国皇帝。”[①]南京城虽然有如东吴、南唐、太平天国等在此建都，但每一个都是短暂而匆忙，“小楼昨夜又东风，故国不堪回首月明中。雕栏玉砌应犹在，只是朱颜改。”这些来也匆匆、去也匆匆的王朝，给后人增添了很多人生无常、兴亡无常的感慨。在某年的“中国城市魅力排行榜”中，南京被命名为“最伤感的城市”，是不无道理的。

南京的古城墙是世界上最长的。“城墙所代表的威严与王权的中央地位，又使南京在吸收外来文化，尤其是对来自从不同的根基中生长出来的西方文化的‘被动吸收’”。[②] 无论是城墙还是城堡都未能抵挡南京屡遭刀兵的命运，这不能不说是南京的悲哀。

经过几番风雨，南京“六朝旧事随流水”，给人留下“年华一瞬，人今千里”的感叹。

（二）偏安得安：杭州

沪宁杭三城中，杭州历史悠久，文化遗产丰富。浙江江干柳浦埭是杭州城市的起点。春秋战国时期，由于南北向的运河与东西向的浙江在此交汇，这里发展成为南北水陆的交通要地。杭州城市功能

---

① 叶兆言.南京：历史和人文.万象，2002(1)

② 汪莲.城墙与租界的社会文化功能分析——南京、上海社会文化比较.学海，1996(5)

的产生与演变,是由简到繁、由量变到质变的动态过程。人口集聚的数量增长和生产交换的需求,促使商品经济的功能加强,贸易频繁,与此相关的物流交通、街市、库房储存等功能的协同作用,推动着城市规模扩大。杭州正是这样由秦代的山中小邑钱唐开始起步,因贸易、交通之需而几经迁移;移至江干后,得“水居江海之会,陆介两浙之间”的地利优势,集聚功能明显改善,因而于隋文帝开皇九年(公元589年),改钱唐为杭州。建州治20年后,杭州地位日见重要,隋炀帝于大业六年(公元610年)把六朝时的浙西古运河重竣加宽,成“江南河”,直通杭州城下,使钱塘江与海河、黄河、淮河、长江南北沟通。运河既成全国南粮北运及公私商旅往来的主要水运通道,杭州便可发挥枢纽作用,其物流功能得到加强,从而掀起了杭州城市化的第一个高峰。至唐初的贞观年间,杭州已成为拥有十多万人口的“东南名郡”。

不同于让人“黯愁怀”的南京,杭州的历史总是与富庶、歌舞升平、奢靡联系在一起的。“群芳过后西湖好,狼藉残红,飞絮蒙蒙,垂柳阑干尽日风。”而且,在有关杭州与帝王将相、才子佳人的故事中,传奇、梦幻的成分更多一些。

最早的传说是关于秦始皇的。据传公元前210年,秦始皇曾率领船队出游东南,11月到达钱唐。当船队到达江边时,正好赶上了涨潮。在汹涌的江水面前,秦始皇下令将大船缆绳系在宝石山下面的一块巨石上,就这样,他把脚印和有关他的传说留在了杭州的土地上。

对杭州有重要贡献的还有隋朝的两位皇帝。据说沿用至今的“杭州”这一地名就是隋文帝杨坚所设。杨坚所建的杭州城东到盐桥河,西至西湖,南到凤凰山,北达钱唐门。到了公元605年,隋炀帝杨广为了加强南北交通,下令开凿京口到杭州的江南运河,这条大运河后来成为沟通中国南北最重要的水运交通线,而杭州作为大运河的南起点,也成了南北交通的枢纽。交通地位的突出带来了政治与经济的繁荣,为日后杭州的发展奠定了重要基础。

到了唐代,诗人白居易在杭州任刺史时期,留下了很多咏叹杭州的诗篇,为杭州增添了靓丽的人文色彩。此后,越来越多的文人在这里留下足迹和赞叹，让杭州的“山水之美名天下”，杭州也成了国人心中美好和浪漫的城市。

五代十国时期，杭州成了吴越国的都城。吴越王钱氏曾先后两次扩建杭州城，“钱氏发民夫二十万及十三都军士筑杭州罗城，周七十里。”杭州的城区因而扩大了一倍。吴越国时的杭州城市布局也发生了改变，坊巷布局促进了城市的发展和市井文化的繁荣，而且吸引了很多海外商人到杭州进行贸易，杭州“邑屋华丽，盖十万余家”，一跃成为经济发达、文化繁荣的“东南第一州”。

在这里，不能不提的是南宋文化对杭州城市发展的影响。南宋时期，杭州作为首都，是全国最大、最繁华的城市，也是当时全国的政治、经济、文化的中心。在150多年的时间里，杭州的人口发展到了124万之多，百业兴旺，富庶繁华。可以说，南宋时期是杭州城市发展史中最浓墨重彩的一笔。在吴自牧的《梦粱录》中，专门列举并论述过杭州丰富的物产。南宋亡后，马可·波罗曾到过杭州，对杭州的丝绸大加赞赏——“全境产丝甚饶。”①

杭州的城市文化表现出了很强的融合性，它是外来文化与本地文化历史交流并不断融合的产物。秦汉时期，它吸收融汇了吴文化、楚文化等。魏晋隋唐时期，它又吸收融汇了佛教文化。

同为江南的都城，杭州却有着比南京更优越的条件。南宋建都杭州，主要是由于杭州经济富庶。经济的富庶的确削弱了当时统治者的斗志，正所谓“暖风熏得游人醉，直把杭州作汴州”。南宋政权寄希望于用金钱换取临安的“平安”，这也使得当时处于金人统治下的中原人民日日“泪尽胡尘里”“但悲不见九州同”。因此，可以说杭州历史文化特质也有其消极的一面。

此后，还有很多名人志士在杭州留下了足迹。如意大利旅行家马可·波罗曾把杭州称为“世界上最美丽华贵的城市”；明朝著名文学家、书画家徐渭的创作与杭州有着千丝万缕的联系，他面对美丽的西湖，不由得赞叹“十里荷花两桨人”；清朝时期，康熙、乾隆更是多次

① 史念海.中国古都和文化.北京：中华书局，1996：189

到杭州,对杭州的美景、美食赞叹不已,乾隆谓之“山川之佳秀,民物之丰美”。

“当时明月在,曾照彩云归。”杭州如同一位娇小的美人,小巧精致,风韵独特。南宋的“临安”是多么确切的一个名字,“偏安得安”是这个城市历史的最好总结。

(三)“洋”场新城:上海

从地理位置上来讲,上海虽然比杭州更“偏居一隅”,但是“它侧脸向东,面对着一个浩瀚的太平洋,而背后,则是一条横贯九域的万里长江。对于一个自足的中国而言,上海偏居一隅,不足为道;但对于开放的当代世界而言,它却俯瞰广远、吞吐万汇、处势不凡。”①

沪宁杭三城中,历史最短的是上海,这里,“几千年的渐变性的发展演变,被外来文化导致的突生性模式取代。”②上海城市的发展是和中国近代史联系在一起的,上海是近代中国城市发展的代表,是中国顺应时代潮流、走向世界的典型案例。

查阅史料,“上海”一名,最早见于《宋会要辑稿》。关于“上海”一名的得来颇有争议。但北宋设立的上海务和南宋咸淳初年设立的上海镇,其所在地均在上海浦附近。由此看来,上海之名源于上海浦似乎更为合理些。③

---

① 余秋雨.上海人.http://www.djkinfo.com/djktj/cnovel/yuqiuyu/yqyz/029.htm

② 张鸿雁.城市·空间·人际:中外城市社会发展比较研究.南京:东南大学出版社,2003:70

③ “上海”的由来,主要有三种不同的说法:第一说,是古人认为上海“地居海之上洋”,故名“上海”,所以,今人也有称上海为“海上”的;第二说,是上海地区旧有华亭海之名,青龙港湮塞后,中外商船都至此地登岸,故称上海;第三说,是根据《水利志》,说淞江之南有大浦十八(十八条支流),其中有上海浦和下海浦两条支流。今黄浦掩有上海浦故得名上海。见:龚若栋.上海人与上海文化探源.历史教学问题.2002(4)

上海的发展经过了荒凉渔村、小小县城到贸易港口城市的发展历程。开埠以前，上海居民或植棉种稻，或捕鱼，或经商，文化上受苏州影响较大，没有什么明显的特征。鸦片战争以后，上海的城市形态有了很大的变化。1842 年清政府与英国签订《南京条约》，把上海、广州、厦门、福州、宁波五个沿海城市辟为通商口岸并开设了租界。上海迅速崛起成为远东第一大都市，也是大量洋货、鸦片等在中国的集散地。一些官僚资本和金融企业的快速涌入，开创了“商业之茂盛，十倍于前”的大市场。经济的繁荣也带来文化的发展，中外文化在此交汇撞击。1843 年，上海开埠时，城市人口 20 多万，1900 年超过 100 万，1915 年超过 200 万，1930 年超过 300 万，1947 年超过 400 万，1949 年年初达 546 万。短短 100 多年中，上海从一个普通县城一跃成为全国第一大都市。

上海不同于北京、南京、苏州、杭州等中国的传统城市，“洋”是上海给人的突出印象，但是上海的“洋”又表现出了不同于纽约、东京等城市的特征。首先，上海的“洋”表现在其外在的“杂”上，这里有来自不同国度的人，有不同风格的建筑，有不同的风俗人情，文化是多元的；其次，上海的“洋”表现在其“容”上，在这里虽是五方杂处，但都能和平共处，各种异质文化在这里交汇、融合，互相取长补短。“有容乃大”，上海之所以能成为国际大都市，和上海的这种文化特质有着极为密切的关系。

“海派”作家张若谷在《异国情调》一书的序言中声称：“我们凡是住在位居世界第六大都会的上海，就可以自由享受到一切异国情调的生活。我不敢把龙华塔来比巴黎铁塔，也不敢说苏州河是中国的威尼斯水道，但是，马赛港埠式的黄浦滩，纽约第五街式的南京路，日本银座式的虹口区，美国唐人街式的北四川路，还有那夏天黄昏时候的淮海路，处处含有南欧的风味，静安寺路与愚园路旁的住宅，形形色色的建筑，好像瑞士的别墅野宫，宗教氛围浓郁的徐家汇镇，使人幻想到西班牙的村落，吴淞口的海水如果变了颜色，那不就活像衣袖

(爱琴)海吗?”①

作为一个与国际交流最为频繁的洋场新城,上海在沪宁杭三城中虽然历史最短,但后发先至地快速发展,最终成为全国一线城市,也是最为世界瞩目的中国城市之一。在中国近代史上,上海是一道独特而靓丽的风景,有自己特有的“海派”文化,它“容”得下中外,“融”得了东西,“荣”立于中国的近代城市发展史,是中国最具特色的城市之一。

三、沪宁杭历史演进中的差异和影响因子

“城市个性是一个城市的特色,特色是城市的魅力所在。城市个性是城市在其发展过程中逐渐形成的区别于其他城市的自然与人文特点,具有主观和抽象的双重含义,既包括有形的城市直观形象与景观特色,也包括无形的城市心理和文化氛围。历史文化名城之所以令人神往,皆因其独特的文化沉淀和个性特色,这种个性和特色源于地缘、环境、历史和传统,是城市过去和现在的浓缩,是物质实体和历史文化的提炼,是城市形象的精髓和灵魂。”②

城市文化是一个城市的气质和底蕴。城市文化的发展和演变过程和城市产生的背景、城市发展的过程密切相关,城市历史是城市文化的营养土,不同的营养土培育出不同的城市文化特质。寻觅沪宁杭的历史文明背景、城市历史演变历程后,我们可以分析一下三个城市文化基因的影响因子。这些因子对三个城市现代性的趋近造成了不同影响。

① 九野文化.呼吸上海.广州:广东旅游出版社,2004:26

② 王新文.关于城市形象的文化审视.山东大学学报(哲学社会科学版),2003(4)

（一）“自然观”的差异

地理环境上，沪宁杭三城同属于江南水乡，都是依水而建的城市，得水之利，因水繁荣，在自然地理摇篮里展示着自己的风采。三城或轻或重、或浓或淡地在城市文化上表现出一定的“水”性以及阴柔特质。但它们在水上交通和水资源的利用方面又有明显不同。

丰富的水资源既有利于城市周围农田的灌溉、水上交通运输，也解决了城市一般用水的问题。“长江下游太湖周围各处，由于大部分川泽沃衍，都成为肥美的土壤。南京正在它的附近，因此获得很大的优越条件。杭州更是有名的产粮之地，因而都曾经被选建为都城。”①

“南京不仅山多岭绿，而且江宽湖碧，山水相映。浩浩长江从城西北奔腾而过，古秦淮河在城南潺流不息。”②自东吴至梁陈，统治者选南京作为都城，都是看中了长江天堑的军事作用。长江除了作为天堑以外，还具有交通运输的功能，而且有着比其他河流更难得的便利性。此外，南京的内河——秦淮河不仅有漕运之利，还更使南京城内的风光愈显得绮丽。

南京虽然也是江南水乡，但是由于它在历史上作为都城的时间较长，所以更多了文人气。“自古江南出才子，而才子又多半喜欢南京，即便这些才子不是南京人。这大约与所谓‘南朝人物’和‘魏晋风范’有关。南京接二连三的亡国之君，其中不少是才子。‘最是仓皇辞庙日，教坊犹奏离别歌，挥泪对宫娥。’不是才子，哪里写得如此绝唱？”③在古代的科举考试中，南京籍的状元有很多，如南唐的卢郢、明朝的焦竑等。

杭州拥有跨湖桥文化和良渚文化，被称为“东方文明发源地”之

① 史念海．中国古都和文化．北京：中华书局，1996：186

② 杨志坚．南京山水与十朝古都胜迹．资源调查与环境，2002(4)

③ 易中天．读城记．上海：上海文艺出版社，2004：33～35

一。这一带较早透露中华文明的曙光，绝非偶然。这里河流密如蛛网，湖泊呈半开放状，气候温暖而湿润。钱塘江流域的自然生态因子整合为一体，形成绝佳的稻作农业地理。草莽萋萋，花木森森，湿地缭绕，物种繁多，生物样态极其丰富，确是一个奇妙、生动、辽阔的野生大花园。这些由江、河、湖、海各种“水”元素组成的自然景观，突出了杭州城市文化中“水”的作用，对杭州市民的生产、生活方式、审美观、价值情趣等都产生了影响，造就了杭州人爱美、尚文的市民文化特质。

杭州位处钱塘江北岸，江南运河和浙东运河在这里互相呼应，因而杭州也成为水道交通的枢纽。杭州最为典型的代表是美丽的西湖。杭州靠湖而兴。杭州的建城史，就是西湖的发展史。另外，一批有着高度文化素养的士大夫、文人、画家等用精致文化开发设计出杭州人文山水的美景。其中，唐代的白居易和宋代的苏轼对杭州影响最大，人们常说：“杭州巨美，自白苏而益彰。”这使得早在中国古代，杭州城市的旅游功能就已相对发达，这与历任杭州地方官的倡导以及旅游资源的丰富有着密切关系。更有人把杭州城市的发展历史和“水”联系在一起，以“水”划分了不同的历史阶段，分为钱塘时期、运河时期、西湖时期和“三水”时期。

西湖是杭州人引以为豪的文化符号，但也有人把杭州人的“懒散”和“小资”归罪于西湖。天然的地理环境和历史造就的“懒散”和“小资”最终形成了杭州“休闲文化”的特色。杭州也正在朝着长江三角洲休闲中心城市的目标迈进。

上海地处东海之滨，更有苏州河、黄浦江之利。有人把苏州河比喻成上海的脐带。① 以曾经是近代中国两大出口商品的茶叶和生丝来说，几乎所有来自长三角优质产茶区的好茶，以及各重要产丝区为外贸而生产的生丝，都需要经由水路运到上海集中销售。黄浦江发源于安吉龙王山，贯穿上海市区，到吴淞口注入长江，通向太平洋。其出海口是上海的天然良港。上海城市的一些现代文化、生活方式

① 九野文化.呼吸上海.广州：广东旅游出版社，2004：3

也从水上舶来。其实，除了苏州河、黄浦江的便利外，上海跟海的关系最为密切，连“上海”这个名字也是因海而得。上海“靠海吃海”，海开海禁，关系上海的兴衰。

“城市濒临海洋，这是大自然赋予的特别优越的地理条件，不过，沿海城市却不一定都是港口城市，也即不一定都具有天然的港口之利。由于海洋地质、海岸构造等因素的制约，有些沿海城市并不具备建港条件。例如我国著名的风景城市杭州，虽处于杭州湾内、钱塘江口，但因湾内纵深大，水滩浅，尽管其濒海临江，却不能开辟海港，杭州也就不成为一个海港城市。沿海城市不等于港口城市，这显然是要严格区分的。”①由于得港口之利，上海兴起；上海的兴盛同时也促进了港口的繁荣。因此，有学者认为，“海洋精神应该是上海城市精神的底蕴，包括海纳百川的宽广胸襟，争先创新的进取活力，肯冒风险的意志品质。”②

沪宁杭地理环境形成的水乡文化，本身具有一定的灵活性、包容性，对世界现代文明有一定的趋近性。沪宁杭三城相对而言不那么保守，有外向的潜质。然而，具体地说，沪宁杭三城文化中重“水”的原因也有差别：宁杭曾经的统治者更看重的是玩水游乐，溢出的是“秦淮风月”与“西湖歌舞”，就连军事之防、舟楫之利，也是为了更多地聚集财富，供自己享用；上海开埠，工商业者看重的是上海的黄金水道和深港码头，它们有利于贸易往来和与外界的沟通。从这里可以看出传统城市文明和现代城市文明的分野：宁杭具有更多的中国传统城市文化特色；上海具有鲜明的现代城市文化特色，其崛起是和现代文明分不开的。

① 《上海和横滨》联合编辑委员会，上海市档案馆. 上海和横滨——近代亚洲两个开放城市. 上海：华东师范大学出版社，1997：14

② 熊月之，周武. 海纳百川：上海城市精神研究. 上海：上海人民出版社，2003：20

(二)"传统观"的差异

"城市是文化的容器"①,一个城市的历史文化遗产就是城市的"文脉",是城市文化的起点。城市的文化传统和文化遗产都是无法再生的资源。历史的演进给三城留下各具特色的、物化了的文化符号——建筑。

任何一个城市,吸引人的地方除了自然美景,还有其独特的建筑。俄国作家果戈理说:"当传统和歌曲已经缄默的时候,建筑还在说话。"随着城市的发展,保留下来的每一幢建筑物无疑成了历史、文化发展的见证。建筑是一种凝固的历史。一座城市的建筑特色就是一座城市的历史写照。一座城市在它生命开始、辉煌的阶段沉淀下来的建设格局和建造风格,就是一座城市难以离弃的文化。

历史留给南京的遗产实在太丰厚。历史上的金陵特色,就是南北文化的交融。"历史和地理的条件决定了金陵文化具有南北交融的地方特色,是因为金陵地处南北交往的枢纽地带,也是自古以来兵家必争之地。政权更迭、连年战火带来了大量流民、移民,也带来了其他各地的文化习俗,丰富了金陵文化的内涵。社会流动中正常的人流、物流也活跃了这一地区的文化交流。经历了吴文化、六朝文化、宋明文化、近代文化的几次文化大变动,特别是中国历史上的数次政治、经济、文化中心的南移,使古城金陵受到了一次次的正面冲撞,也迎来了一次次的振兴机遇。通过承受、再创造的整合过程,金陵文化逐步融合了南北各种文化流派习俗的风格,特别是将吴文化、山越文化为代表的华美细腻与中原文化、西域文化的刚悍粗放融合在一起,塑造出金陵文化的整体特色,金陵文化也逐步成为长江流域中下游古老文明的一个代表。"②除了历史上南北交融的特色,南京近

---

① 张鸿雁.城市·空间·人际:中外城市社会发展比较研究.南京:东南大学出版社,2003:11

② 张鸿雁.城市形象与城市文化资本论——中外城市形象比较的社会学研究.南京:东南大学出版社,2002:150

代以来，还出现了“中西合璧”的建筑风格，如中山陵、颐和路公馆等。

杭州历史上少饥馑之灾和战乱之苦，吴越文化、良渚文化和南宋文化的历史积淀深厚，得天独厚的旅游资源，婉约、秀丽的山水风光，构成了杭州城市文化的基本元素。杭州的历史不仅融在西湖里，更融在一栋栋历史建筑里。杭州的文物古迹遗存丰富，仅市区就有古建筑（群）119 处，石刻造像 56 处，古遗址 39 处，古墓葬区 19 处，名人故居 14 处。历史上，特别是五代隋唐时期，杭州曾是寺院众多、佛塔林立、佛学盛行、高僧辈出的“东南佛国”，佛教文化成了杭州文化最光彩夺目的一页，许多佛教建筑如灵隐寺、净慈寺、六和塔、保俶塔至今仍是杭州的文化象征和标志性建筑。[①]

上海是中国历史文化名城，也是中国近代史的缩影。说到上海的地标，必然会提到外滩，外滩独特的都市景观在整个城市现代文化中独占鳌头。上海是一个年轻的城市，没有太多的历史负担。如今的上海作为长江三角洲的发展极，更是整个中国经济的中心，也直接带动了长江三角洲的发展。

城市的文化是城市得以延续的资本，是城市通往历史的渠道，也是城市沟通未来的语言。城市的文化价值体现在文化遗迹上，不仅体现在物质层面，还体现在精神层面。城市历史文化塑造了城市精神，城市精神潜移默化地影响和塑造着人们的生活。

文化需要传承，稳定的社会环境是文化积累和传承的重要条件。沪宁杭的文化符号代表了中国悠久的历史和传统。然而，宁杭过于厚重的历史遗存容易使人沉浸在对历史的缅怀之中，因此面对中西文化的撞击，它们的觉醒比上海来得迟，来得慢，直接影响到城市现代化的进程。这样，宁杭虽然是江浙的政治中心，在经济上却难以起到带头作用。江苏有“苏南模式”，浙江有“温州模式”，但却没有“南京模式”或“杭州模式”。三城与世界现代文明的接近、撞击、融合，有先后，有大小，因而表现出不同的形态，形成了各自不同的文化特质

---

① 林正秋，等. 历史形成的杭州特色及其对杭州跨世纪发展的影响. 杭州师范学院学报，1999(2)

和特点。

（三）“人口因素”的差异

城市是人口的聚集地，人口的聚散来去，人口素质的高低，都直接影响了城市的发展。沪宁杭三座城市发展、演进、兴衰都与城市人口的来去聚散有着直接的关联。

杭州历史上有两次“人口剧增”的经历，并且两次都是北人南迁，给杭州带来了南北文化的融合和繁荣。一次是晋朝的晋室南迁，很多士大夫和平民也随之迁居。第二次是宋朝的宋室南渡，使杭州的人口急剧增加，达到创纪录的124万人，成为真正的移民城市。两次人口大迁移，迁来的不仅有皇室贵族，还有文人学士以及各行各业的能工巧匠，他们为杭州的经济发展、文化繁荣起到了促进作用。

杭州风景怡人。余秋雨说杭州的“秀丽山水间散落着才子、隐士，埋藏着身前的孤傲和身后的空名。”①西湖畔的白堤和苏堤，站立在那里，已逾千年。它们所能证明的，除了两个理想主义的知识分子为民间所做的贡献外，大约还能佐证其把美衍化成诗文和长堤的理想。

南京的人口变迁中没有杭州那么多的情致和浪漫，它是带着腥风血雨的。“一国兴来一国亡，六朝兴废太匆忙。”郑板桥咏南京时，很伤感地写了这么两句诗。每一次城池失守就意味着一场大灾难，对于南京这样的人口变迁，除了“悲哀”，我们还有什么好说的呢？

清道光二十年（1840年）的鸦片战争改变了近代中国的社会进程，也为上海提供了特殊的社会经济环境，使上海很快成为全国以至东亚的经济中心，其人口迅猛增长——1842年约20万人，1895年约50万人。“华洋混居”“五方杂处”，成为上海文化的最明显特征，为城

① 余秋雨. 西湖梦. http://www.djkinfo.com/djktj/cnovel/yuqiuyu/whkl/018.htm

市发展注入了新的活力，进而使上海成为全国乃至全世界移民程度高、文化混杂程度高的城市。[①] 大城市成为文化中心的关键，是拥有吸引聚合知识分子的机制和能力。在旧时代，政治中心与文化中心在大城市的重合，往往靠的是官场和科举制，近代上海则靠的是发达的文化市场和文化事业、国际大都市造成的自由环境，以及富庶、繁荣的城市生活。[②] 城市的形成和兴衰都离不开人口的来去聚散。

城市市民的行为特征，在一般意义上也表现为一种文化符号。人会受到其生长环境的影响，因此生活在各个城市的人，都会带有其所处地域文化的特征。从城市学的角度说，“每个城市的个人，都有每个城市的文化特质。”[③]三城的“人口因素”决定了城市现代化不可或缺的“市民阶层”的形成。在历史上，宁杭由于都有过作为都城的经历，它们的人口变迁主要以政府的组织为主。上海开埠以后，人口数量的激增是经济发展、贸易往来的结果，同时，外来人口的增加也意味着财富的迅速积累。在战乱期间，江浙的商人也涌入上海避难，并带来了巨大的社会财富和文化影响。上海一开始崛起，就形成了现代市民阶层和市民文化。

（四）“开放度”的差异

沪宁杭都有过开风气之先的文化创举，并与中国历史的演进和世界现代文明相关联。

南京虽然地处长江下游，但位置偏北而离内陆近，离海洋远，文化特征接近中原地区。曾经作为都城的历史使它更接近且更具有中国传统城市文化的特质。例如，作为南京开放象征的南京河西龙江的宝船厂遗址，是600多年前世界上最大的造船基地，郑和首航西洋

---

① 杨东平.城市季风：北京和上海的文化精神.北京：东方出版社，1994：45～53

② 杨东平.城市季风：北京和上海的文化精神.北京：东方出版社，1994：143

③ 张鸿雁.城市形象与城市文化资本论——中外城市形象比较的社会学研究.南京：东南大学出版社，2002：252

船队中所用的宝船就是在这里建造的。

“东南形胜,三吴都会,钱塘自古繁华。”历史上,杭州对外开放较早。六朝时,杭州已经出现海外往来和贸易活动,至隋唐时渐趋活跃。五代十国时期,它的稳定和繁荣更是吸引了越来越多的海外商人前来贸易。杭州成为当时中国对外往来的重要口岸之一。在五代十国的吴越国时期,杭州与朝鲜半岛往来密切。此外,来杭州贸易的还有不少东南亚、南亚和西亚的商人。

上海由于地缘关系,是中国最早接触西方文化的城市。租界的存在,为西方文化比较系统、迅速、少受约束地输入上海提供了便利条件。上海地处富庶的长江三角洲,有外国发展产业所需要的自然资源,因此有利于外来产业的发展。同时,经济的开放、发展带来了上海城市文化的发展、繁荣。上海善于吸收外来优秀文化,西方戏剧、交响乐、油画艺术都最早在这里传播。上海还是中国电影的发源地。“开放度”不仅表现在对外来文化的吸收,还有对本国文化历史的传承,“近代中国,被称为国粹的京剧、中国百戏之母的昆剧等在其发展过程中都因得到上海这块土地的滋养而发扬光大,越剧、淮剧等起源于外省的剧种也因进入上海而发生质的飞跃。”①

开放是城市发展的重要特征,开放使沪宁杭三城与世界文明有了关联,但开放时代和开放方式的差异影响了三城的文化特质。杭州最初开放时,当时的世界,包括欧洲都还处在中世纪的蒙昧时期,城市之间的交流和交往仍然是传统意义上的贸易往来,由于时代的差异,中世纪的文化与文艺复兴后的欧洲文明、工业革命后的现代文明不可同日而语。杭州当时的优良文化,如对诗意生活、精致生活、和谐生活的极致追求等,值得后世继续研究,并使其在杭州城市文化的发展中继续发挥作用。

明朝时期,南京是郑和下西洋的策源地、郑和宝船的建造地,但是南京的“开放”往往是传统社会的“礼仪”往来,具有浓厚的政治色

---

① 陈燮君教授在上海《东方讲坛》的讲演(节选). http://culture.news.sohu.com/2004/06/28/96/article220749632.shtml

彩。在更多的时候，南京表现出的是“城堡意识”，“南京人有城堡意识，对城堡以外不了解。”①在三城中，南京应“加大城市外向功能，增强城市对外联系能力”②。

上海自从被辟为通商口岸，呈现一日千里的发展势头。近代上海处于中国文化的边缘，上海的发展得益于边缘性特征和近代性因素的融合。由于近代城市文化的边缘性，上海对西方文化的侵入较少排拒。同时，由于上海的人口构成中传统士绅角色的缺位，近代上海的城市文化并不完全从属或者服从于传统文化，更易于接受异质文化，西方文化更容易融入上海。近代上海被称为“文化熔炉”，正是由于近代上海不中不西、亦中亦西，是中西不同文化共存、交流、融合所致。相对而言，历史上，宁杭的兴衰是和传统中国联系在一起的，宁杭的城市文化具备传统中国的许多文化特点。“融合是当今世界发展的大趋势：自然科学与社会科学在融合，东方与西方文化在融合，人与自然在融合。”上海的城市文化与世界现代文明、文化联系紧密，创造出了具有现代性的“海派”文化。

城市面貌的形态、性格也蕴含了它的历史和未来走向。正如人类有自身进化的“基因密码”，城市也有自己发展的“基因密码”，这些“基因密码”有些基于先天的因素，如地理环境因素、历史因素，有些基于后天的因素，如人口因素、科技因素等。城市在不断的成长中展开自己的未来。城市是时空交织的产物，是人类文化的载体。通过对沪宁杭三城进行历史寻踪和文化比较，我们得到一定的启示，那就是：人类文化演变的足迹在城市中得以传承，城市文化在不断更新和积淀，同时也把复杂的文化一代一代往下传。爱默生说过，“城市是靠记忆而存在的”。城市“记忆”成为一种历史的象征，既是城市的财富，也是人类社会的财富，构成城市的文化符号和“城市文化资本”的

① 张鸿雁.城市形象与城市文化资本论——中外城市形象比较的社会学研究.南京：东南大学出版社，2002：92

② 李程骅.城市与区域创新发展论.北京：中国社会科学出版社，2014：89

形式。[①] 历史上的某些时期，中国社会在很大程度上与国际社会隔绝，中国不少城市的特点是内向的、封闭的，变化是缓慢的。城市文化的比较研究，可以明确城市文化的资源优势，减少城市文化建设中的盲目性，增强城市文化建设中的自觉性。

① 张鸿雁．城市形象与城市文化资本论——中外城市形象比较的社会学研究．南京：东南大学出版社，2002：5

第三章
变迁：沪宁杭城市文化变迁特点比较

“城市可以被看作一个故事、一个反映人群关系的图示、一个整体分散并存的空间、一个物质作用的领域、一个相关决策的系列或者一个充满矛盾的领域。”

——凯文·林奇

城市既是人类文化的容器，又是人类文化的产物。城市文化是人类创造的物质文化和精神文化的一部分，要了解城市文化变迁的特点，我们必须先了解城市文化的结构。城市是“差异化的、多元人格拼接的生活空间”①。因此，现代城市文化具有非常丰富的内容，它包括城市人工环境、生活方式、民俗、教育、科技、艺术、市民文化素质以及群众文化生活等。每一个城市的文化发展都有一定的规律，都有其内在的特殊矛盾关系，而由这些特殊的矛盾关系所构成的文化结构就决定了城市文化的性格和特征。

城市的文化是人类活动的产物，伴随人类的活动而产生，随着人类的活动而发展、变化，所以城市文化结构作为人类活动及其产物的内在结构，它是一种动态的结构，处在不断的生长变化之中。生产力

① 任平.时尚与冲突——城市文化结构与功能新论.南京：东南大学出版社，2000：10

及其科技水平的发展、意识形态的变化等都会引起文化结构的变化。不仅如此,“城市文化结构的变迁影响并决定城市文化的性质与功能。相同的文化元素可以构成不同的文化结构,而不同的文化元素却可以构成相同的文化结构。就像相同的原子成分,既可以构成药品,也可以构成毒物,这仅仅取决于它们的排列方式。”[①]沪宁杭城市文化的结构及其变迁对其城市文化产生了决定性的影响。对城市文化结构变迁形式的特点以及动因的分析比较,可以让我们更深入地了解沪宁杭城市文化结构对城市文化的作用。

一、城市文化结构与文化变迁特点

城市有着不同于乡村的自然景观,它更多的是人改造自然的结果。比如城市的园林虽然也都与自然的气候有一定的关系,但是它是人为创造的,哪里有山、哪里有水都是经过人精心策划与设计的。城市的建筑就更不用说了,“拆迁”“旧城改造”等都经常出现在我国各个城市中——人们不知道哪天哪个地方的建筑就要面临被拆迁的命运,也不知道不经意间一个个新的建筑怎么就像雨后春笋一般涌现在眼前。城市的面积又扩大了,城市的人口又增多了,城市的建筑又变化了……正如一首歌里唱的——“不是我不明白,这世界变化太快”,城市的日新月异让很多人眼花缭乱,但这仅仅是城市表层的物质文化的变迁。城市物质文化作为表层文化,它包括了各种人们可以看得见、摸得着的物质文化,像城市的建筑、雕塑、街道等。这一层文化具有外显、易变的特点。无论是历史变迁还是政治变革等大型的社会运动,都会使一座城市兴起或覆灭;更不要说现在城市的交通规划、形象规划不断地出台,使得城市的面貌日新月异了。

作为城市的中层文化,城市的制度文化和行为文化既有外显、易

① 罗超.文化结构与中国文化本体.殷都学刊,2004(2)

变的一面,又有内隐、相对稳定的一面。城市的制度会随着时代的发展发生变化,比如在"经济分强弱,文化论输赢"的思想指导下,很多城市都为城市文化的建设制定了各种各样的制度与规划。城市出台的一个制度必须具有一定的稳定性,才能执行下去,但是城市的制度也不可能一成不变,人们总是对现有的制度修修改改,以使其更加完善。城市的风俗具有一定的历史性、传承性,但是随着时代的变迁、文化的交流,总会有一些流行的社会风尚占据上风。

城市的精神文化是城市的深层文化。俗话说"江山易改,禀性难移",城市的精神文化具有内隐与稳定的特点。城市的精神文化塑造城市的形象,并在人们心中形成固定印象,影响着城市居民的行为、心理与性格,同时也是人们评判城市文化水平的依据。如提到上海,很多人会想到"海派"文化,正是因为"海派"文化的包容性,让上海在遇到开埠这个机遇后能发展成一个国际性的大都市,也正是因为"海派"文化的这种包容性传承了下来,才让上海在遇到改革开放这样的机遇后又重新崛起成东方的一颗明珠。

城市文化结构作为一个整体,其各个文化层次之间相互影响、彼此制约。城市制度为城市的物质文化、行为文化以及精神文化提供制度保证。城市的制度文化层会引起城市物质文化层的变化,物质文化层的变化影响市民的行为与心理,塑造城市的精神文化层。城市的精神文化层作为城市文化的最深层次,影响着城市的发展模式,决定了城市物质文化层、制度文化层、行为文化层的变化。"一般而言,一种文化的发展变迁,总是按先物质层,再制度层,最后才是文化心理层的规律进行。"[①]如 2017 年南京开通了三条地铁线——横贯东西的 4 号线、跨越长江的 S3 号线以及开往高淳的 S9 号线,为南京人的出行和通勤带来了极大便利。2018 年的南京轨道交通最新建设计划已经公布,同步推进 9 条地铁线路建设——续建 5 号线、6 号线、7 号线、1 号线北延、2 号线西延,开建 4 号线二期、11 号线一期、S8 号

① 王喜绒,李新彬.比较文化概论.兰州:兰州大学出版社,1999:13

线南延等工程。这些公共交通导向（TOD[①]模式）的利好，必将提升城市环境面貌，改善人居环境质量，增强南京市民的归属感。综合以上对城市文化结构的分析，本书认为城市文化结构的变迁可以归纳为具有人为创造性、地域决定性、物质先行性、历史传承性、互动变异性的特点。

（一）人为创造性

城市离不开人，离不开人的各种实践活动。城市的一砖一瓦都是人有意识创造的，而一座无人的城市很快就会变成荒草丛生的废墟，显示出自然生态的修复功能。城市是人类生活聚落的形态和体现，无论城市还是城市文化都是人类创造的产物。“城市文化是城市社会在发展过程中所形成的物质文明和精神文明成果的总和，是城市人口在处理人与人、人与社会、人与自然关系时采用的活动方式和表现出的精神状态。”[②]城市的物质文化是人们用双手创造的，城市的制度文化是人手和人脑结合的结果，城市的行为文化是城市人口在处理各种社会关系时所表现的行为，城市的精神文化体现在城市人口的日常生活之中。“城市的出现，使城市社会成为改造和促进人类文明、提升人类生活的最主要场所。伟大的城市不但总是和伟大的文化、伟大的人物相连，而且具有自己人格化的形象，形成城市群体人格的共性特征。同时，国家、民族和城市社会的文化，最终蕴含和体现于人——人的质量贯穿了城市社会的多维空间。不同城市人的个性、文化心理、行为特征、精神风貌、教养和趣味等，体现了城市文

① TOD(Transit Oriented Development)是“以公共交通为导向”的开发模式。这个概念由新城市主义代表人物彼得·卡尔索尔普提出，最初是为了解决二战后美国城市的无限制蔓延而采取的一种以公共交通为中枢、综合发展的步行化城区。TOD是国际上具有代表性的城市社区开发模式。同时，也是新城市主义最具代表性的模式之一。

② 刘道兴.试论中国城市环境的文化品位提升.郑州大学学报，2002(2)

化的丰富性和不同的品位。”①

城市文化是人们主观创造的结果，人口的聚集程度与人口构成的特点也对城市文化结构具有决定性的影响。“有些城市的聚集人口量少且结构变化不大，其文化样式也比较单一；有些城市在较大的区域内吸纳人口，甚至外国的人员也占很大数量，其文化必然具有多样化的特点。”②要想形成城市特色，城市本身负有一种责任，就是要用一种更加文明的城市环境和生活方式来培养市民，来创造属于这个城市的、能够为这个城市的个性和形象添色的市民。从根本上讲，市民的人格、素质、文明意识，可能最终形成一种内在的、影响久远的城市个性。另外，文学艺术家对城市个性的形成和城市的建设也有着不可替代的作用。③ 一个城市的精神一般由学者研究并提出。如杭州素有“人间天堂”之称，2002 年杭州市委将杭州精神概括为“精致、和谐、大气、开放”。这是因为浙江学者认为，杭州精神在南宋以前是精致和谐、大气开放兼备，南宋后期开始，受偏安政治和文化影响，片面强调精致和谐，压制大气开放，面对新的发展需求，杭州需要有大气开放的时代精神。目前的杭州日新月异，保持着较高的人均创业密度和热度，“外国人眼里的中国新四大发明：高铁、支付宝、共享单车、网购，其中一半以上都起源于这座城市。”④又如，虽然有人把南京的古都历史归结为“金陵王气”的作用，但是，正如唐代刘禹锡在诗作《金陵怀古》中所说——“兴废由人事，山川空地形”，一座城市的兴亡更多的是人事作用的结果。隋文帝就曾经为了杜绝“金陵王气”，下令将六朝宫殿“平荡耕垦”，使南京这座城市一度消失。这个例子充分说明了城市文化结构变迁中人为因素的作用。

---

① 杨东平. 城市季风：北京和上海的文化精神. 北京：东方出版社，1994：440

② 余国平. 论城市功能塑造与文化发展. 社会科学，1994(7)

③ 周建秋. 城郭九谭：中国城市问题讨论. 北京：东方出版社，1999：161

④ 陈悦心. 感恩之夜 在日新月异的杭城 致敬城市精神. http://ori.hangzhou.com.cn/ornews/content/2017-11-24/content_6723877.htm

(二)地域决定性

城市文化是区域文化的一种。“百里不同风,千里不同俗”,区域文化就存在着地域性。地理位置不同,自然环境条件就存在差异,这种差异会影响和塑造不同的人类生产和生活方式,形成不同的文化类型。气候、植物、土质等自然环境的不同形成了各地不同的文化差异。环境的变迁会改变人们的生活方式,也会使一座城市消失,如因为火山喷发,古代的文化名城庞贝被毁灭,其城市文化也随之消失。又如,由于水资源的缺乏,古楼兰城最终成了一座废墟。

“城市文化是一种地域形态的组织文化,城市文化是在一定自然与人文历史背景下创造出来的物质的、精神的、制度的和其他多种文化遗存的多种形态特质所构成的复合体。”[①]中国历史上内陆城市如开封、洛阳的兴盛,是由于当时它们地理条件优越。近现代以来,由于经济和科技的发展,人口的聚集开始由原来的内陆城市转向对外交通比较便捷的地方,如上海、广州等,城市文化也由于经济的发展而迅速繁荣。

地域性影响城市文化的兴衰,地域特点对城市文化性格的塑造也有重要影响。孔子说:“智者乐水,仁者乐山。”意思是说,智慧的人喜欢河流溪水,仁厚的人喜欢高山峻岭,这句话道出了两种智慧类型。我们也可以说,河流湖泊众多的地方是造就智者的地理环境,而崇山峻岭及平原草漠众多的地方是造就仁者的地理环境。

城市文化的地域性在于城市居民不得不接受或者自愿认同其所在的特定的自然环境条件和特定的历史文化空间。地域特色构成城市文化基本的底色,形成城市文化最初的积淀。这是城市文化产生认同感、归属感的基础,也是城市个性形成的根本原因。

---

① 张鸿雁.城市形象与城市文化资本论——中外城市形象比较的社会学研究.南京:东南大学出版社,2002:397

(三)物质先行性

唯物史观认为,社会存在决定社会意识。狭义的城市文化作为城市意识形态的一种,是由这个城市的经济关系决定的。美国文化人类学家罗伯特·雷德菲尔德说过,城市的作用在于改造人。城市人的心理层面会随着城市文化物质层面的改变而发生改变,但是总是要比物质层面的变化慢得多。

城市的物质文化是城市其他各层文化的基础和最显而易见的部分,也属于最表层的文化。城市的物质文化的最表层是建筑文化。"一个城市建筑的气质,既由特定地域、特定历史阶段的城市文化所塑造,同时也呈现出这个城市文化的内涵和特点。"①城市文化变迁最常见的表现形式是建筑形式、街道规划的改变。城市的空间布局、建筑结构等物质形态的改变是最明显的,也是最容易让人感受到城市风貌和文化韵味的变化的。"城市的建筑不仅是凝固的音乐、立体的绘画、实用的雕塑,是技术与艺术的完美结合、实用性与观赏性的统一,而且也具有鲜明的民族的、地域的、时代的丰富的文化内涵,是形成不同文化氛围和社会情调的重要因素。"②城市公共艺术和环境景观,作为物化的历史和文化,与建筑一样是城市沧桑的见证者。

一些以特定矿产开发而兴起的城市如玉门、克拉玛依、大庆、攀枝花、抚顺、阜新、淮北、淮南等,由于没有矿产的开发就没有这些城市的兴起,其城市文化结构更是体现了很强的物质先行性。

(四)历史传承性

无论是物种还是文化都具有传承性。城市文化的历史传承性类

---

① 陈立旭.都市文化与都市精神:中外城市文化比较.南京:东南大学出版社,2002:306

② 陈立旭.都市文化与都市精神:中外城市文化比较.南京:东南大学出版社,2002:27

似于人类基因的传承。人类一直在研究自身进化的“基因密码”,人类进化的过程和现代社会人所表现出的行为取向与价值取向,有些是由人类的“基因密码”决定的,有些是受社会再造的“文化密码”影响而生成的。城市作为人类行为与生活方式的表现,其构成及进化,有些是受人类自身的“基因密码”支配而完成的[①]。城市文化是在一定的历史背景下创造出来的,城市文化结构的变迁是在原有城市文化结构基础上发生的改变。

城市历史传承的文化有物质形态和非物质形态两种。物质形态的文化遗迹是一座城市可以寻踪的文化起点,是一座城市的文脉,是一种无法再生、很难复制的“文化资本”与资源。非物质形态的文化遗存,如“市民生活方式、民俗、方言,地方饮食,以及历史上发生的故事,流传于闾里街巷的传说,文学艺术作品,甚至在城市中居住过的和正在居住的文化名流,都足以构成一个城市独特而又有味道的氛围。”[②]这些物质文化和非物质文化犹如血肉,让一个城市鲜活生动。

历史文化遗产是城市特有的,不可复制的身份特征,是经过了长期沉淀积累的“记忆”。城市的历史、文化、风俗等是长期沉淀积累的结果,是一种历时性的遗产,而当代城市人的现实生活必须与历时性的人文遗产共存,这就是城市的一种共时性状况。[③] 城市文化的发展变迁离不开这些“历史地段”[④]。离开 “历史地段”,这个城市的个性化属性就没有了。上海外滩、黄浦江和豫园就是上海的“历史地段”。外滩是“海派”文化的符号要素,黄浦江是上海的自然景观要素,而豫

---

① 张鸿雁.人类城市化的“城市文化基因”与“城市社会再造文化因子”论——城市社会进化的人类学与社会学新视角.社会科学,2003(9)

② 周建秋.城郭九谭:中国城市问题讨论.北京:东方出版社,1999:195

③ 张鸿雁.城市形象与城市文化资本论——中外城市形象比较的社会学研究.南京:东南大学出版社,2002:133

④ 所谓“历史地段”,即能够集中反映城市自然景观演变、城市历史文化发展、社会人文精神和历史文化精华的,并包含着城市历史的特色、特质和景观意象的地区,是城市的价值与城市人的心理归属要素。

园则反映上海的民族文化意义。[①]

一个城市的"文化资本""文化底蕴"都说明了城市文化变迁中的历史继承性。城市主要以建筑保存着它的记忆。从豫园到外滩再到人民广场的建筑景观,足以勾连一部上海史。从某一街道的建筑,从道路、墙壁和室内室外装饰,可以挖掘出重叠累积着的数百年沧桑。甚至,一个城市,一个街道、弄堂、学校、工厂以及一些建筑物的名称变换,也传达着政权更迭、社会转折的信息。几乎所有城市都有一些特别的建筑,专门用来保存和维系历史记忆。[②]

(五)互动变异性

芝加哥学派社会学者认为城市是一个生态有机体或联合体,它成体系地、连贯地进行着演化与调适,以便适应来自物质环境与人口变动的压力。[③] 城市文化结构中各层次的文化元素是相互影响的。正如前面已经提到的,城市文化结构作为一个整体,其各个文化层次之间相互影响、彼此制约。城市制度为城市的物质文化、行为文化以及精神文化提供了相应的制度保障,而城市的制度变迁改变着城市的物质文化。有学者把城市的文化结构看成一个生态系统:"以城市、文化和人为顶点的三角形,构成了城市的文化生态系统,一种有机动态结构。这是一个人造城市、城市造人,人造文化、文化造人,城市造文化、文化造城市的双向互动过程。"[④]

城市随着时代在发展、变化,在不同的历史阶段中表现出不同的形态、气质特征与文化氛围。不同历史发展阶段的城市表现为不同的文化特色,具有不同的文化底蕴。城市从农业时代的"物质交换中

---

① 张鸿雁.城市形象与城市文化资本论——中外城市形象比较的社会学研究.南京:东南大学出版社,2002:6

② 叶中强,朱红.文学想象与城市文化的多元建构.上海:上海社会科学院出版社,2013:4

③ 史蒂文森.城市与城市文化.李东航,译.北京:北京大学出版社,2015:33

④ 杨东平.城市季风:北京和上海的文化精神.北京:东方出版社,1994:65

心"发展到工业时代的"产品制造中心",再到后工业时代的"商业贸易中心"和信息时代的"信息流通、管理服务中心"①,这是因为城市文化作为一个有机整体具有随机变异的性质。

1938年,芝加哥学派的人文生态学者路易斯·沃斯借鉴滕尼斯的类型学观点,解释并划分了不同的居住形态中存在的社会关系。沃斯还特地为"城市主义"下了一个系统的定义,即"城市主义"是城市所特有的一种"生活方式",是城市环境的异质性、规模和人口密度相互作用的产物。② 城市的文化变迁是随机的、非平衡的,是各种文化元素相互影响和作用的"互动变异"。

二、沪宁杭城市文化变迁历程

城市是会生长变化的一个有机体。"无论哪座城市,无论其规模大小、人口多少,其实它也都是一种特殊形式的社会生命体。"③城市文化作为一个城市的灵魂,也有自己的变化规律。城市文化作为一个有机整体,具有一定的稳定性,但是随着城市的发展,城市文化会发生改变。并且,城市文化结构中的各个层次都有其各自的变迁特点。上海的"海派"时尚、杭州的江南风韵、南京的民国时期建筑……沪宁杭城市文化有着各自不同的表现形式。

(一)上海:从荒凉渔村到新潮时尚城

上海的新潮与时尚首先是由其特殊的地理环境因素决定的。古代,上海是一个荒凉渔村,人口稀少。在从春秋到隋唐的漫长岁月

① 肖艳阳.全球化时代城市呼唤情感设计.湖南大学学报,2003(7)

② 史蒂文森.城市与城市文化.李东航,译.北京:北京大学出版社,2015:25

③ 陈宇飞.文化城市图景:当代中国城市化进程中的文化问题研究.北京:文化艺术出版社,2012:11

中，上海发展缓慢，在文化上也没有什么突出之处。1291 年，上海正式建县，但直到 1553 年才开始筑城，其间一直处于无城状态。由于地理位置的不同，上海和中原地区城市文化发展有明显的区别。元代以前，上海地区河海纵横，交通不便，制约了上海的发展。随着社会的发展进步，特别是航海技术的发展，上海的地理劣势变为优势，元代以后，上海迅速发展为一个贸易港口城市，南来北往的贩客构成了一支“五方杂处”的庞大的海员、商贾队伍。

1880 年以后是上海城市文化发展最辉煌的时期，也是新潮与时尚表现最为突出的时期。开埠后，殖民者纷纷在上海设立租界，上海给人的一个突出的印象就是“洋”字。“中国传统文化格局中的边缘性特点，弱化了上海对西方的排拒力。”[①]因此，上海有着不同于其他城市的鲜明的城市文化特征，这时的上海城市文化与传统城市差异明显，成了中国城市文化历史上的“奇观”。这个“奇观”由三部分组成：第一部分是“洋”，第二部分是“女性”（性别问题），第三部分是“商”——商业文化的一种上扬的地位。[②]

上海的“洋”是公认的。不仅城市文化的物质层面体现了西方文化的融入，上海当时的一些报纸的办报宗旨也体现了“华洋杂糅”：一方面“用文字扩充上帝的事业，配合时事所必需”，一方面又要联系“中国士大夫缙绅先生”。这些报纸的形式、内容兼顾中西，将两种文化加以混合，成为近代中国较有影响的报纸。[③]

在租界时期，上海的城市文化结构表现出二元性，即中西杂糅。一直到今天，上海还是保持着人口的多元化与文化的多元化的特征，这与其人口的高流动性是密不可分的。“外地人纷纷涌入上海的同时，上海人却在不断往海外跑。上海表现了文化来源的多元性与文化形式的包容性。早在 1990 年的全国第四次人口普查就表明，中国大陆在国外工作、留学的人员共 22.77 万人，其中上海人 6.65 万，居

① 熊月之. 上海租界与文化融合. 学术月刊，2002(5)

② 叶文先. 从都市“奇观”到“辉煌”景象. http://www.cul-studies.com/Article/urbanstudies/200606/4051.htm

③ 涂文学. 对立与共生：中国近代城市文化的二元结构. 天津社会科学，1998(1)

全国之首。上海人出国的方式也是多种多样的,涉外婚姻是其中的一个典型。1992 年涉外婚姻达到 1345 对,1991 年则达到 1700 多对。”[①]

20 世纪 20 年代前后的上海是中国资产阶级的大本营,上海的资产阶级、商人、士绅构成的“社会名流”在上海的城市文化构建中起着引领时尚的作用。所以,即使是在“文革”年代,一些上海人仍然渴望着坐在幽暗静谧的咖啡店里悠悠地品啜。王安忆笔下的王琦瑶、“老克腊”们,正是沉浸于这种文化想象中的典型的旧上海的“遗老”“遗少”。[②] 经济的发达程度以及有着历史传统的消费文化是上海成为时尚中心的重要因素。

总之,从近现代以来,上海的新潮与时尚总是领先于中国其他城市的。

(二) 南京:从悲情旧都到博爱包容城

有人说南京的城市文化,“三分之一来自六朝,迷恋于声色之中的处处歌舞升平,而不知道国将破、家将亡,是优雅得过了头,开始糜烂的金陵。三分之一来自明代,作为首都与陪都及南明小王朝首都的一段光辉历史,南京在这近 300 年中,一直是很重要的一个城市,也是明朝从开国到亡国的历史的完全见证者。最后的三分之一来自血雨腥风、沧桑巨变的近百年……”[③]在南京,曾有多少名门望族上演着大宅门的传奇,那些沉默伫立、有如隐者的民国时期小楼,又上演过多少个“金粉世家”的故事,现在的南京人已经不得而知。有太多的故事,湮没在历史尘埃中。

朱自清先生曾说过,“逛南京就像逛古董铺子,到处都有些时代

---

① 辛向阳,周树兴,等. 人文中国:中国的南北情貌与人文精神. 北京:中国社会出版社,1996:141

② 高小康. 时尚与形象文化. 天津:百花文艺出版社,2003:181

③ 日出东门. 哭向金陵. http://www.cedu.cn/bbs/printpage.asp? BoardID=11&ID=8779

的痕迹”。[1] 对国人来说，谈到南京，总是让人想到它作为“金陵”的过往。“金陵”一词总能让人产生沉溺于历史的感伤和情怀。许多明清小说（如《红楼梦》与《儒林外史》）都对古都南京表现出特别的热情，对南京各种风土人情、人文景观进行描绘。

历史上的重大变革，给南京带来巨大的冲击，也造成了南京文化发展上的大起大落。因而，从某种程度上也可以说，南京文化的变迁也是一部南京政治的变迁史。历史上，南京老是作为偏安王朝的首都、统一王朝的区域政治中心，在这里生活的人们小心翼翼、谨小慎微，造就了南京的文化氛围——保守、求稳求实。[2] 这种文化氛围造就了南京人的“包容”。南京人的“包容”在华东地区是出了名的，尤其是在上海被当作“排外”城市典型代表的情况下，南京人的“包容”更显示出其珍贵性。作为一个移民城市，南京人不排外，不市侩，不势利，善待来自天南地北的外地人。南京人称农民为“二哥”，与上海将外来人称为“乡下人”相比，足可见南京的包容性。

南京的博爱包容不仅仅来自“博爱之都”的口号，还来自南京人的高尚品质，我们可以从南京的地理位置和人口构成来理解。一方面，“吴头楚尾”的独特地理位置不仅使南京成了南北东西文化交流的重镇，也造就了南京人开放的心态和视野，再加上南京作为十朝都会的历史，使得南京人有了那份涵容天下的勇气和魄力。另一方面，南京作为一个移民城市，其自身的人口构成就很复杂。我们已经很难分辨出哪些才是真正的、土生土长的、世代在此生息繁衍的南京人。从历史上看，南京人包含了来自各个地区的移民。早在楚国灭越，置金陵邑时，南京本地人就混杂了楚国的外地贵族；秦国灭楚，南京又增加了许多北方人；西晋东晋交替之际发生的人口大融合更是明显改变了南京的人口构成——北方战乱迭起，大量北方人为避难涌入南京；南朝梁末的“侯景之乱”加上当时瘟疫流行，南京城仅剩下

① 薛冰. 家住六朝烟水间. 南京：南京师范大学出版社，2005：101

② 张鸿雁. 城市形象与城市文化资本论——中外城市形象比较的社会学研究. 南京：东南大学出版社，2002：150

3000余人；南宋大批北方人迁至南京，到南宋后期，南京人口已增加到30多万；明初定都南京，以安徽人为主的移民潮涌入南京，同时大量南京本地居民被远迁云贵地区；民国时期，一些带着浙江口音的国民党官僚来到南京……而改革开放之后，各地来到南京打拼的人也不在少数，很多人都在此定居，他们的后代多生于南京，长于南京，成为南京人。这样一个以外地移民为主的南京城，是不会对外地人太过敌视的。于是，有了临川人王安石后半生定居南京，滁州人吴敬梓在秦淮河畔找到他的归宿，杭州人袁子才在随园安居乐业……这些外来人在南京安居乐业、享受生活的实例，证明了南京是一个博爱包容的城市，南京人是一个包容的群体。因此，南京这座城市，虽然有着沉重的历史，但是它将“古都文明”和“现代文化”融为一体，成为一个博爱包容的幸福城市。

（三）杭州：从浪漫湖山到闲适富足城

杭州，作为一个大都市，它在中国古代城市的发展中具有突出的代表性。它既有“市列珠玑，户盈罗绮，竞豪奢”的商业气息，又有“山水烟霞”和“诗酒风流”的文化氛围。从自然属性上看，中国许多城市都有或大或小、各具风格的湖泊（包括人工湖），以及泉水、河流等城市景观水系，如杭州的西湖、扬州的瘦西湖、北京的北海、沈阳的南湖、武汉的东湖等。这些湖泊都成为城市的重要资源和灵性所在。钱塘江和西湖是上天赐予杭州的自然资源，西湖更是杭州的专属地标和特色名片。正如当年苏东坡出任杭州知州时所说：“杭州之有西湖，如人之有眉目。”①

杭州文化除了自然属性外，还带有鲜明的人文色彩。杭州史迹遍布、文化丰富，但是杭州的历史和文化大多是文人骚客的“杨柳岸，晓风残月”和“月上柳梢头，人约黄昏后”。② 按照中国古代文人的心

① 张鸿雁.城市形象与城市文化资本论——中外城市形象比较的社会学研究.南京：东南大学出版社，2002：310

② 董维涛.一方水土一方人.北京：中国工人出版社，2003：155

理,杭州这座城市之所以成为他们的精神家园,是因为西湖、诗意的山水丛林。白居易《春题湖上》说得好:“未能抛得杭州去,一半勾留是此湖。”与西湖有关的故事、传说有很多,西湖也凭借它的自然风光造就了明末清初特有的“西湖小说”。杭州城市文化与自然山湖风光互为表里,使“西湖小说”成为中国小说史上浓墨重彩的一笔,使“西湖小说”在精神内涵上左右逢源、雅俗共赏——俗时,不至于俗不可耐;雅时,又没有到不食人间烟火的地步。有了西湖和杭州城市的结合,文人骚客们在城市中既可以找到“采菊东篱下”的自然休闲,也避免了归隐山林的不便。在杭州生活就是这么美好,既有优雅的诗歌相伴,也可以体验市井的“烟火气”。

在中国的历史文化名城中,杭州是以消费文化为主的,史称“销金窝儿”。北宋词人柳永也留下了著名的“东南形胜,三吴都会,钱塘自古繁华。烟柳画桥,风帘翠幕,参差十万人家”,以及“市列珠玑,户盈罗绮,竞豪奢”等词句。杭州谚语“西湖天下景,一世游不尽”“经济人断不得杭州路”“西湖日销寸金,西湖日产寸金”[①],都表现了杭州有着“温柔富贵乡”的文化底蕴。

杭州因人居环境较好而闻名遐迩,被誉为“人间天堂”。杭州不仅有让人心向神往的湖光山色,还有沉淀深厚的文化传统,为人们高品质地品味生活提供雅俗共赏的人文环境,更有鼓励人们创业的制度环境,企业家优势可以说是杭州最大的优势。

现在的杭州在浙江省具有较高的城市首位度,是浙江省第一中心城市,有着很强的经济影响力,特别是经过G20峰会的考验,如今的杭州已经具备打造国际一流的全域花园式城市的现实条件。此外,2018年杭州要举办世界短池游泳锦标赛和世界游泳大会,2022年要承办亚运会……在未来要举办诸多国际重要会议、重大赛事的大背景下,杭州的城市环境越来越美,成为更多人向往的闲适富足城。

① 鲍士杰.说说杭州话.杭州:杭州出版社,2005:179～180

三、沪宁杭城市文化与经济、社会的发展关系

城市的发展历史和现状的不同,决定城市之间形成不同的气质、不同的文化特征、不同的影响力和辐射力等文化差异。城市的这种差异,决定性地影响着城市经济发展和社会进步。

文化环境决定了一个城市的文化。要了解一个城市,必须首先了解这个城市的文化环境。城市作为文化的容器,其本身就是文化发展的产物及文明的标志。在人类文明高度发展的知识经济时代,文化竞争力成为国家或者城市竞争的基础。正如习近平总书记在党的十九大报告中所强调的"文化是一个国家、一个民族的灵魂",文化的优势是一个国家、一个民族最根本的、最难被替代的核心竞争优势。国家如此,城市更是如此。沪宁杭城市文化有着各自的优势,以下从影响城市文化发展的几组关系来分析这三座城市的文化变迁特征。

(一) 消费关系与上海现代化的驱动

提到上海文化的发展,必然离不开"开埠通商"的影响。"开埠通商"是西方列强带给中国的"被动的开放",给近代中国带来了无数的灾难和屈辱,但在一定程度上也带来了先进的城市管理经验,给城市的发展带来了活力,使这些城市发生了巨大变化。"开埠通商"前,上海虽然地处富饶的长江三角洲,但是只能算是一个偏居一隅的无名小城。"开埠通商"后,上海开始充分发挥地理优势,融合海洋经济与长江经济,发展成为全国最大的商业贸易中心城市。近代以来,上海飞速发展,成了真正意义上的现代化中心城市。

"开埠通商"后,"西学"开始大规模地传入上海。外国传教士和商人在上海创办了企业、学校、出版社等,"西学"逐步改变了中国传统的思维模式、价值观念,甚至行为方式和处世之道,发展成为一种强大的

推动城市现代化的内在驱动力。

西方的近代科学技术、思想观念、伦理道德等首先在中国城市知识分子群体中传播，这些知识分子成为中国新文化的传播者和创造者。因此，“开埠通商”促进了中国新文化的产生，上海等“开埠通商”城市发展成为中国多层次、多功能的文化中心。① 上海开埠后，大量西方文化涌入上海，近代上海成为“西学”输入中国的最大窗口。

从1840年到1949年，上海发生了巨大的变化，中国涌现的“西学”机构中的九家中有七家设在上海。全国近八成的西方书籍都是在上海出版的。其实，除了物质和制度的变化，上海的许多词汇也都是这种“西学东渐”的结果。

开埠前的上海属于吴越文化圈，由于当时苏杭文化的影响力比较大，上海深受苏杭文化的影响，并没有形成自己的文化个性和文化特征。正是由于西方文化的输入与影响，上海形成了独具特色的“海派”城市文化。正如电影、电视、杂志中所展示的那样，20世纪二三十年代的旧上海“既是反动的堡垒，也是革命的摇篮……它是冒险家的乐园，也是流浪者的愁城；它是富人的天堂，也是穷人的地狱。总之，它既充满黑暗，也孕育着光明。”②东西方文化在这里融合、发展，“翻新”成上海的城市文化。上海先进的城市文化和思潮不断涌现，成为全国城市的表率。当年的上海，还汇聚吸引了来自全国的文人学士，成了江南乃至全国的“新人文渊薮”。1903年，上海已聚集了至少3000名拥有一定新知识的知识分子；至1949年年底，在上海从事文化性质职业的知识分子达14700人，成为中国文化人最集中和流动性最大的城市。③

其后，上海成为江南社会再生和文化重建的基地。大体言之，19世纪中叶前，苏州、南京、杭州、常州等江南名城是全国印刷文化的重

① 何一民．近代中国城市发展与社会变迁（1840～1949）．北京：科学出版社，2004：108

② 吴承联．旧上海茶馆酒楼．上海：华东师范大学出版社，1989：1～2

③ 周武．近代史上的江南与上海．http://www.whzl.cn/bbs/printpage.asp?BoardId

心所在地和产业集中地。然而,到了19世纪末20世纪初,这些江南文化名城开始明显走向了衰落,其文化的影响力也逐渐下降。各种文化的思潮、书籍、报刊及国内外重要信息从上海呈辐射状向江南各城流布,原有的文化中心一蹶不振,逐渐沦为上海的卫星城。上海正在从一个"文物寂寂""海氛甚恶"的地区,转变为全国文化的一个中心城市。这个文化中心的更替移位也许是中国近现代文化史上最重要的变化之一。[①]

综上所述,作为一个国际化大都市,上海的历史的确不长,但上海这座城市是中西方文化在中国发展交融的集中地,因此它就有了独特的城市传统和城市性格特征。上海不仅是中国传统文化和世界优秀文化的交集地,而且是近代中国的文化、经济发祥地。经济的发展和繁荣带来了文化的兴盛,消费关系对上海的城市发展和城市文化起着决定性的作用。

(二)地缘关系与南京文化包容性

地缘文化(Geoculture)是孕育成长在特定的自然环境和社会经济环境中的地域文化,地域性是它最重要的特征;地缘文化还具有历史延续性,会随着不同的历史阶段而发展成长;同时,由于在不同社会发展阶段上的生产活动不同,地缘文化又具有历史变迁性。"一方水土养一方人",人的性格、行为、价值取向和其所生活的环境有很大的关系。吴越文化培育了长江三角洲地区人民追求利益、开拓冒险的商业精神,这种商业精神汇入民众的精神体系和经济发展之中,形成了独特的区域经济文化,这种经济文化是江浙沪地区经济发达的原动力。

上海、南京、杭州都处于江南文化这个大的文化圈之中。江南文化历史久远,它发端于吴越文化,又历经中原文化的熏陶,于六朝逐渐成形;南宋时,江南一举成为全国的文化中心,后通过元、明、清三朝的发展积累,不断壮大;直至近代,江南文化率先与商业文化接轨,

① 孟悦.人·历史·家园:文化批评三调.北京:人民文学出版社,2006:101

商业经济开始发展。在江南文化这个大的文化圈的影响下，上海、南京、杭州的城市文化心理结构都表现出一定程度上的亲水性。水是流动的，亲水性文化是变化的，具有很大的包容性，上海、南京、杭州的文化都在一定程度上表现出了不同特征的包容性。这种包容性的文化对三城的经济社会发展起着不同的作用。

南京由于地处长江下游，是南北的交汇点，因此其文化也具有南北文化兼容的特点，即所谓“吴头楚尾”，既受吴越文化的影响，又受楚文化的影响。这就造成了南京南北交融的城市文化特征。其实历史上的南京，曾经有过四次南北文化的交融时期。第一次是“永嘉之乱”与“晋室南迁”时期。此时南渡至长江流域的北方人总数约 70 万，设置了众多的侨州、郡、县，如在建康设置的侨郡和侨县就有 20 多个，其中王、谢等北方世家大族侨居在建康的乌衣巷。第二次是唐代“安史之乱”时期。“安史之乱”不仅使唐帝国从封建社会的顶峰跌落下来，而且使北方人如潮水般地涌向包括今南京在内的江南。第三次是在两宋之交。“靖康之变”引起了又一次大规模的北人南移，使包括今南京在内的江南人口首次超过了北方。第四次是在明初朱元璋定都南京之时。当时，朱元璋将相当数量的原金陵居民迁往云南，又大量移民“填实京师”。全国的经济文化中心南移，为南京的南北文化融合、文化碰撞提供了际遇。“北人避胡多在南，南人至今能晋语”的诗句，就是对这种文化融合的反映。

由于地缘关系的影响，南京成为中国北方文化南移的中心城市，北方文化和南京原有的南方文化逐渐融合，南京文化因此而呈现出南北文化风格融合的特点。南京不仅与国内南北各方联系密切，而且在对外交往的关系史中占有重要地位。

南京是中国较早对外开放的城市。例如，南京港是中国最早开放的内河大港，相对于西安、洛阳开辟的陆上丝绸之路，南京开辟了海上丝绸之路：明代郑和下西洋就是以南京为基地和出发点的。[①]

---

① 邵建光. 城市文化特色意蕴中的南京现代化战略选择. 南京社会科学，2002(12)

以上可以看出,由于地理位置的关系,南京不仅成为历史上南北文化融合的要塞,而且还成为中国文化对外传播的起点。

(三) 市民关系与杭州的社会发展

自秦设县,至南北朝先后设临江郡、钱塘郡,隋文帝杨坚在公元589年平定了南朝陈,随即把钱唐县改为杭州,这是“杭州”这一名称在历史上的第一次出现。隋代的杭州因运河而发展并逐渐兴盛,成为“水居江河之会、陆介两浙之间的交通要地”。运河的开凿,提高了杭州的地位,促进了杭州的发展与繁荣,为杭州走上大都市发展历程创造了条件。唐代中期,杭州已是“珍异所聚、商贾并辏”的东南大都。

杭州历史悠久,文化遗产丰富。最值一提的还是杭州作为宋都“临安”而引发市民文化的发展,以及其后对杭州城市文化的影响。宋室南渡,不仅给杭州带来了大量的人口资源,还带来了大量的文化资源。南宋杭州的绘画艺术达到了空前的高度,名家辈出,高手如云。南宋各类太学、武学、宗学(专为皇族子孙而设)发达,皇家画院(翰林图画院)和国立藏书楼兴旺,出现众多固定的演出场所(被称为“瓦子”或“瓦舍”)和剧团班子,民间文艺兴盛不衰。杭州还是当时全国出版业的中心。

宋室南渡,正式定都杭州,当时的杭州因而发展成为南宋的政治、经济和文化中心。南宋时期是杭州最繁荣、最鼎盛的时期。自1138年南宋定都杭州,到其后的150多年间,北方大批人口流寓杭州,使杭州的人口急剧增加,杭州成为真正的移民城市。在北方移民中,除了有皇室、贵族、官宦、富绅外,还有大批文人学士和各行各业的能工巧匠,他们定居杭州,不但促进了杭州经济的发展,使杭州成为全国最繁盛的商业都市和对外贸易口岸,而且也使杭州传统文化的发展达到鼎盛。这一时期正是杭州城市和社会经济发展的全盛时期。

元代的杭州也表现出了文化的兴盛,是继大都(北京)之后全国杂剧盛行的又一个中心。明清时期，由宋元南戏发展而成的传奇剧盛行。清末，杭州城市人口日益增多，开始出现了小市民阶层，小市民阶层的崛起为杭州民族文化艺术的进一步发展创造了条件。清光绪二十一年（1895 年），《马关条约》将杭州辟为对外通商口岸后，西方文化源源不断地输入杭州。杭州的民族文化艺术开始吸收外来的东西，在中西文化结合的道路上迈出了步子。五四运动后，杭州涌现了一批著名的现代文学家，如鲁迅、刘大白、朱自清、叶圣陶、郁达夫等都曾在杭州工作或创作。

杭州因"人"而兴，一方面，很多文人雅士在杭州留下无法计数的诗、词、书、画、篆刻等文学艺术作品。另一方面，宋代以后，随着城市手工业、商业的发展，市民阶层逐步壮大，市民文化即俗文化不断发展。宋代民间百戏如民歌、说唱、傀儡戏、皮影戏、民间舞蹈、杂剧、杂技、踢弄、口技等争奇斗艳，固定演出场所"瓦子"（"瓦舍"）已遍布市内。明清时期又有新的发展，出现评词、杭滩、评话、隔壁戏、小热昏等众多说唱艺术形式，及台阁、龙灯、秧歌、花鼓、高跷等民间舞蹈艺术形式。

城市文化是历史的积淀。积淀深厚的城市文化，对于一个地区、一个国家乃至整个人类是具有重大意义的。农业时代如此，城市化时代更是如此。"城市文化特色是当代城市生命力的一种重要形式。"①一个现代城市是否具有特殊的精神生产能力、独特的气质、高品位的文化格调，是它能否具有引人向上、持续发展、带动社会或人类进步等诸多能力的决定性条件。

每座城市都有自己的文化特质。这种文化特质凝结着人们的梦想和追求，影响着人们的思想观念和思维方式。因此，我们需要进一步挖掘、整理和再现这些地方文化，而建设特色突出的地方文化，则需要世世代代的人的不懈努力。

---

① 陈宇飞. 文化城市图景：当代中国城市化进程中的文化问题研究. 北京：文化艺术出版社，2012：23

第四章

性格：沪宁杭城市性格文化特质差异

“真正的奇迹是一个城市的心灵的诞生。”

——斯宾格勒

城市是人的聚集地，城市是由人创造的。因此，城市是人类活动的空间载体，也是人类生产与生活的表现形式。城市空间包含人类的活动形态，是人类社会关系的体现，具有与人类一样的特质，同时，“城市空间能造成一种特殊的文化、特殊的人格、特殊的社会”①。著名城市社会学家帕克曾指出：“城市是一种心理状态，是各种礼俗和传统构成的整体，是这些礼俗中所包含，并随传统而流传的那些统一思想和感情所构成的整体。”②人作为城市的重要组成要素，已经日益彰显出其主体本性，不再仅仅作为客体的存在。城市研究的逻辑，已经开始摆脱“宏大叙事”的窠臼，开始关注个体的存在与认同。

城市精神不仅仅写在历史书上，而且活生生地存在于市民的集体性格之中。③ 城市生活的真正底蕴，总是藏在千千万万普通市民的

---

① 潘允康. 城市社会学新论：城市人与区位的结合与互动. 天津：天津社会科学院出版社，2003：170

② 帕克，等. 城市社会学. 宋俊岭，等译. 北京：华夏出版社，1987：1～2

③ 单霁翔. 关于“城市”“文化”与“城市文化”的思考. 文艺研究，2007(5)

日常生活中。不同城市的市民带有不同的地域文化的特征，具有不同的文化特质和心理结构。城市市民的行为特征在一般意义上也表现为一种文化符号。沪宁杭作为有研究价值和特色的城市，它们有什么样的市民文化以及市民文化构成了什么样的城市性格和文化心理结构，是本章讨论的重点。

一、城市人的共性与个性

文化和社会对每一个具体的人来说，都是一个不以其意志为转移的客观存在。城市社会存在决定了城市人的普遍性特点，产生了与乡村社会截然不同的生产生活方式、认知模式、文化系统和价值理念。芝加哥学派的代表人物沃思在他的代表作《作为一种生活方式的城市性》中，首次提出了"城市性"这个概念，他认为"城市性"是指一种特有的生活方式，城市具有区别于乡村的一整套社会与文化特质。城市性可以从三个角度展开研究：一是作为物质结构的城市性，包括人口基础、科学技术和生态秩序；二是作为社会组织系统的城市性，它包括了一个特有的社会结构，一系列的社会制度和一个典型的社会关系；三是作为一系列看法、观点和个性的城市性，它们以特有的集体行为和集体对象的方式来约束专门的社会控制结构。[①] 理解城市人不同于乡村的普遍性特征，有利于我们了解城市人基本的行为模式、思维方式和价值系统。有了这样的了解，我们才能够更好地区分不同城市的特殊性格特征。韦伯、齐美尔、滕尼斯以及英格尔斯都对现代城市人的普遍性特征作了充分的描述。沿着这些研究思路，我们大致可以将城市人的普遍性特点概括为以下几点。

---

① 荷兰根特城市研究小组. 城市状态：当代大都市的空间、社区和本质. 敬东，译. 北京：中国水利出版社，2005：2

（一）理性的特征

伴随着城市发展的是理性化在整个世界的普及，城市自然就成为理性化的一个中心。齐美尔认为，为了避免自己陷入潜在的不稳定与混乱状况，居住在大都市里的人们理性地应对生活、应对其他人，变得比乡村居民更为麻木和沉默寡言[①]。韦伯认为，形式理性是随着资本主义社会的发展而发展起来的，代表着纯粹形式的、客观的行动的可计算性。可计算性使得利益货币化，城市人基于货币考虑人与人之间的关系。在此过程中，维持量化的基本理念是理性。格斯和米尔斯认为，韦伯的理性和理性化绝对不仅仅限于个体行动的类型，而是一种文化的力量。[②]《社会的麦当劳化——对变化中的当代社会生活特征的研究》一书把韦伯的理性化概念具体化，论述了城市社会理性的重要特征。理性化要求城市人为人处事要有效率，泰罗制（Taylorism）的发现体现了如何通过寻找事件的最佳途径，从而最直接、快速地达成目标。同时，理性要求可计算性和可预测性，要求事物能够被计算或数量化，要求人们能够对事物的运作方式和结果加以预测[③]。产生理性化的原因很多，韦伯认为是资本主义经济制度和科层体制[④]推动了理性化的出现，同时科学技术也在其中起了重要的作用。齐美尔则对城市人理性化的心理因素予以了关注。“理智之所在却是我们的显而易见的有意识的心灵表层，这里是我们的内心力量最有调节适应能力的层次，用不着摇振和翻松就可以勉强接受现象的变化的对立……这种理性可以被认为是主观生活对付大

---

① 史蒂文森．城市与城市文化．李东航，译．北京：北京大学出版社，2015：31

② 周晓虹．现代社会心理学——多维视野中的社会行为研究．上海：上海人民出版社，1997：370

③ 乔治·里尔茨．社会的麦当劳化——对变化中的当代社会生活特征的研究．顾建光，译．上海：上海译文出版社，1999：38～39

④ 科层体制的基本单位是职务或职位，这些职务或职位按照规则、功能、文件以及各种强制手段组织成层级的形式，分科执掌，分层管理。

城市压力的防卫工具,它有各种各样的表现。”①纷繁复杂的城市生活,要求城市人在多种多样的心理事件中保持清醒的头脑,除了理性别无他法。理性化使得城市社会的一切变得无感情性,具有可计算性,从而减少了心理的负荷。如果事事都投注同样多的心理能量的话,很容易产生齐美尔所说的“心理的崩溃”。

城市人口高度密集,要高度协作才能提高效率。城市人比乡村社会的人更容易信任陌生人,实际上他信任的是管理城市人的科层体制。城市人之所以具有理性化的特征,是因为他相信世界是可以信赖的,他周围的人和机构在履行职责和义务时是可以信任的,这是基于城市人对科层体制的信任②。虽然城市人对陌生人容易信任,但是城市人之间也更容易出现疏离感和陌生感。“计算的精确性给现实生活带来了货币经济,自然科学则把世界上的事情变成了一道计算题,用数学公式求出它的各部分”。③因此,无论是对人还是对物,“纯粹理性的人对一切特殊的个性都持无所谓的态度”④,对他们来说,这些只不过是一个个的数量单位。因此,城市人的理性特征表现为“准确地一分钟一分钟地规定生活方式而形成最无个性的同样的因素,也在谋求最有个性的东西。”⑤城市人虽然更容易与陌生人接近,很容易与陌生人坦率地交谈,但城市人的人格的表层与深层领域的界限在较深的地方,防守比较牢,虽容易与他人相处,但要成为患难知己却很难。

(二)自由的特征

城市人可以有多种多样的选择,因此,自由是城市人的另一个重要特征。“城市所带来的自由是巨大的。人们可以选择甚至创建自己的社交群落,比在任何其他地方更为自主地生活。没有什么是一

①③④⑤ 齐美尔.桥与门——齐美尔随笔集.涯鸿,宇声,等译.上海:上海三联书店,1991:260~262

② 周晓虹.现代社会心理学——多维视野中的社会行为研究.上海:上海人民出版社,1997:381

成不变的,个人发生改变与更新的可能性无穷无尽,也没有任何限制。"[①]而且,城市人口的高度多样性决定了城市文化的包容性。城市人口的高度多样性,以及他们对文化和经济产品交换的需求,创造了不可预知的自由空间:集贸市场、饭店后厨、特定的地标式建筑,以及游行队列,都演变成新的集体身份认同的场所和景观[②]。这也是人们乐于选择城市生活的重要原因。

与乡村不同,城市的社会关系不是封闭于地域社会中的。随着人口数量增多,人口密度增大,城市社会的信息交流也越来越多。现代科技的进步,交通工具的发达,通信手段的进步,使城市人的交流到达了一个空前的地步。"与束缚着小城市人的狭隘和偏见相反,从充满精神生活和高尚文雅这种意义上来说,今天的大城市人是'自由'的。"[③]城市越大,自由度相对越高,也助长了城市人的独立性和个性特点的形成。城市人更加独立自主,城市人更愿意背井离乡去打拼自己的未来,而不像很多乡村人一样,愿意守着黄土过自己的日子。城市人更具有个性特点,因为他有更多的基础去发现自己的个性,有更多的手段去维持自己的个性。同时,个性并不意味着反对别人,相反,城市人对于不同的意见是非常尊重的。按照英格尔斯的说法,城市人"不仅对他直接的环境,而且对环境以外的许多问题,倾向于形成或持有意见",同时还表现出"比较了解周围的态度和意见的差异性,而不禁锢自己,以为每个人的想法都相同,并且想的和做的完全一致。对不同的意见予以肯定"。乡村社会的人则在一定程度上表现出保守性,他们感兴趣的事情并不多,即使有也是与他们有一定关系的事情。[④] 城市人的自由特征表现为对个人自由的承认,也包含对他人自由的尊重、对不同意见的包容。

---

① 史蒂文森.城市与城市文化.李东航,译.北京:北京大学出版社,2015:71

② 史蒂文森.城市与城市文化.李东航,译.北京:北京大学出版社,2015:137

③ 陈立旭.都市文化与都市精神:中外城市文化比较.南京:东南大学出版社,2002:271

④ 英格尔斯.人的现代化素质探索.曹中德,等译.天津:天津社会科学院出版社,1995:41~42

（三）包容的特征

城市是差异被创造的场所，也是差异在最大程度上得到容忍的场所。[①] 包容的特征既是城市文化的应有特征，也是城市人相对于乡村居民而言的个性特质。城市文化应该是多元的、开放的、包容的，对于不同的文化形态、文化意志，要有很好的包容机制。[②] 与乡村居民比较怀旧相比，城市人更加乐于采用新经验，欢迎革新和变革。面对可能具有的各种不同形式，面对出现的不同情况，城市人更具有包容性。城市人愿意接受新思想、新感情和行为方式，愿意采取新经验和新办事方式，并接受社会的变革和革新。比如，城市更愿意采用新药或新保健方法，乘坐新交通工具或利用新信息的来源，赞同新的结婚仪式或新的青年教育方法。当然，某个城市的人可能对某个领域的新事物更具有敏感性，或者某个城市的人特别拒斥某种新事物。[③] 但是，作为对城市人一个普遍性的特征的探讨，我们可以把包容作为城市人普遍的一般性特征。

此外，人口的多样性也是城市之所以成为城市的人口统计学标志——人们有着不同的相貌，与生产资料有着不同的关系，各自的种族背景、性别和生活方式也互不相同。[④] 城市人的这种特征表现在城市空间中，就是城市景观呈现的多样性，包括住宅、饭店、公园、标志系统以及各式各样基础设施的外观与分布状况。

（四）多维度的特征

与乡村社会角色相比较，城市社会角色具有多变化性、叠加性、

---

① 史蒂文森. 城市与城市文化. 李东航，译. 北京：北京大学出版社，2015：52

② 陈宇飞. 文化城市图景：当代中国城市化进程中的文化问题研究. 北京：文化艺术出版社，2012：23

③ 英格尔斯. 人的现代化素质探索. 曹中德，等译. 天津：天津社会科学院出版社，1995：50

④ 史蒂文森. 城市与城市文化. 李东航，译. 北京：北京大学出版社，2015：40

混合性、创造性和更多的某些虚伪性及某种意义上的双重人格。城市社会的多重结构、多重关系决定了城市社会角色的多样化。在乡村,日出而作,日落而息,无论是工作还是休息,人们基本上都是和自己的家庭或家族紧密联系在一起。城市不一样,城市人面对的社会空间更大更广,需要接触的人、需要扮演的角色也更多,甚至有时候需要扮演的角色都是矛盾的。另外,城市社会特有的社会文化特点——叠加性、竞争性、可变性、匿名性、差异性和社会构成及生活方式的多元性等,迫使或自然使城市个体必须适应这种城市生活“样式”。[①] 因此,社会在进步,城市也在不断发展,城市社会分工日益细化,也导致城市社会角色的不断分化和更新,新旧角色的转换加速导致了城市人需要扮演更多的角色,因此城市人有多维度的性格特征。

城市人多重变化的社会角色,直接导致的是城市人的冷漠。多重压力使得城市人每天面对的事务更多,更容易精神紧张。正如齐美尔写的那样,“如此广泛的交往生活的整个心理结构是建立在最短暂以及最持久的好感、冷漠和反感的各种梯形结构之上的。”[②]与乡村社会相比,大城市的人口密度大、信息资源多,大城市的人需要应对接连不断的差异化的生活,容易产生紧张感、紧迫感。乡村社会相比大城市而言,具有人口密度低、生活相对平稳的特点,乡村人很少遇到较大的冲击。由此,乡村社会的生活节奏比较缓慢、平淡,乡村人生活比较感性;城市社会的生活节奏比较快且跌宕起伏,城市人角色变化比较快,其精神状态相对理性。

以上都是城市人的共性特征分析。乡村居民倾向于信任人情关系,而城市居民则更倾向于信任科层体制。“一个心理群体表现出来的最惊人的特点如下:构成这个群体的个人不管是谁,他们的生活方式、职业、性格或智力不管是相同还是不同,他们变成了一个群体这个事实,便使得他们获得了一种集体心理,这使他们的感情、思想和

---

① 张鸿雁.侵入与接替:城市社会结构变迁新论.南京:东南大学出版社,2005:65

② 齐美尔.桥与门——齐美尔随笔集.涯鸿,宇声,等译.上海:上海三联书店,1991:267

行为变得与他们单独一个人时的感情、思想和行为颇为不同。”①作为一个整体出现的城市人具有了以上的共性，产生了同质化的城市人共性性格。需要注意的是，以上提到的城市人普遍的心理特征是韦伯文化科学分析中的一个理想类型。理想类型源于现实，但不等同于现实，它是研究者基于现实社会的内在逻辑和客观实际来主观构建的，其具有所研究事物的大部分特征。也就是说，可能存在着一个城市人完全不符合上面的描述，或者许多人只拥有其中的几个特质的情况。但是，它是基于现实逻辑的，仍然具有解释力和现实意义。

但是，不同的城市有不同的城市精神和灵魂。生活在不同城市的人，具有不同的思维模式和心理特征。环境、文化、人三者构成了城市社会发展变化的核心，环境是人类行为的范围和文化发展的基本因素，文化引导人类前进，人作为实践性的动物，改造环境、文化与社会。在这个三位一体的结构中，我们可以了解到影响城市人性格的三个重要维度，即空间维度、时间维度、群体维度。

共性和个性统一于一个整体。共性赋予了城市普遍性的特征，使其作为一个城市的整体而存在。个性则展示了每个城市或者城市人作为其特殊存在的意义。我们考虑城市的普遍性特征，并不否定其特殊性的存在，相反，一个城市的特色正是我们研究的主要课题。地理环境的不同，历史记忆的不同，人文区位的不同，造就了今天千千万万的风采各异的城市。华盛顿和纽约，东京和巴黎，北京和上海，迥异的风格造就了迥异的文化类型，培养了风格迥异的城市人。

二、城市性格成因理论分析

伟大的文化由城市产生，城市因此有了自己的文化和性格特征，就是斯宾格勒所谓的能诞生真正奇迹的“城市的心灵”。“城市的心

① 勒庞. 乌合之众：大众心理研究. 冯克利，译. 北京：中央编译出版社，2000：18

灵”诞生于城市、文化、人的不断互动中。城市赋予了文化和人生存的时空维度；文化引导着城市的变迁和人的发展；而具有能动性的城市人则在城市空间中生存，接受文化的熏陶，同时改造着城市和文化以及自身。不同的城市心灵来源于城市的地理环境这样的空间维度，也来源于城市历史这样的时间维度，当然也来源于城市人的生产生活方式。他们分享不同的地理环境、不同的集体记忆、不同的需求层次、不同的互动方式，从而产生了不同的城市性格和文化心理。城市人理性、自由、包容、开放、进取、重视知识、直面未来，在这些共同点之外，不同的城市人拥有各自不同的属于自己城市的性格和文化心理。上海人精明实惠，南京人淳朴稳重，杭州人率真自得……古往今来，对不同城市的群体性格的讨论很多，在以下部分中我们将从地理环境、集体记忆、需求层次和群体互动四个维度，分别回顾主要的理论研究。

（一）地理环境与性格

城市的地域位置构成了不同的文化圈——地域文化，不同的地域文化为城市文化涂上了不同的底色，因此也形成了一个城市特有的文化传统和文化精神。粗犷豪放的北方文化与温婉细腻的南方文化、“京派”文化与“海派”文化……一个城市的地理环境因素对城市人的性格起着相当大的作用。处于南北之交的城市，其文化也会体现出南北交融的特色。从城市内部来说，城市的空间景观同样也影响着城市人的性格。

古人云：“居楚而楚，居越而越，居夏而夏，是非天性也，积靡使然也。”不同的城市，因为地理环境、历史的不同，而产生了不同的生活方式、价值体系、文化品质，最终产生了不同的人群共同体。作为城市世界的主角，在与城市的互动过程中，不同城市的人形成了不同的文化心理结构。每个城市都有其独一无二的人群共同体。能够代表一个城市的，不仅仅是那些钢筋水泥的建筑森林，而是在这些建筑森林中行走的活生生的人。不同城市的人可以拥有不同的城市人格，如政治型人格、经济型人格、文化型人格等。当我们从地理空间或区域结构来审视特定地区的群体文化心理结构的时候,我们会发现特定城市的群体心理结构特征大体相同,这些为多数人所共有的、具有倾向性的稳定心理特征就是我们要研究的对象。这个研究对象具有普遍的、稳定的心理趋势,用余秋雨先生的话来讲,每个城市都有一整套"心照不宣的生活秩序和内心规范"以及"一整套心理文化方式"。上海如此,南京如此,杭州也不例外。

地理环境对人类生产生活的影响毋庸置疑,但是这种影响占有怎样的地位,它以何种方式出现,它对人类的文化形成和心理形成有什么样的作用,对于这些问题,研究者众说纷纭。近代对地理环境与人类性格关系提出重要观点的学者是孟德斯鸠,他的观点主要是从地理位置和气候状况的角度对人类性格进行了区分,"气候有时可能极度炎热,使身体完全丧失力量。这种软弱无力的状况会影响到人的精神——丧失好奇心和进取精神,缺乏感情,一切嗜好都变得消极被动,懒惰在那里成了幸福,这种对心灵的创伤比多数的惩罚还要难以忍受"[①],从而产生了南方人"软弱的缺点""容易变得怯懦";同时,在南方特殊的气候下,南方人"有很丰富的想象力,一切东西都能很强烈地刺激他们"。与之相比,在寒冷气候下,北方人则"有更充沛的精力""较大的勇气""更多的自信",从而变得"更加开朗直爽,而较少猜疑、耍手段和施诡计"。[②] 性格和情感的不同导致了民族差异和社会制度的不同。与神创论等唯心主义观点相比,孟德斯鸠的观点有其值得肯定的进步意义,但是,我们也应该看到孟氏的观点仅仅从外部自然因素来解释和说明社会发展的动因,忽视了人的能动性,这种从社会的外部自然因素寻求解释社会发展的观点最终必然导致非科学的"地理环境决定论"。

黑格尔是德国历史上一位伟大的哲学家,他对地理环境与人类性格的关系也提出了自己的看法。黑格尔认为,不同的地理环境塑造了不同类型的人类性格,由此产生了不同文化体制和国家制度,这正好体现了绝对精神的自我演变过程。黑格尔创立了系统的客观唯

① 孟德斯鸠.论法的精神.孙立坚,等译.西安:陕西人民出版社,2001:269
② 孟德斯鸠.论法的精神.孙立坚,等译.西安:陕西人民出版社,2001:265

心主义哲学体系，将绝对精神当作第一性的存在，世界上的一切均是由它派生出来的。包括地理环境、气候在内的自然界也是“绝对精神”的外化。[①] 这样的观念使得黑格尔为了适应他的客观唯心主义哲学体系，削足适履，将世界文明发展的过程解释成从东方到西方，从大河文明到海洋文明的过程。抛却他的客观唯心主义体系不提，黑格尔对三种人格类型的划分经常为后人引用。黑格尔将整个世界地理的情况分为三类：“干燥的高地，同广阔的草原和平原；平原流域——巨川、大江所流过的地方；和海相连的海岸区域。”[②]三种地理类型，对应三种人格类型。高地、草原和平原上的人往往彪悍好客，喜劫掠；平原流域的人更倾向于开疆拓土，建立强大的国家和法律制度，居民也更守法；海岸区域的人则因为怀抱大海，成为世界联系的纽带，从而乐于追求利润，从事营利性的商业活动。[③]

孟德斯鸠看到了地理环境对人类性格的影响，却没有考虑到人的作用，仅仅从自然因素解释人类及人类社会发展的动因，没能摆脱机械唯物主义的束缚。黑格尔了解到地理环境作为影响人类性格和社会发展的因素之一，可未能摆脱客观唯心主义的束缚，不能从社会的内部、人类的生产方式上去寻找原因，使得他的关于人地关系的学说只能是昙花一现。马克思主义则着眼于人，从人的实践活动入手，重新解读了地理环境与人类社会发展之间的关系，并通过人的实践活动将地理环境与人类社会有机地结合起来。

马克思、恩格斯论证了作为社会历史决定基础的经济关系，是“人们在自己生活的社会生产中发生一定的、必然的、不以他们意志为转移的关系，即同他们的物质生产力的一定发展阶段相适合的生产关系”[④]，而人与地理环境的关系作为人与自然关系的一部分包含在其中。唯物史观强调两个关系，一个是生产力和生产关系的关系，另一个则是经济基础和上层建筑的关系。在第一个关系中，马克思

---

① 在黑格尔的哲学体系中，绝对精神的辩证发展阶段分为逻辑阶段、自然阶段、精神阶段。绝对精神在世界历史上的移动过程则涉及他的自然哲学。

②③ 黑格尔．历史哲学．王造时，译．上海：上海书店出版社，1999：94～97

④ 马克思，恩格斯．马克思恩格斯选集(第二卷)．北京：人民出版社，1972：82

强调，物质生产活动是人类社会最基本的实践活动，这种活动“首先是人和自然之间的过程”[①]，这一过程表现为人类改造自然的实践活动。通过人类的实践活动，人类社会实现了与以地理环境为基础的自然界进行物质交换的过程。在这里，地理环境成为人有意识的实践的对象。在地理环境对人类社会的影响过程中，早期文明受地理环境的影响特别大，无论是地中海文明，还是古代中国的文化传统，地理环境通过影响人类的生产生活方式，进而影响到政治文化心理的方方面面。但随着人类社会的进步，人类得以不断调节人与地理环境的关系，并逐渐在与地理环境的博弈中取得胜利。不同的地理环境下，一般会产生拥有不同的生产实践、文化传统和心理素质的人群共同体。由于地域间“气候和其他自然特点不同，食物、衣服、取暖、居住等需要自然也就不同”[②]。正是基于地理环境的不同，在人类的实践过程中，无论是对自然环境的实践，还是对社会生活的实践，人类社会将这种不同通过自己的方式沉淀下来，进而出现了各种各样的文化类型和社会模式。马克思主义将人的劳动实践作为关键点，将人类和地理环境有机地联系起来，同时实现了人与自然界的本质上的统一，为我们正确地认识人地关系提供了有效的理论工具。

（二）集体记忆[③]与性格

城市是人类记忆的集中地，城市为人们提供了集体回忆的空间和素材。城市的内涵不仅仅是物质的集合，也是城市人精神和思想的集合。城市记忆通过个人而展现出来。简单地说，城市的记忆就

---

① 马克思．资本论（第一卷）．北京：人民出版社，1975：201～202

② 马克思．资本论（第一卷）．北京：人民出版社，1975：194

③ 群体是指人们通过某种社会关系联结起来，进行共同生产活动和情感交流的一群人。社会是一个大的群体，集体则是群体的一种。有的人说集体行为是处于既定的社会规范之外的群体行为，英文表述为 Collective Behavior。有的人认为集体是处于社会规范约束之下的群体。无论何种解释，集体、社会、群体都有一个共同的特点，它们都涉及人与人之间的互动，是互动的产物。基于此，本书在分析集体记忆、群体性格、社会性格时并未将它们予以区分。

存积在城市人的行为和思想之中。包括街道、山川为主体的物化空间提供了城市人集体记忆的载体，记忆或通过语言或通过思想得以承继，在不同的人身上得到展现。我们常常可以从一个人的行为、态度等方面断定出他来自哪里，我们从不同的城市人身上可以读到不同的城市性。

城市人作为一个特殊的群体，必然有其特殊的群体性格或社会性格，即“一个群体共同的基本经历和生活方式作用的结果下，发展起来的该群体大多数成员性格结构的基本核心”①。城市的性格在一定意义上孕育于城市文化，而任何的城市文化都有其独特的历史传统，这样的历史传统往往通过其强大的内在濡化能力，在人们身上凝聚为某种具有地方性特色的群体性格。通过一个群体的记忆来考察他们的社会性格，是一种时间取向的观点，是为了研究在过去的时间维度中，群体或社会如何将“外在必然性内在化”，从而形成了群体和社会的性格，“驱使人把精力用在某一既定的经济和社会制度的任务上。”②某一个社会阶层或文化中大部分人所共有的几个性格要素就可以概括为“社会人格”。城市人群共同体拥有的就是城市的社会人格。

比如提到上海人，往往离不开一个词——“精明”。精明既包含精干、精致、聪明、现实、有智慧等意思，同时也含有一种贬义的味道。从外地人的视角来看，这是一种算计别人、自己不吃亏的性格。上海人“精明”的性格很大程度上是在近百年的商业社会中磨炼出来的。1843年，根据《南京条约》和《五口通商章程》的规定，上海开埠。开埠以后，外国资本和商品纷纷进入上海，商业文化开始在上海兴盛。商业文化的洗礼使上海人的性格特征与传统的中国人相比，可以说是独树一帜了。在商业社会中，个人要获得生存和发展，就必须在激烈的商业竞争中发挥自己的各项能力，最大限度地发挥自身优势，以最小的成本获得最多的利益。这一切都需要精明的头脑和实惠的行事原则，精明实惠就是建立在对个人利益的清晰认识和精确估算之上的。

---

① 弗罗姆.逃避自由.刘林海，译.北京：国际文化出版公司，2000：198

② 弗罗姆.逃避自由.刘林海，译.北京：国际文化出版公司，2000：203

这里我们要注意两个关系，一是历史与记忆的关系。一般情况下，人们觉得记忆是历史真实的再现，历史通过记忆得到真实的还原。我们认为，历史为记忆奠定基础，记忆是对历史的创造性重现。二是记忆与性格的关系。集体记忆通过两个方式影响集体性格：(1)城市的建筑、景观、规划、纪念物无一不记录这座城市的历史，它们作为物质的沉淀将历史物化并保存，成为城市人可供回忆的参照，成为城市人精神归属的寄托；(2)历史通过居民的文字语言、行为方式、文化传统以集体无意识①的方式保存下来，并潜移默化地塑造着城市人的性格，影响着城市人的价值系统和心理状态。

随着社会经济的发展，城市开始逐渐发展起来，世界各国的大城市逐渐增多。现代性也随着城市的兴起而逐渐显现，可以说，现代性和城市是一对孪生兄弟。现代性在一定程度上展现了城市的发展。我们可以说，在一定程度上，城市是现代性的，而乡村是前现代性的。社会学传统中，迪尔凯姆首先对现代性进行了论述。迪尔凯姆研究的是在一个可能出现一切人反对一切人的社会中，如何实现社会的联合。迪尔凯姆想到的是通过精神的联合，达到社会的整合。在《社会分工论》中，他提出了“集体意识”，并将其作为维持社会秩序的基本元素。这是“社会成员平均具有的信仰和情感的总和，构成了他们自身明确的生活体系。”②同时，迪尔凯姆区分了“有机团结”和“无机团结”。作为城市生活(也被称作现代化生活)的对应物，他认为，有机团结是一种高度社会分工的、微弱集体意识的、高度个性的、高度依赖的城市或工业的团结。集体意识的动力机制涉及一个社会成员如何将集体意识个人化，并最终在个人层面表现出统一类型的行为模式和心理模式。迪尔凯姆认为，通过部落典礼、仪式舞蹈、节日聚

---

① 荣格在《本能与无意识》《集体无意识的原型》中对集体无意识做出了解释。荣格认为，集体无意识包括本能和知觉领悟的原型。本能不仅仅是生理功能，也是“典型的行为模式，任何时候，当我们面对普遍一致、反复发生的行为和反应模式时，我们就是在与本能打交道，而无论它是否与自觉的动机联系在一起”。知觉和领悟的原型是“一切心理过程必须事先具有的决定性因素”。本能与原型共同构成了集体无意识。

② 涂尔干．社会分工论．渠东，译．北京：生活·读书·新知三联书店，2000：42

餐等各种类型的集体活动,集体情感得以创造、维持和保存。古希腊和古罗马的木神节、酒神节,西班牙潘普洛纳市的奔牛节,里约热内卢的狂欢节都是这些城市集体意识得以保存、“有机团结”得以实现的方法之一。群体的狂欢引发了集体意识的出现,循环地体验城市的历史,使得集体意识在高度兴奋的状态中得到重生。

哈布瓦赫指出:“集体记忆可用以重建关于过去的意象,在每一个时代,这个意象都是与社会的主导思想相一致的。”①通过集体记忆这一概念,哈布瓦赫实现了对其老师迪尔凯姆集体意识的超越。集体记忆使得群体身份的狂热典礼通过日常生活中的无意识流露得到了仪式性的重演,从而使集体意识的展现成为可能。哈布瓦赫将群体、制度或者信念系统作为基本要素来分析集体记忆的生成。他强调集体记忆的社会基础,任何记忆都是发生在具体的社会情境中的,是作为某个特殊地理环境、某个特殊的社会群体,或者某个特殊的信念系统而存在的。一切记忆中的东西都是当代人以今日之视角,怀揣今日之目的,进行的各种形式的重读。对个人来说,过去的内容要出现在现在的记忆中,必须经过现在的人对信息的选择性遗漏、捏造、夸张与润饰、重组历史片段等。另外,从社会层面来讲,要让过去的内容能够被表达出来,或展示出来,必须符合现代社会的要求,这种记忆需要征得社会的同意。要征得社会的同意,必须考虑到亲属,所属的社区、民族、政治组织以及社会阶层等社会因素的影响力量。这正是社会和道德对记忆的约束或支撑作用。“尽管我们确信自己的记忆是精确无误的,但社会却不时地要求人们不能只是在思想中再现他们生活中以前的事情,而是还要润饰它们,削减它们,或者完善它们,乃至我们赋予了它们一种现实都不曾拥有的魅力。”②

对于一个基于自然基础和历史基础的人而言,社会通过各种各样的形式告诉他为了他所处的社会认同体系的需要,哪些回忆内容是重要的、是真实的。集体记忆之所以重要,是因为只有集体的经验和经由集体传递的经验才具有连贯性和持久性。代代相传的记忆都

①② 哈布瓦赫.论集体记忆.毕然,郭金华,译.上海:上海人民出版社,2002:71

是集体性的，被群体反复阅读。不断叙述和经常重复的文化经典、历史人物故事和典章制度、节庆礼仪，都是这样保存下来的。城市社会生活中的博物馆、历史建筑、名胜古迹提供了记忆所需集体资源的物质支撑，而特殊的方言系统和礼仪规范、角色压力的塑造，则提供了集体资源的非物质的制约或支持。“尽管集体记忆是在一个由人们构成的聚合体中存续着，并且从其基础上汲取力量，但也只是作为群体成员的个体才进行记忆。”①进行记忆的是个体，而不是群体或机构。这些植根在特定群体环境中的个体，也会利用群体这个情境去进行记忆的建构。个人记忆不是简单的个人问题，它更是一个群体问题。

哈布瓦赫的集体记忆观强调了社会的建构性，却完全失去了历史的连续性。在哈氏那里，每个人都可以在手里的圣经中找到自己的上帝，而每个人找到的上帝却是完全不同的神。科瑟对此提出了批评，“尽管现在的一代人可以重写历史，但不可能在一张白纸上来写，尤其是在那些较之于这里所提及的事件具有更齐备的文献记录的历史时期，则更是如此。”②保罗·康纳顿用社会记忆替代了集体记忆，并强调了记忆的惯性，更多关注的是社会记忆的传递性和连续性，即社会记忆是如何通过“(或多或少是仪式性的)操演来传达和维持的”。③ 社会记忆是通过纪念仪式和身体实践来保持和延续的。

一个城市的民众无论如何也不会无中生有，不可能脱离自己所属城市的客观现实来凭空创造他们的记忆。集体记忆并不是显而易见的，集体记忆是潜藏在集体生活之中的没有露出海面的冰山。集体记忆是潜藏在群体结构内的无意识的实践和信仰，群体中任何个别成员都不一定清楚地了解它，但它总在不经意间影响着个体的思想和行为。

(三) 需求层次与性格

大量的研究表明，人类的行为和心理是受需求支配的。人们认

①② 哈布瓦赫.论集体记忆.毕然，郭金华，译.上海：上海人民出版社，2002:40

③ 康纳顿.社会如何记忆.纳日碧力戈，译.上海：上海人民出版社，2000:40

为人类的需求一般由本能需求和社会需求组成。早期研究者强调本能需求，强调是本能驱动了人类的行为。弗洛伊德认为本能的内驱力是产生心理活动的能量，进而引发了行为。[①] 麦独孤则将这种本能观发展到极致。他在讨论人类的行为时，不仅毫不犹豫地将人的行为归因于人的本能，"先天的或遗传的倾向，是一切思想和行为（无论个人的还是集体的）的基本源泉或动力……"，甚至将人类行为的动机分为12种本能，即求食、拒绝、求新、逃避、斗争、性及生殖、母爱、合群、支配、服从、创造、建设。[②] 诚然，本能需求是人类的基本需求，它促使人类为了个体的延续和种族的发展而行动。但是，本能需求只是人类最基本的需求，社会需求则是人类历史文化发展的产物，它是人类社会发展的根本动力。

由于存在主义的兴起，人们开始重新评估自己在世界中的位置，人的价值开始得到重视。人不再是面对本能和遗传无能为力的人，相反，人类可以自行选择生存的价值和精神系统。在这种背景下，马斯洛提出了需求层次理论。不同的需求导致了不同的态度和行为。马斯洛把需求分为生理需求、安全需求、社交需求、尊重需求和自我实现需求。需求是呈阶梯状上升的动态形式。在低层次的需求满足以后才能转向高一级的需求，而且在同一时期可能存在着多个层次的需求，但是肯定只有一个占据优势地位。不同的城市因为经济发展水平的不同，需求层次当然也会不同。有的城市经济发展水平低下，城市居民收入很少，那么城市居民的基本需求就是发展经济。如果生活在一个连生存都得不到保障的城市，人们所想到的就是如何保全自己的生命，如何免遭痛苦。比如，二战时候的波兰，安全和躲避成了当地居民最重要的事情。在满足了前两个层次之后，人们又有了社交需求。在马斯洛的理论体系中，这个层次已经截然不同于前两个层次，它也是我们应该重点关注的层次。人是社会性的动物，在人与人的

① 布伦纳．精神分析入门．杨华渝，等译．北京：北京出版社出版集团，2000：29
② 周晓虹．现代社会心理学——多维视野中的社会行为研究．上海：上海人民出版社，1997：41

交往过程中，产生了爱与归属感。生活在某个城市的人经常会说自己就是这个城市的人，这就是归属感。归属感对界定一个城市的人的文化心理结构有指向性意义。它会导致一个城市的人对某种行为模式的遵从，从而产生具体的群体规范。第四个需求层次是尊重需求，包括对自我价值的肯定以及他人对自己的肯定，有此需求的人更关注成就、名声、地位和晋升机会。最高层次是自我实现需求，有的人把这个层次又详细分为认知需求、审美需求、超越需求等，主要就是自己的潜能得到发挥，实现自己的人生价值。① 马斯洛的需求层次理论突破了之前的理论束缚，将人的需求从本能需求扩展到社会需求，并且充分考虑到需求的动态性。但是，马斯洛的理论并没有完全表达出所有人的需求，其实，人类还有表达权力、征服、进攻的需求等。同时，虽然马斯洛将人的需求从本能需求扩展到社会需求，但是他的基本哲学思想仍然是个人主义的，他对需求的扩展仅仅是从个人角度出发，逐渐涉及个人与他人的互动，实际并未涉及社会文化的影响。

人是具有社会性的，人的需求应该涉及社会历史文化的关系。可以这样说，兴趣、动机等心理概念都是需求的变化形式，它们对人类行为都起着推动的作用。不同的需求层次产生不同的态度和行为，最终形成不同的社会性格。城市人的社会性格，在很大程度上是由其需求层次决定的。

（四）群体互动与性格

社会是人们交互作用的产物。城市是一个大的心理场，在这个心理场中，基于城市提供的空间、时间要素，人与人通过互动形成了城市社会。城市社会反过来塑造城市人。城市社会生活可以看作一系列心理现象的集合，如模仿、流行、舆论、流言、暗示等，这些构成了城市社会大众的心理过程，影响着城市人的性格结构和文化心理的形成。每个城市的人群构成都不是完全一样的。城市人口的数量、

① 格里格.心理学与生活.王垒，等译.北京：人民邮电出版社，2003：346

质量、分布、密度、流动、职业、阶层、种族、信仰等塑造和影响了城市文化品质。一个以移民为主的城市不会像其他城市排外,因为构成这个城市主体的许多人都不是土生土长的本地人,他们在某种程度上都是外来者。同时,不同城市的人群共同体,其互动方式也会出现较大的不同,这些不同之处对群体性格的形成也有很大的影响。

从个人层面上来讲,城市人的互动通过暗示、模仿而将行为模式、思维模式同质化。在暗示条件下,人们常常无意识、无反抗地接受和做出反应。勒庞认为,“有意识的人格的消失,无意识的人格的得势,思想和感情因暗示和相互传染作用而转向一个共同的方向,以及立刻把暗示的观念转化为行动的倾向,是组成群体的个体所表现出来的主要特点。”[①]城市社会由于其社会角色的多重性,城市人需要接触的心理要素很多,以至于心理经常处于一种紧张的超负荷状态。这种状态更容易对周围的城市人产生心理暗示。模仿,作为另一种社会互动模式,是有意或无意地对某种刺激做出类似反应的行为模式。模仿也是将心理行为同质化的方式之一。对模仿提出重要观点的是塔德。塔德提出了著名的模仿三定律:下降律,即下层阶级模仿上层阶级的倾向;几何级数律;先内后外律,即个体先对本土文化模式进行模仿,后对外域文化进行模仿。[②] 社会存在的变迁,使得模仿三定律也有了新的发展。城市社会中,下降律开始呈反方向的变化,引领流行文化的往往是下层文化,比如几十年前在欧洲青年运动中流行的牛仔裤如今已经成了大部分年轻人的选择;几何级数律仍然存在;先内后外律已经改变,由于大城市的发展,现代交通和通信设备的进步,交流已经变得更加纷杂,一种文化到底是本土的,还是外来的,常常难以区分。

从社会层面来说,或者从城市这个整体来讲,促使产生这些行为模式的动力学因素就是群体规范和压力。我们的饮食习惯、衣着穿

---

① 勒庞.乌合之众:大众心理研究.冯克利,译.北京:中央编译出版社,2000:22

② 周晓虹.现代社会心理学——多维视野中的社会行为研究.上海:上海人民出版社,1997:326

戴、文化享受、宗教信仰、发明创造，甚至包括对婚姻、工作的选择，都是在群体的规范和压力之下做出的。群体规范涉及风俗、语言、时尚、舆论、公约、宗则等行为规范及各种不同的价值观。作为一个群体共享的一套行为准则和文化价值系统，群体规范通过潜移默化的方式规训着这一群体中的每个人的活动。群体规范维系了群体的存在，体现为一个群体中的人在行为、感情、认知上表现出了相当的一致性。对于一个城市人来说，我们可以通过其行为是否反映当地普遍的行为模式而看出他是否融入了当地社会。群体规范还有认知的标准化作用和行为的定向作用。例如，某个城市的市民在事物的认知上有相当一致的标准，行为上也有一定的倾向性，即使个别人出现了脱离群体规范的行为，他也会在群体压力的作用下，自觉或不自觉地恢复与大部分人相同的行为模式。因为一个人如果和同一城市的其他人表现出较大的差异，他就会被视为异类，被排斥，被抛弃，由此产生的压力最终会使同一城市的人行为和心理倾向于一致。

三、沪宁杭城市性格与文化心理差异

不同的时代有不同的记忆方式。原始社会中，人类把共有的知识和记忆存储在个人头脑中，以神话、传说的形式流传给后代；工业革命之后，成千上万的图书馆和博物馆系统地保存了群体文化；电子时代的到来使得“信息大爆炸”，同时也使得社会记忆的存储更加方便。但是无论是哪个时代，地理环境、文化传统、价值体系都会通过社会化的形式保存在个人身上，从古至今，这一点没有改变过。在个体身上，我们可以深刻体会到不同的文化系统在个体身上的活生生的体现，所谓“文化主要就是化人”说的就是这个道理。比较不同个体所保有的心理结构类型，可以帮助我们理解不同区域的地域文化结构。

(一)市民文化与市民行为

每个城市由于历史文化等因素的影响,会形成自己独特的文化模式,创造出独特的市民文化。北京人和上海人,伦敦人和纽约人之所以不同,关键在于城市对人的改造作用。同时,城市的发展与变迁,是城市中的人的作用结果。人民群众是历史的创造者,是物质财富与精神财富的创造者。因此,聚集、居住并生活于城市中的市民是城市的主人、改革与发展的主体。市民在城市中的生产与生活被称为“市民文化”,市民文化是城市文化的重要内容。无论民风、民俗,还是消费文化、节庆文化,都是由市民创造的,市民行为特征与市民文化相辅相成。有学者认为“城隍庙代表了上海的市民文化”①,其实像城隍庙这样的历史文化街区在南京、杭州也可以找到,南京的夫子庙、杭州的清河坊都是当地民俗文化的代表。我们还是应该从市民的角度去分析这些街区或者文化的特色。通常提到的民风、民俗就是与市民的生活紧密联系在一起的。可以认为,“民风与民俗是城市文化的重要组成部分,它弥漫于城市文化的物质层面、制度规范层面与精神心理层面之中,对于城市居民的生活方式具有重要的制约和规范作用。”②从沪宁杭三地的民风和市民行为中可以看出市民文化的指向。

1. 上海人:包容与精明

上海市民行为表现出了其城市文化中看似矛盾的两个方向:包容和精明。

包容是上海人的一个标签。上海人的包容首先体现在城市的风貌上:有被称为“万国建筑博览会”的多样化的建筑群,也有采取欧洲联排式格局沿街建造的廉价而实惠的里弄住宅。其次,就是市民行为上表现出来的“学理上会通中西,信仰上兼容异端,习俗上结合土

---

① 李天纲.人文上海:市民的空间.上海:上海教育出版社,2004:46

② 王雅林,等.构建生活美:中外城市生活方式比较.南京:东南大学出版社,2003:205

洋，情趣上调和雅俗，一向是上海人的思想行为准则”。[①] 上海的城市文化中没有霸权，亦中亦西，换一种说法，就是海纳百川，有容乃大。

精明则是上海人的另一个标签。精明在上海话里常被称为“门槛精”。上海人说一个人“门槛精”，是指他会“精打细算”“会过日子”。不过，这个词有时也带点贬义，比如说某人“门槛精得要死”，意思便是说他贪图小利，喜欢斤斤计较。作家袁念琪曾经总结过上海人的“门槛精”：“其实上海人的‘门槛精’，有时也是一个礼数。比如说，做客，到吃饭辰光之前，必定会离开，这就是上海人特别注意礼数的体现，是一种生存技巧。”“门槛精”体现着上海人精明求实的人格特质，影响着人们的言行举止、日常的人际交往。

上海自开埠以来，成为中国最具商业气息、经济最为发达的城市之一。百余年商业文化的熏陶，使得上海人更加理性、更加世俗化。这正是韦伯所强调的世界理性化趋势中最重要的形式理性。上海人体现的理性，是伴随着西方资本主义文明的侵入和“海派”文化的兴起而形成的。这种形式理性是“一种客观的合理性，它涉及不同事实之间的因果关系判断，主要表现为手段（工具）和程序的可计算性”。[②]

其实，上海人的精明和包容都指向其“务实”的精神，两者并不相悖。上海人的世俗化特征和上海的“海派”文化是具有一体性的。“在京海文化之争中，鲁迅所言的京近官、海近商的论断确是切中要害的，而如若在文化上进一步地延伸或扩展，可以说北京更多是学院的，以新的、先锋的思潮为荣，与城市、与市民并无涉，而在上海则更为世俗化，更有务实的运作，与城市、与市民融为一体。”[③]

可以说，开埠前上海市民的“现代性”、开埠后西方的影响，加上改革开放后的飞速发展，都是造就现在上海的市民文化和城市性格的重要因素。谈论上海人的包容和精明的行为时，我们无法否定这个城市带给人的震撼和影响，余秋雨曾经用一句话概括了上海人让

① 陈伯海.上海文化通史.上海：上海文艺出版社，2001：8

② 周晓红.现代社会心理学——多维视野中的社会行为研究.上海：上海人民出版社，1997：371

③ 葛红兵.城市批评·上海卷.北京：文化艺术出版社，2002：256

人妒忌的状态:"全国有点离不开上海人,又都讨厌着上海人。"上海人的好,只有你接触了才能懂。

2. 南京人:淳朴与保守

沪宁杭三城中,南京是最"北方"的城市。它不像杭州拥有那么多的情致和浪漫,也没有上海的繁荣和时尚,南京的历史是带着腥风血雨的——一次次的战乱灾难,一遍遍地改写了这个城市。

南京人没有上海人和杭州人那样骄傲于自己所在的城市。南京的著名作家叶兆言曾称南京为"外地人的天堂"。"南京的外地人,是个很有趣的人文景观。和国内所有的大城市一样,南京骨子里也是一个移民的城市。南京的外地人不会因为自己生活在别人的地盘上,就感觉到那种遭排斥的歧视……南京的外地人不会产生自己不是主人的自卑。……在南京这块风水宝地上,并不流行'客随主便'这句话。"[①]因此,在一定程度上,我们可以认为南京人很淳朴。有南京人说:南京人自己最清楚,没有温州人做生意的天才,更没有上海人的精明、灵活,但是南京人有他自己的长处。南京地理位置上的"亦南亦北",决定了南京人南北交融的性格。南京人不排外,很朴实,肯吃苦,勤劳肯干,规规矩矩地做人,踏踏实实地做事。

明人顾起元在《客座赘语》中说"南都风尚,最为醇厚",《正德江宁志》说"(金陵)人物敦重质厚,罕儇巧浮伪",都是说南京人自古就有淳朴老实的一面。因为南京地理位置特殊,所以南京人被北方人称为南方人,而被南方人称为北方人。南京话和南京这座城市一样,亦南亦北,既有北方话的豪爽,也有南方话的温婉。南京话在很大程度上反映了南京人的性格,转而映射出南京这座城市的特征。迥然于"软绵绵"的吴侬软语,南京话的大大咧咧总是透露着一股直爽和豪迈——不管是天塌了还是地陷了,生活都要继续过。

南京,有着世界最著名的城墙之一——南京明城墙。南京明城墙是明太祖朱元璋定都南京的产物和象征,是中国历史上唯一建造在江南的统一全国的都城城墙。城墙是为了防守,遍布南京的城墙似乎也在一定程度上束缚着南京人的性格结构。前些年在南京城市建设的

① 叶兆言.南京人.杭州:浙江人民出版社,1997:126

大讨论中,经常有关于“城墙意识”的批判,批判者认为,南京的城市建设应该跨越城墙,向城墙之外的广阔地区发展。其实,南京是开放进取的,早在明朝之时,郑和于南京造宝船下西洋,造就了中国与国际交流的重要历史。不过这种开放进取的精神似乎昙花一现,不知从何时起,南京人逐渐将保守的心态展现在世人面前。在一些人的心目中,南京人安于现状,墨守成规,循规蹈矩,古板有余,活力不足。

南京人常被称为“大萝卜”,这个词有多种含义,其中之一就是说南京人缺乏灵活性和开拓性。在现实生活中,南京人保守、追求安定生活的心理,使得他们强烈地寻求生活的安定感,不想去冒险接受新事物。早上打着哈欠走到熟悉的早餐摊边上,不用开口,老板就利索地端上一碗撒了辣油的柴火小馄饨;下班后在家门口鸭子店门口排半天队,听着队伍前面的大爷大妈互相“推销”儿女,幸运地买到了店里最后一只烤鸭的满足……这就是最普通的南京人的生活哲学,是南京人的情怀。

3. 杭州人:率真与自得

杭州人和上海人一样有天生的自豪感和优越感,但杭州人却很少被人诟病。一方面,这和杭州优越的地理环境和自古以来富裕的物质生活是分不开的。在杭州人眼里,杭州是个上天的“宠儿”,不仅山美水美,而且地处富庶的江南,杭州人在这里生活得有滋有味,知足常乐。杭州得天独厚的环境和经济优势,让杭州人很少愿意离开故乡,出去闯荡。另一方面是由于杭州人有着非常强烈的正义感,因此,杭州人素来有“杭铁头”的美称,他们的率真和正直气质时常见于行动。以前曾有人专门研究过杭州市民见义勇为的事迹。[①]

杭州人的这种自得与率真的行为模式是有其历史渊源的。历史上的两次人口大迁移为杭州带来了文化资源,大批文人和各行各业的能工巧匠的云集,大大促进了杭州艺术文化的繁荣,让杭州的城市文化在南宋时期空前鼎盛。例如,南宋时,杭州的绘画艺术空前发展,集中了南北绘画高手,名家辈出。特别是成立于绍兴年间的南宋画院,培养了大批多才多艺的绘画人才,创作了许多具有时代风格的绘画作品。在南宋150多年的历史中,除了号称画史上的“南宋四大家”

---

① 方巍.“杭铁头”:见义勇为现象的透视.青年研究,1994(5)

的李唐、刘松年、马远、夏珪，还有近120位姓名可考的画院专业画家。

“有文化”的杭州焉得不自豪，谁又能否定这种自豪感的合理性？再加上杭州人又被上天赐予了西湖美景。杭州由于西湖而添知名度，杭州人为拥有西湖而自豪，西湖文化的发展也与杭州文化融为一体，杭州市民岂能不因此而多了“凝聚感”与“认同感”？

杭州人的率真行为实际上还有北方传来的“重义轻利”的义理观念的作用。南宋迁都临安后，杭州直接继承了中原文化的精髓，令其原有的民情风俗起了很大变化。先秦时期，儒家提出了“重义轻利”的思想，随着时代的发展，宋代又出现了“义”“利”之辩、“义”“利”之争，在伦理思想领域中“重义轻利”“贵义贱利”的传统行为模式更为突出、更为巩固。传统思想塑造了杭州的市民文化，让“重义轻利”的义理观念成为杭州市民文化的重要组成部分。

所以，杭州曾作为中国古都，有幸拥有西湖，传统的“重利轻义”观和以西湖为中心的独特地域文化的结合，形成了杭州市浓厚的见义勇为的文化氛围和社会风尚。难怪，杭州人虽然偶尔也会自得、自满，但旁观者都能理解接受，并视为理所当然了。

（二）市民时尚与市民性格

时尚是什么？时尚是能够能引发“上行下效”的生活标识，可以表露在衣物、思想上，可以表现在行动中，也能体现为生活方式。因为“上行”而产生“下效”，所以，那些社会地位或者身份比较高、经济实力比较强的群体往往成为被模仿和被追随的对象。齐美尔认为，在现代开放社会中，精英阶层总是力图用一种明显的标识如服饰或生活方式来使自己更为醒目，而普通阶层的成员也想借用这些标识来提高自己的地位。[①]改革开放以来，我国市民时尚与流行主要是受开放的社会环境和大量涌入的外来文化的影响。从区域角度来看，经济的“势能”作用会形成文化的“势能”。那些经济越发达、市场化程度越高的国家或地区，因为拥有更多的资源、更优良的传播手段，

① 周晓虹.时尚现象的社会心理分析.社会科学战线，1994(5)

与经济不发达、市场程度不高的地区相比，明显处于优势地位，其时尚文化有着更大的示范作用。

沪宁杭三城各有自己的时尚标准，市民对时尚的态度，市民在时尚潮流中所处的位置，反映了市民的性格。

1. 上海人：摩登与精明

上海人的时尚是追随世界潮流，“国际化”是上海最大的时尚亮点，很多国际知名品牌都把进入中国的第一站落在上海。国际时装设计大师瓦伦蒂诺则感慨：“在上海，你可以感到与世界同步的时尚。”[①]热爱并追求时尚和上海的生活水平以及上海人性格有着密切的联系。

讲究时尚要有一定的物质基础，上海的经济条件是其讲究时尚、崇尚奢华的物质前提。长期以来，江南一带都是中国的富庶之地。在近代的很长一段时期内，中国兵灾战乱和自然灾害不断，绅商富豪为了逃避战乱和匪患，纷纷迁至沿海商埠，特别是租界之内。移民的大规模迁入，为上海提供了大量的货币资本。譬如，太平天国战争时期，江浙一带的富户大批涌向上海，并带来了大量的资金。货币财富的大量涌入，对上海经济的发展，特别是商业和金融业的发达起到了积极的推动作用。

经济上的富裕促动有产阶级追求优越的生活方式，而上层富人的行为也对普通市民起着示范作用。据研究，“除了明初一段时间以外，从元代到近代，上海一直崇尚奢华。食必求精，山珍海味；衣必求贵，绮罗轻裘。”[②]1897年《申报》上曾专门发表过一篇题为《释时》的文章，文中写道：“此邦之人狃于时尚，惟时而从之，一若非时不可以为人，非极时不足以胜人。于是妓女则曰时髦，梨园竟尚时调，闺阁均效时装，甚至握管文人亦各改头换面，口谈时务以欺世子。”[③]值得关注的是，在旧上海崇尚“时髦”的社会风气的影响下，不仅有钱人为了炫耀消费能力而“挥金如土”，一些生活比较艰难的市民也为了追求时髦而“挥霍”。

---

① 王雅林，等.构建生活美：中外城市生活方式比较.南京：东南大学出版社，2003：154

② 马长林.租界里的上海.上海：上海社会科学院出版社，2003：47

③ 周晓虹.时尚现象的社会心理分析.社会科学战线，1994(5)

在现代,浦东的开发、《财富》经济论坛的召开等,让上海又充满了国际大都市的魅力。人们对"一年一变样,三年一大变"的上海心驰神往,上海也理所当然地成为"中国时尚中心"。

时尚总是善变。旧上海报纸上曾经刊登过这样一首歌谣:"人人都学上海样,学来学去难学像。等到学了三分像,上海早已翻花样。"这句话道出了外地人的难题,同样,不那么富裕但一样追求时尚的普通上海市民也面临尴尬:如何在日新月异的时尚大潮中保持不败之地。为此,上海人性格中"精明"的一面表现得淋漓尽致。人们往往习惯"以衣取人",穿衣打扮最能表现一个人是否属于时尚中人。精明的上海人不得不把"表面文章"做好。比如,曾经流行的"假领子"就是上海人的发明,而不是杭州人和南京人的发明。

2. 南京人:朴素与淡然

在时尚的问题上,与摩登的上海人相比,南京人是朴素的;与浪漫的杭州人相比,南京人更是淡然的。南京人的口头禅是"多大事啊"。在南京人看来,任何事情都是没什么大不了的。

南京人不时尚,对时尚、对世事的态度也都是淡淡的。南京人提到很多事情都是不急不躁地来句"烦不了",表明其淡然而无所求的态度。

南京人的淡然和杭州人的浪漫看起来相似,但实际上相差甚远。南京历史上经历的风风雨雨太多,南京人认为,平安最好,中等而又平安更是好上加好。不南不北,不过分新潮时尚,也不过分厌俗避世,这也使南京成了文人的乐土。"人常说,南京出作家,上海出评论家。南京确实是虎踞龙盘之地,六朝古都,文气繁盛。秦淮河养育了一代又一代文人,桨声灯影里处处流淌着华彩文章。"①

一个城市的性格是历史长久积淀的结果,也许在某种契机下会发生突变,但基本上还是有稳定性的。世界原本多样,只要自己不感到不舒服,朴素和淡然不失为一种可以坚持的品质,也说不上有多么不好。

3. 杭州人:浪漫与散漫

崇尚"浪漫"永远是杭州人的时尚。浪漫是什么?它是对人类真

① 魏心宏. 南京作家五魁手——苏童、叶兆言、韩东、黄蓓佳、毕飞宇. 传记文学,2013(9)

性情的护持，追求天上人间的爱情是浪漫，坚持悲壮的理想是浪漫，蔑视戒律清规的行为也可以说是浪漫。若说上海人的时尚是“精明”地注重表面，杭州人的时尚则表现为由内而外的浪漫处世方式。

杭州有着丰富多彩的“浪漫因子”，她浑然天成，在“浪漫”的时尚中独领风骚。浪漫需要氛围，杭州秀丽、温馨的景观成为古典、经典浪漫故事的最佳场景。浪漫需要有情人，杭州的男女，多是些懂得情调、懂得浪漫的人。浪漫需要记载，方能流传，杭州有文人墨客延伸着人们的浪漫情怀。

西湖的美景最能引发人浪漫的想象。一池清澈的水，一片葱翠的山，加上苏堤、白堤上摇摆的柳条，简直就是专门为浪漫故事、传奇人生而设的。

杭州人深谙浪漫之道。江南多水，因为水汽氤氲，江南城市往往会带有些许的阴柔气息，杭州更是被称为“最女性化的城市”。不仅西湖被比喻成四大美女之首的“西施”，建于1000多年前的保俶塔也有“保俶如美女”之喻。的确，杭州的花情柳意、山容水貌，无不透出女人味儿，就连越剧也是女性化的。可以说，杭州是一座女性化的城市，它的风景、风俗、人物，都呈现出一种“东方女性美”。本书认为，杭州的“东方女性美”还至少包含了杭州人懂得浪漫的两项指标。

其一，杭州人不势利，尊重人生的不同境遇，这其中包含了女性化的体贴情怀，是懂得浪漫的表现。在杭州，美人迟暮、英雄落魄的故事最为人们激赏。

其二，杭州人尊重女性，这也体现了杭州人真正懂得浪漫。杭州男人心中的“女士优先”是发自内心的，不是舶来品。“杭州男人的魅力属于江南才子型，风流倜傥、温文尔雅，就像桂花莲藕让人回味无穷，而且天生一副怜香惜玉的心肠……”

杭州人的浪漫被文字记载、流传，而且发扬光大。

（三）市民生活方式与价值取向

市民生活方式是一个城市的人们特有的生活的典型形式。狭义的生活方式指"个人及其家庭日常生活的活动方式,包括衣、食、住、行以及闲暇时间的利用等",广义的生活方式指"人们一切生活活动的典型方式和特征的总和,包括劳动生活、消费生活和精神生活(如政治生活、文化生活和宗教生活)等活动方式。"①生活方式具有相对稳定性,它是某个特定区域中的特定人群在特定的地理范围内形成的精神态度和生活习惯,一旦养成,便很难改变。生活方式相对稳定,但也不是一成不变。低收入阶层往往由于过大的生存压力而被迫放弃对生活方式的选择,高收入阶层则因为生存压力较小而对生活方式有更大的主动选择性。

城市生活方式的特征是全体城市居民共有的,影响和决定生活方式的因素很多,有自然因素,也有社会因素;有主观因素,也有客观因素。例如,不同的自然环境会产生不同的生产方式,进而产生不同的生活方式。宗教信仰、价值观念等也会造成生活方式的差异。一个城市的市民生活方式与价值取向是密切相关的,生活方式是表层的,价值取向是深层的,需要通过生活方式来分析和认知的。因此,研究沪宁杭三城的城市性格,离不开对市民的生活方式和市民的价值取向的分析。

1. 上海人:进取实利型

西方某些学者认为,城市人的生活方式可以大致分为三种:一是"以家庭为主体",二是"追求高消费",三"以事业为中心"。上海人在各个方面都充满进取精神,堪称领头军。

上海人细致、精明,重视家庭生活。有人把上海的男人比作"本帮菜",说其"衣冠楚楚,懂得生活,有学识、有品位、有修养,又会持家体贴女人,是合格的丈夫。经典形象是回到家中脱去西服,围上围裙,为老婆孩子烧一桌拿手好菜。"

上海人在世界时尚潮流前一直不甘落后。改革开放初期,上海人虽然经济条件有限,但还是想方设法走在潮流前列。不少精明的上海女人在时装杂志上看到名牌服装的新款,往往会自己买布料找

① 冯契.哲学大辞典.上海:上海辞书出版社,1992:391

裁缝"驳样"仿做，以至于上海的时装杂志热销，女人们穿得像时装杂志上的模特一样。

上海人不光会享受生活、追赶时髦，工作起来也同样一丝不苟。上海产品的质量在全国的信誉度就是一个很好的证明。

上海人重视进取，但也看重实际利益。20 世纪 90 年代，有学者对 498 人做了"上海市民职业评价"的抽样调查，结果显示大学教授这一职业在上海市民心目中还不如私人企业主，排在了第 10 位（如表 4－1 所示）。这个结果说明上海人重视当下的生活和个人的生命体验，不过度轻视物质和人的欲望。

表 4－1　上海市民职业评价（调查对象共 498 人）①

位序	职业	综合分数	位序	职业	综合分数	位序	职业	综合分数
1	厂长或经理	78.27	12	职业投资人	35.45	24	个体户	24.38
2	党政机关负责人	70.87	13	物资管理干部	34.98	25	音乐家	23.97
3	工商税务干部	61.73	14	记者	34.8	26	银行职员	23.86
4	公安政法干部	55.92	15	工程师	34.64	27	销售员	23.25
5	私人企业主	53.64	16	医生	34.42	28	外资公司职员	23.08
5	外商代理人	53.64	17	出租车司机	33.23	29	远洋轮海员	22.29
6	歌星	49.19	18	外贸公司职员	30.88	30	职业军人	22
7	律师	42.66	19	经纪人	30.6	31	宾馆服务员	20.45
8	房地产经营者	40.56	20	炒卖外汇者	30.22	32	秘书	20
9	节目主持人	38.17	21	演员	29.11	33	中小学教师	19.29
10	大学教授	37.89	22	厨师	25.26	34	机关职员	16.34
11	科学家	35.78	23	会计	25.16	35	理发员	13.53

① 仇立平.上海市民职业地位评价及其意义.社会，1996(7)

续表

位序	职业	综合分数	位序	职业	综合分数	位序	职业	综合分数
35	技术工人	13.53	39	家电维修工	11	41	勤杂工	7
36	公交司机	13.21	40	电话派线员	9	41	保姆	7
37	营业员	12.33	41	邮递员	7	42	社会福利工作者	6.76
37	纺织工人	12.33	41	保育员	7	43	农民	—
38	建筑工人	11.92	41	清洁工人	7			

重“个人”和“自我”的这种观念,也可以说是“海派”文化的精华。“海派”文化较少受到中国传统观念、道理伦理等的约束,在利益的驱动下,“海派”对待外来文化的态度,就是有用的就可以“拿来”,一点也不怕被“西化”。因此,在面对中西文化、新旧差异时较少受到上下秩序、雅俗选择等的约束,容易突破传统,积极进取。

上海人是很有眼光的一个群体,眼光决定了他们对自己生活方式的高要求、高定位,他们要求的就是“大家风范”,具备一种鸟瞰世界的视野。

2. 南京人:粗犷博爱型

南京人憨厚本分,大部分南京人奉行“君子坦荡荡,口讷而心诚”的人生格言,对事对人都表现出求稳当、求安全的生活态度。南京人拥有这样的性格,很大程度上是由南京的地理环境和历史传统造成的。南京在历史上就是主要的稻作产区,当地的居民勤劳而朴实,日出而作,日落而息。同时,南京城依山傍水,自然条件优越,人们内心平和,与世无争。从历史传统上来看,历史经过社会化的过程传承下来,在城市居民中形成一种无形的集体记忆,指导着人们的生活与追求。南京2000余年的久远历史,以及多个朝代在此建都的事实,使得南京人深受文明的洗礼,明礼善信,重规守矩,本分而谦虚。正如南京大学张鸿雁教授在评点南京城市性格时所说:“南京或许不是那么轻巧、灵性，但南京并不缺乏它的浓烈、热情和理想。南京人的温和是内敛、成熟，但并非无为。……南京是一个宽容的城市，无论哪一种不同的文化或经济因素都会在这里找到生存的可能。”①

南京人重视文化，“大学教师”的职业声望在南京市民心目中排名第一(如表 4－2 所示)。原因有二：首先，南京是全国高校和科研院所最集中的地区之一，人才资源充足；其次，南京的高校，无论是数量和质量在全国都是名列前茅的。从南京本地人的价值取向中可以看出，“文化和教育”在南京人那里比在沪杭人那里得到更多重视。在南京最受重视和尊重的职业是各类教师、科研人员和技术人员②，这也可以说是传统的“书中自有黄金屋，书中自有颜如玉”之类的教育观念导致的结果。

表 4－2　南京市民的职业声望测量(966 人，平均分值) ③

排序	职业	分值	排序	职业	分值	排序	职业	分值
1	大学教师	7.72	9	军官	6.89	17	公安警察	6.43
2	数学家	7.66	10	翻译	6.75	18	音乐工作者	6.33
3	中学教师	7.27	11	作家	6.74	19	审计师	6.22
4	工程技术人员	7.06	12	画家	6.69	20	厂长经理	6.16
5	医生	7.05	13	律师	6.68	21	环卫工人	6.15
6	建筑师	7.05	14	记者	6.67	22	护士	6.07
7	社科研究人员	6.99	15	运动员	6.49	23	银行、保险公司员工	6.01
8	小学、幼儿园教师	6.97	16	编辑	6.45	24	机关公务员	6.01

① 刘荣增.城市性格的挖掘与经营.城市问题，2005(3)

②③ 叶南客.南京市民对职业声望的评价.社会，1997(1)

续表

排序	职业	分值	排序	职业	分值	排序	职业	分值
25	海员	5.99	34	广告从业者	5.5	43	车工、钳工	4.78
26	领导干部	5.9	35	厨师	5.5	44	铸工	4.77
27	电视摄像师	5.84	36	图书管理员	5.15	45	裁缝	4.62
28	会计	5.76	37	电工	5.12	46	营业员	4.6
29	铁路员工	5.61	38	出租车司机	5.09	47	理发师	4.55
30	党政思想工作者	5.61	39	供销员	5.08	48	宾馆服务员	4.45
31	中外合资企业职工	5.6	40	演员	5.04	49	个体商贩	3.98
32	邮局员工	5.58	41	公关人员	4.98	50	保姆	3.95
33	导游	5.52	42	手工业者	4.97			

(注:最低为1分,最高为9分)

“观今宜鉴古,无古不成今。”一个城市如果没有深厚的历史文化底蕴,就会失去继续发展的动力。同样,一个城市如果缺乏生机、没有发展,那么这座城市包括它的历史都可能被淹没。① 2017年,南京成为中国第一座国际和平城市,证明了它的博爱与和平;2017年“国内最有安全感的十大城市”“中国十大幸福城市”,南京均榜上有名。南京在其历史的基础上,发挥当前的文化教育的优势,也使其能在沪宁杭三城中拥有自己独特的优势和发展潜能。

3. 杭州人:精致休闲型

杭州人的生活方式和上海人的生活方式的共同之处,就是对生活质量的要求较高。不同之处在于,上海人面面俱到,注重各个方面的细节;而杭州人侧重于休闲、舒适,即使忙碌,也是为了让休闲时享受得更好而做准备。

休闲需要一定的物质基础做保障。杭州经济富庶,自古以来就

① 连玉明.2004中国城市报告.北京:中国时代经济出版社,2004:368

是鱼米之乡。在新的时代,杭州也有着良好的宏观经济基础。据2018年1月23日杭州市统计局和国家统计局杭州调查队发布的《2017年杭州经济运行报告》,2017年杭州实现地区生产总值12556亿元,同比增长8.0%。这几年,杭州经济总量一直稳居全国前十,在2015年更是迈入"万亿方阵"。虽然GDP总量和北上广还是有差距,但是消费却低于北上广,因此还多次被选为"中国最具幸福感城市"。物质上的富裕,可给杭州人提供多种休闲方式的选择。

休闲还需要宽裕的时间,有"钱"有"闲"才能休闲。杭州人有时间和金钱让自己的生活方式变得更加精致、贵气。杭州自然条件优越,优美的自然环境为休闲文化的发展提供了环境和空间。杭州是一个充满诗意的地方,从"西湖十景""钱塘十景"("西湖十景":苏堤春晓、平湖秋月、花港观鱼、柳浪闻莺、三潭印月、双峰插云、南屏晚钟、雷峰夕照、曲院风荷、断桥残雪。"钱塘十景":六桥烟柳、九里云松、灵石樵歌、孤山霁雪、北关夜市、葛岭朝暾、浙江秋涛、冷泉猿啸、两峰白云、西湖夜月)的名称上可见一斑。因为生态环境优美,杭州先后获得"联合国人居奖"以及"国际花园城市"等称号。"住在杭州"城市品牌的打响,很大程度上得益于杭州得天独厚的自然环境。人民生活相对比较富裕,有"钱"有"闲";政府有一定的经济实力,为民打造了完善的休闲设施,营造出"世界休闲之都"的良好氛围。

"喜奢华、乐遨游"等悠久的社会习俗是杭州休闲文化繁荣的心理基础。周密《武林旧事》卷三《西湖游幸》记载:"西湖天下景,朝昏晴雨,四序总宜。杭人亦无时而不游,而春游特盛焉。承平时,头船如大绿、间绿、十样锦、百花、宝胜、明玉之类,何啻百余?其次则不计其数,皆华丽雅靓,夸奇竞好。而都人凡缔姻、赛社、会亲、送葬、经会、献神、仕宦、恩赏之经营,禁省台府之嘱托,贵珰要地,大贾豪民,买笑千金,呼卢百万,以至痴儿骙子,密约幽期,无不在焉。日糜金钱,靡有纪极。故杭谚有'销金锅儿'之号,此语不为过也。"[①]如今的

① 丁楹.南宋干谒与文学论纲.重庆文理学院学报(社会科学版),2011(4)

杭州各种活动、节日繁多,不亚于“销金锅儿”时代。有这些活动、节日充实着,杭州市民日常生活充满了色彩,生活品质自然比较高。

除了经常通过“过节”来休闲,杭州人对每一天的情趣也很看重。杭州人的日常生活离不了茶文化,喝茶是杭州人日常生活的消遣,也是杭州人精致生活的表现。杭州的茶馆遍地和杭州人的这种生活方式是密切相关的。难怪有人会说:世界上很难再找出像杭州这样茶馆生意兴隆的城市,价格低廉、服务上乘、轻松随意的自助式茶馆已经成为杭州人休闲生活的象征。①

日常生活的精致化,还体现在杭州人的“吃”上。“杭帮菜”在全国闻名,“杭帮菜”源远流长,最早可以追溯到南宋时期。当时的杭州是南宋都城,汇聚了全国的名厨,融合了南北各大菜系,为“杭帮菜”的发展与繁荣打下了基础,积累了经验。“叫花子鸡”“西湖醋鱼”“东坡肉”“宋嫂鱼羹”等“杭帮菜”闻名遐迩。从 20 世纪末开始,“杭帮菜”的名声越来越大,涌现了许多经营“杭帮菜”的品牌餐馆。这些品牌餐馆还纷纷走出杭州、走出浙江,到上海、北京、江苏、广东乃至香港、台湾开设连锁店,为新“杭帮菜”赢得佳誉满钵。

经济的繁荣是杭州休闲文化产生的物质基础和条件,而社会的风气和休闲、享受习惯造就了现代杭州人的休闲意识。

21 世纪以来,G20 杭州峰会、世界休闲博览会的召开,不仅让世界进一步“触摸”到了杭州这座城市的迷人风景和灿烂文化,也让杭州“最美休闲城市”这一称号更加深入人心。

城市不是一时一刻造就的,而是在漫漫的历史长河中形成的。“大城市既不会偶然地出现,也不会为一时的狂想所毁灭。”另外,历史也塑造城市的社会环境,为城市留下了博物馆、纪念碑、广场、公园这样的公共空间,这些空间景观实际上成为历史的再现,也成为城市人汲取集体记忆的一把钥匙。国外有科隆的大教堂、巴黎的埃菲尔铁塔等,国内有北京的天安门、南京的城墙等。时间对城市人行为模

---

① 郑胜华,刘嘉龙.世界休闲之都——21 世纪杭州城市形象定位.旅游学刊 2002(1)

式、心理因素、性格特征产生了潜移默化的影响，从文字、语言、生活的点点滴滴中构造城市人的行为。不同的城市，就有不同的历史、不同的记忆、不同的城市性格。

不同的城市，造就了不同的城市人。城市的主角是人，城市的文化通过城市人得到体现。上海、南京、杭州因为其不同的地理环境，不同的历史传统，不同的集体记忆，不同的互动方式，形成了不同的城市文化心理结构。上海人更加精明实惠，南京人更加淳朴包容，杭州更加浪漫知足。不同的市民文化对社会发展有不同的影响。

在这个交通工具日益发达、通信方式日益现代化的年代，城市与城市之间的交流变得越来越多。城市与城市之间的合作也成为必然。研究各个城市文化心理结构的不同点，可以帮助我们建立理解的桥梁，为我们互相理解、更好地合作构建良好的基础。不同的城市文化性格，有各自的优势，也有各自的劣势。我们唯有从现实情况出发，结合地域文化特色，深挖历史资源，开拓创新，提升城市人的文化素质和价值品质，只有这样，城市和城市人的发展才能继续。这也是我们分析理解三座城市的市民不同性格特征的目的所在。

第五章
形象：沪宁杭城市形象与城市文化

“人的一生中有两样东西是永远不会忘记的，这就是母亲的面孔和城市的面貌。”

——纳乔姆·希克梅[①]

城市形象，是一个城市文化风格的呈现，是城市总体氛围的特征表现和城市风格的凝结，是城市文化的重要组成部分。“城市形象一般是指城市给予人们的综合印象与整体文化感受，是历史与文化的凝聚构成的符号性说明，是城市各种要素整合后的一种文化特质，是城市传统、现存物质与现代文明的总和特征。”[②]一个城市的文化包括很多层次不同的组成要素，如传统风俗、市民风范、经济支柱、特色产业、生态环境等。我们需要深入挖掘这些要素，并对它们进行提炼、整合、策划，从而形成鲜明的城市形象。

城市形象的塑造离不开城市文化，城市形象与城市文化是正相关的关系。一个城市的文化因素决定着城市形象的内涵和表现形式，也是城市形象的主要有机组成部分。合理的城市形象规划和建设可

① 纳乔姆·希克梅为土耳其诗人。

② 张鸿雁.城市形象与城市文化资本论——中外城市形象比较的社会学研究.南京：东南大学出版社，2002：50

以把城市文化打造成城市的品牌，可以让城市的文化具备内在生长力，并转化为真正的软实力，成为资金、技术和人才集聚的加速器。

一、城市形象塑造与城市行销

城市形象本身是一种极其重要的无形资产和战略资源，如果能得到合理开发和利用，它就可以产生巨大的经济效益和广泛的社会效益。① 如今城市之间的竞争已经不同于工业时代的产业竞争、经济竞争，而是转向文化资源等综合软实力之间的竞争。对城市形象资源进行合理开发，塑造良好的城市形象，可以增强城市的综合竞争力，促进城市的全面繁荣和发展进步。

城市形象，涉及人们对城市的认识和评价，它对于城市经济增长、居民素质的提高和对外交流与合作的扩大等方面起到直接的促进作用。合理城市形象的塑造与开发，有利于提升城市的魅力和品位，对城外的人产生感召力、亲和力，让城里的市民产生归属感。

（一）城市形象是城市的无形资产

城市形象体现着一个城市的氛围和气质特征，也是反映这个城市文化品位、文化素质高低的重要因素。良好的城市形象，不但要有独特的自然风貌、完备的基础设施和精美的建筑作保证，也离不开细节的陪衬。② 一个城市的形象能反映出其文化品位的高低，良好的城市形象更是一种无形的城市资产，是城市的重要“文化资本”。国际上的一些知名城市之所以声名远播，很大程度上是因为其城市形象

① 何美丽，李进. 城市文化形象塑造新思维. 长沙铁道学院学报（社会科学版），2007(9)

② 傅绍万. 城市与文化. 北京：商务印书馆，2014:59

鲜明,形成了城市的品牌效应,具有独特的吸引力和魅力。在中国的城市中,北京、上海、香港等城市文化特征突出,城市形象鲜明,构成了庞大的城市“文化资本”。城市“文化资本”既产生永续的人文意义与思想情结,又具有无限的与时俱增的经济、社会和文化价值。

城市形象具有特殊性,是一个城市的独特气质,是“无形”的,但是,城市形象的建设以及很多城市生活的要素是“有形”的。城市是人生产、生活的空间,它涉及城市的物质形态环境,如建筑风格、街道形态、公共活动空间等,都带有城市所特有的气质和情感。这些物质形态的环境,会让人产生情感认知,如“舒适感”“愉悦感”“归属感”等,这些情感认知是城市集聚效应产生的源泉。让大众产生好感的城市,往往是“城市形象”塑造得比较成功的城市。这样的城市往往具有独特的吸引力,成为世人向往、充满文化活力的地方,形成自己特有的知名度、美誉度。城市形象既包含人们对城市的理性理解、分析、评判,也包含人们对城市的感性认知、认同、喜好。世界上很多知名城市因其良好的城市形象而成为引领世界文化、时尚和潮流的地方,成为人们的向往之地,如被称为“世界服装之都”的巴黎、被称为“世界音乐之都”的维也纳等。城市形象的确立,一旦形成了独有的知名度、美誉度,城市形象要素就会转化为动力机制,促进城市各种要素协调发展,进而促进城市的可持续发展。

随着时代的发展,城市形象的重要性越来被关注,关于城市形象的研究也越来越丰富。城市形象是一个城市所拥有的无形资源和潜力资产。与城市其他资源相比,城市形象这一文化资源比较隐蔽。它不像城市土地资源、城市环境资源、城市国有存量资产那样以物质为基础,能真实勘查、测量计算。虽然在一般情况下城市形象好像看不见摸不着,但它却蕴含在城市文化之中,和其他各种资源相互作用,并发挥重要作用。如今,城市形象的建设,不仅具有重要的现实意义,还具有深远的历史意义。从现实意义来看,城市形象建设的作用在于增加城市的竞争力,吸引到优秀的人才、先进的技术和经验、资金等,是城市经济发展的推动力,也是城市文化发展的凝聚力,可以提高城市的各种有形无形的收益。从历史意义看,成功的城市形象建设是一个造福后代的事业，对外具有召唤力、对内具有自律力的城市形象，有利于城市的生存，是城市可持续的“文化资本”。从更大的方面来看，城市形象建设不仅有利于城市自身的文化和经济发展，有利于国家的现代化建设，还有利于人类文化和文明的发展、繁荣和进步。

此外，一个城市的形象和城市的产品形象也是联系在一起的。上海的产品形象就比较好，对于上海产品的外销具有较好的影响。其实，一个城市的名牌产品就是城市形象的“招牌”。比如，一些日本人提到中国啤酒，就会想到“青岛啤酒”。可见，一个城市的名牌产品对于扩大一个城市的国内外知名度，作用是巨大的。

（二）从城市经营到城市行销

城市经营和城市行销都是城市建设发展的产物，是关于城市规划、建设、管理、发展的理论模式和实践手段。城市经营的提法出现得比较早，包含了对城市形象的包装与推广，是一种把城市土地、基础设施以及旅游资源等有形资产以及与有形资产相关的无形资产进行市场化的运作模式。城市经营以促进城市经济发展、社会繁荣为目的，要求采取以城市规划为依据、以土地资源的经营为特征的市场化手段。

城市行销是对城市经营的升华，核心是在城市经营的基础上，对无形的城市文化资源进行整合，使其发挥“文化资本”的优势，促进城市可持续发展。城市行销更注重城市规划的科学性、合理性，更注重城市生态环境、特色文化等无形资产的“资本化”，更注重协调经济效益、社会效益和生态效益之间的关系。

无论是城市经营还是城市行销都是为了更好地使城市这个“巨额资产”发挥作用。城市经营和城市行销的出发点有一致性，在管理的细节和实施的手段方面存在差异。城市行销是顺应时代发展的要求而提出的一种城市形象经营策略，是让城市走向世界的一种管理理念和城市规划实践手段，它可以激活城市的资本和文化潜力。

城市形象和品牌[1]是城市发展、进步以及城市规划建设的产物,也是一个城市重要的无形资产。在城市行销中最重要、最直接的目标就是建立良好的城市形象和塑造城市品牌。城市形象的建立和城市品牌的塑造需要挖掘城市的各种资源,特别是最有特色和竞争力的资源,使资源在城市的建设中发挥更好的作用。城市的独特资源在城市行销中可以具有"文化资本性",即独特性、不可替代性、长期有效性,因而具有比较优势。城市形象和品牌的塑造不仅有赖于政府的指导和政策支持,更有赖于市民的积极配合,包括市民的素质、市民的形象都会对城市形象的建立和城市品牌的塑造产生影响。政府是城市行销的策划者和主体,在其中起着主导性的作用;城市市民是城市行销的执行者和客体,市民的行为、形象也是城市形象和品牌的重要组成部分。在城市形象和品牌的塑造方面,二者都不可缺少。在城市形象的建立和城市品牌的塑造中,城市产业和城市经济也是必不可少的。城市的核心资源,不仅包括自然环境,更应该包括技术、资金、人才、信息等。城市行销就是对各种资源要素进行发现、挖掘、开发、整合、利用的过程。

城市形象和品牌资源与城市其他资源既有区别,又有联系。城市形象和品牌资源是由城市各种资源整合、优化、提升出来的,是其他城市资源的合集。其他城市资源的梳理和规划利用对城市形象和品牌有重要的影响,城市形象和品牌资源是其他城市资源的集中体现。

随着城市化进程的发展,中国的许多城市开始注重城市的规划,都有对城市发展的探索和实践,都希望通过建设增加城市发展的空间和动力,提高城市发展的质量,而城市行销就是提高城市发展质量的一个较好策略。城市行销,不仅可以提升城市形象,扩大城市的影响力,而且能通过合理、特色鲜明的城市形象来增加城市的知名度、美誉度以及公众认同度。城市行销不仅能提高城市的经济、文化、社

① 很多研究都既有城市形象,又有城市品牌的说法,所以本书有所保留地称之为"城市形象和品牌"。严格来讲,城市的良好形象有助于城市魅力的提升,会产生品牌效应,能成为城市品牌,所以城市形象的范围应该是更广的。

会的发展潜力，还可以促进城市文明的发展和进步。城市行销就是通过城市品牌和文化资源走出城市、走向世界，进而引领经济的发展、推动文化的繁荣和进步。

全球化的发展为城市行销提供了外部推力，发展有特色优势的城市文化是城市行销的内部张力，城市产业的竞争力是城市行销的动力和活力。城市根据自身的特色，合理组织各种资源，树立良好的城市形象，与区域环境和区域经济形成优势互补，才能自立于城市之林，成为可持续发展的城市。

国内外的城市不计其数，人们总是首先寻求有特色且比较知名的城市进行合作交流，引人注目的独特文化活动是一个城市吸引外界了解自己的有效手段。很多人正是通过音乐知道维也纳，通过冰雪艺术知道札幌。因而在城市的形象传播过程中，应通过政府公关方式，组织层次高、影响大的城市活动，制造热点，创造新闻，积极主动地推广城市形象。大型经济文化与学术活动往往是城市形象的重要载体。目前，我国正处于快速发展的阶段，城市文化资源的开发与交流，政府公关行为在地区形象的传播中显得尤其重要。① 如杭州西湖博览会就是杭州城市行销的盛会，通过这样的城市活动，扩大了城市的影响，提升了城市形象。除此之外，青岛的啤酒节、扬州的“烟花三月旅游节”和“二分明月文化节”、潍坊的风筝节等都是城市通过活动等进行行销和传播形象的经典案例。城市形象的包装与推广也是城市行销的重要内容。

（三）城市“文化资本”运作是城市行销的关键

城市行销，正如一些城市提出的那样要“把城市作为最大的国有资产经营”②，城市未来的发展有赖于城市所经营的“产品”“产业”，对

① 叶南客.城市形象塑造战略新论.学术研究，2000(12)

② 饶会林，郭鸿懋：城市经济理论前沿课题研究.大连：东北财经大学出版社，2001：188

城市的各种资源要素进行优化整合，对无形的文化资产进行“文化资本”化运作，如对城市的生产环境和生活环境进行优化，确立具有特色的城市形象，对城市进行有效“包装”和“产品”宣传，吸引投资者、旅游者，留住城市居民，增加城市的吸引力，发展城市的文化和经济。

城市行销，首先要拟定科学可靠的行销策略。我国很多城市采用了“旅游搭台，经济唱戏”的模式，通过城市建设、节庆活动、旅游节等招商引资，缺乏长期发展的眼光和系统规划的目标，造成城市建设仅仅是建造几项“形象工程”。

城市行销的关键是城市“文化资本”的运作。城市行销绝不仅仅是城市的土地经营，还有对城市未来发展的规划和经营，因此不同于以往的城市经营的概念。对城市进行“文化资本”化运作，为城市创造一种可持续发展的活力和资源，创造一个城市特有的取之不尽、用之不竭的资源，是城市行销的关键。城市行销让城市的文化资源成为城市独有的“文化资本”，成为一个城市的发展之源。从经营城市，到行销城市，再到城市“文化资本”运作，这是一个全新的认识关系，也是一个全新的课题，城市“文化资本”运作将成为城市建设的一个重要的核心概念和运作模式。①

城市行销的先导是城市形象的塑造与经营。城市形象的塑造与经营，会引导城市的社会评价和外部认知。城市形象建设可以产生四种“力”：“凝聚力、向心力和辐射力，最终转化为社会生产力”②。城市形象的传播有很多途径和方式。信息时代的到来，更丰富了城市形象的传播方式。

第一，网络宣传。科技改变生活，网络改变了人们的生活和交流方式。无论是在大街上、餐厅里，还是在地铁中，如今，人们目不转睛地“刷”着手机屏幕的景象随处可见。根据中国互联网络信息中心(CNNIC)发布的第 40 次《中国互联网络发展状况统计报告》，截至

① 张鸿雁.城市形象与“城市文化资本”论——从经营城市、行销城市到“城市文化资本”运作.南京社会科学，2002(12)

② 尚天成，赵黎明.对城市经营的思考.长安大学学报(社会科学版)，2005(3)

2017年6月,中国网民规模达到7.51亿,占全球网民总数的五分之一,互联网普及率为54.3%,超过全球平均水平4.6个百分点。此外,即时通信、搜索引擎、网络新闻是使用频率最高的互联网应用。因此,利用网络和市民沟通,宣传城市形象是时代发展的必然要求。

第二,故事宣传。故事宣传的形式具有文化性、艺术性、群众性和接近性的特点。故事宣传最有效的形式就是借用电影手段。《少林寺》(1982)这部在中国武侠电影史上具有划时代意义的作品,让大家认识了少林寺所在地登封这座城市。电影《海角七号》(2008)中灿烂的阳光、金黄的沙滩、湛蓝的海水,让人立马对恒春产生无限向往。《泰囧》(2012)简直是电影旅游形象推广的标杆,12.6亿的票房使得曼谷、清迈等泰国城市成为中国人出境游的新宠,以至于泰国时任总理英拉为了感谢剧组为泰国旅游业做的贡献,在总理府亲自接见了导演徐峥和摄制组工作人员,还表示欢迎更多的中国导演在泰国取景拍片。

第三,事件宣传。各种会议或者赛事在某座城市的举办,也是该城市对外宣传城市形象的重要渠道。2008年北京奥运会,2010年上海世博会,2016年杭州G20峰会,2018年海南博鳌亚洲论坛……各种盛会的召开不仅会拉动当地基础设施建设,也会对城市的知名度、市民文明程度有重要的提升作用。

第四,名人宣传。历史名人或者现代名人都是一个城市独一无二的“文化资源”,城市名人代表着城市独特的文化,不仅是城市的文化符号,还可以作为城市文化的重要宣传要素。提到大诗人屈原,人们就会想到楚文化的代表地——湖北秭归;提到欧阳修,人们会想到《醉翁亭记》中的滁州;提到朱元璋,人们会想到他的故乡凤阳。就连民间传说也是和某些地方联系在一起的,如湖北孝感有董永与七仙女的传说,杭州西湖有白娘子和许仙的传说。以上这些都是促进城市知名度提高的绝佳因素。

第五,广告宣传。广告宣传是在特定媒体上对特定对象的形象宣传,特定媒体可以是纸媒(包括报纸、杂志、书籍等),电媒(收音机、电视机等)和网媒(网站等)。广告的投放有多种形式、多种频次,因此影响力也各不相同。现在很多城市都制作了自己的宣传片、宣传画册等。如上海的城市形象宣传片《魔都・魔都》展现了上海作为国际大都市的魅力，乌镇拍摄的《似水年华》让乌镇成了人们的梦里水乡，南京的《金陵韵律》、青岛的《魅力青岛》都是对城市形象的很好宣传。

从传播技术上来讲，以数字信息技术为基础的新媒体改变了人们的生活方式，同时，也为城市形象的传播提供了更丰富的信息资源、更多样的传播方式。城市行销应该顺应时代潮流，利用丰富的媒介手段进行宣传。城市的宣传力度和宣传模式影响城市的社会评价和外部认知，特色鲜明的宣传不仅可以突出城市文化的特点，反映城市的综合实力，也可以增强居民的自豪感，增加城市的吸引力和感召力。“建设一个具有较高知名度、美誉度的现代城市品牌不仅可以改善居民的工作生活环境，它还将发挥磁场效应、扩散效应、乘数效应、能级效应等一系列作用。”①

城市是人类的一种社会组织结构形式，与其他任何组织形式一样，城市的发展也需要核心竞争力，核心竞争力依赖于城市的核心资源系统的开发与创造。从现代科学技术的发展意义上说，城市是一个巨大的经济、社会和文化的综合体，其核心资源已经不仅仅是自然资源，也不仅仅是技术和人才，还包括城市社会结构关系、社会竞争环境、城市政策、人才成长环境、人文环境、城市形象及城市文化资本运作等。②

二、沪宁杭的城市形象认知比较

城市形象是一种对现有城市的文化认知，是在城市各种要素综

① 尹启华，魏海涛. 城市品牌研究. 湖南工程学院学报，2003(12)

② 张鸿雁. 城市形象与“城市文化资本”论——从经营城市、行销城市到“城市文化资本”运作. 南京社会科学，2002(12)

合作用下的人们对城市的评价，不仅包括建筑、广场、街道等硬件要素，也包括制度、行为以及市民的素质等软件要素。城市形象的评价和认知是主客观因素共同作用的结果，因此，对城市形象的系统认知和评价也是千差万别的。地理环境上，沪宁杭三城同处于江南，都是依水而建的城市，得水之利，因水繁荣，在自然地理摇篮里展示着自己的风采；三城或轻或重、或浓或淡地都在城市文化上表现出一定的“水城”特性，孕育出阴柔特质。但由于城市发展历史的不同，又塑造了不同的城市空间形态，体现出不同的城市文化特质。

沪宁杭三座城市的城市形象各有特点。上海的城市形象定位于现代化的国际大都市、国内的一线中心城市。南京的城市形象中最突出的是“古都”和“历史文化”。杭州的城市形象中最突出的是“休闲”和“风景旅游”。

（一）“最”上海

一个人的气质里藏着他走过的路和读过的书。一座城市的气质里也有它走过的历史和担过的责任。上海，在中国的城市里是气质最与众不同的那个。上海有很多城市形象宣传片，如《上海协奏曲》(2007)、《上海》(2011)、《上海：灵感之城》(2012)、《行走上海》(2015)、《上海：创新之城》(2016)和《我们的上海》(2016)等，彰显了上海的缤纷生活，但是都很难完全描摹出上海的城市形象。

上海有着光荣的城市历史，开埠以来，上海是思想文化发展最自由的地方，担当了近代中国文化中心的角色。

“浪奔，浪流，万里滔滔江水永不休”，正如电视剧《上海滩》的主题曲唱的那样，上海的发展如江水一样滚滚向前。在中华人民共和国成立之后，上海又承担了各类重要的建设任务，并涌现出了一系列上海品牌，这些家喻户晓的品牌都成为上海的象征。

上海是最多元的。外滩独特的都市景观在整个城市的现代文化中独占鳌头。上海曾经有过一些国家的租界，那段租界的历史给上海留下屈辱的记忆，但是也给上海留下了“万国建筑博览会”的历史遗产，中西建筑文化的交融使上海比其他城市更具有国际化的特征。如今，上海的城市建设更强调社会文化的多元性特征。文化的交融贯通与多元化是这个城市的特色所在，为上海城市的发展注入无穷活力。

上海是最让人向往的，每年都有很多外来人员来到上海并成为“新上海人”。上海已经成为海内外优秀人才最青睐的城市之一。“非沪籍应届高校毕业生直接落户 9.7 万人，引进归国留学人员 5.6 万人，分别是上个五年的1.2 倍和 2.7 倍。在沪就业创业的外国人达到 21.5 万人，位居全国第一。”①

上海是最便利的。交通便捷，便利店遍地开花，那种无论加班到多晚，不出 500 米就一定能买到“便当”、吃到“关东煮”的暖心感觉不是在哪个城市都能拥有的。

上海是中国的经济中心，GDP 居中国城市第一位、亚洲城市第二位（仅次于日本东京）。上海也是全球著名的金融中心。“上海”就是创新、人文、大都市的代名词，也有人称上海为“造梦之城”“先锋之城”“创新之城”。

上海真的是“最”上海的。

（二）“文”南京

提到南京，很多人想到的词恐怕都是“六朝古都”“历史文化名城”等头衔。南京横跨长江南北，特殊的地理位置决定了它在中华文明中的重要地位。南京历史底蕴深厚，文物遗存众多。如今的南京是华东地区重要的交通枢纽、通信枢纽。

南京的美，不仅体现在它的大街小巷，还体现在它的四季，“春牛首，秋栖霞”，每个季节的南京都有不一样的风情。

南京拥有众多的爱国主义教育基地，比较出名的是侵华日军南京大屠杀遇难同胞纪念馆，纪念馆展现了一个国家和民族不容忘却

① 见：2018 年上海市政府工作报告

的历史，也使得南京城市形象具有一定的悲壮色彩。很多与南京有关的影视作品，如《南京1937》(1996)、《南京！南京！》(2009)、《拉贝日记》(2009)、《金陵十三钗》(2011)也多与南京大屠杀这段历史相关。

南京作为六朝古都，自古以来就是一座崇文重教的城市，因此有“天下文枢”“东南第一学”的美誉。根据统计，除4个直辖市外，拥有“211”大学最多的城市是江苏南京。江苏省的11所“211”大学，有8所位于省会南京。南京的大学数量多，离不开其在历史上的特殊地位。中华民国时期(1912～1949年)，南京成为首都，这个时期，也是我国大学成立最集中的时间段。当时，得益于首都的特殊地位，很多大学都建在了南京，这其中就包括当时亚洲排名第一的国立中央大学。1952年，全国高校院系大调整，原国立中央大学被拆分，拆分而成的高校，也大多入选了“985工程”或“211工程”，比如南京大学、东南大学、河海大学、南京农业大学、南京师范大学等。

南京有着厚重的历史积淀。“六朝古都”“历史文化名城”只是外界对于南京历史文化积淀的客观肯定，与城市品牌的塑造还有一定的距离。过于强调历史文化等因素，使得南京城市形象偏于“沧桑、怀旧”，对新时代下的城市形象和发展并不十分有利。南京拥有众多的高等院校，也是第二届夏季青年奥林匹克运动会的举办地，也许应该利用这一优势打造更“年轻化”的南京。

(三)“韵”杭州

作为中国七大古都之一，杭州拥有厚重的人文历史，积淀了深厚的文化底蕴。作为浙江这一经济强省的省会城市，杭州经济发达，也是互联网公司阿里巴巴总部所在地。由此，古老文明元素与现代新生力量的融合造就了杭州“历史文化名城，创新活力之城”的双重魅力。杭州的历史和现实都有独特的韵味。过去的杭州曾经是人们向往的“天堂”，如今的杭州作为一个知名旅游城市、消费城市，仍是国人心中的胜地，承载着人们的生活向往。

提到杭州，很多人马上想到的就是西湖美景。其实除了西湖，杭州还有各种层次的水景观，江、河、湖、海、溪等一应俱全。水是杭州不可或缺的资源，给杭州市带来了独特的灵秀之气。“游客在杭州既可以赏西湖秀美，品运河沧桑，访天目清幽，叹钱江潮汹涌，又可观水乡古朴，探瑶灵奇幻，识庭园精巧，感江南之温婉，享丝茶之风华。”① 杭州的自然盛景和人文气质密切结合，每一景都耐人品味，每一处都让人驻足，是宜居、宜游、宜赏的休闲度假胜地。

此外，也有很多影视剧宣传了杭州的城市形象——20 世纪 90 年代，电视剧《新白娘子传奇》进一步提升了西湖的影响力；2008 年上映的电影《非诚勿扰》使西溪湿地迅速走红并成为国家 5A 级景区，甚至对杭州城西的发展起到带动作用。

再有，以阿里巴巴为首的互联网企业利用对互联网文化的理解力优势以及良好的渠道平台，在掀起“线上挑战线下”“移动支付无现金化”“互联网思维 PK 传统模式”等浪潮的同时，也将杭州的互联网经济推向前台，并成为杭州跻身“新一线”城市的突破口。G20 峰会的召开，亚运会、交通出行“车让人”的宣传，使杭州城市品牌的全路径打造取得了非常好的效果。

以历史文化和创新活力见长的杭州，不仅拥有跨湖桥文化、良渚文明，还拥有独特的西湖文化、丝绸文化、茶文化等。“最美杭州人”评比、公园博物馆免费开放等现象，让这座城市的人文气息彰显出独特的韵味。据人民网 2018 年公布的《城市宜居形象舆情报告》，杭州的城市形象在被调查者心中排到了宜居城市的第一名。杭州因其良好的城市形象管理，在城市形象传播影响力方面得到全国人民的一致好评。

（四）形象认知比较

不同的城市文化具有各自的主要功能及核心价值，而不同的文

① 唐代剑，徐行健．论杭州国际形象设计与营销．商业经济与管理，2002(10)

化精神又决定了不同的城市空间，使城市具有各自的城市形态和城市形象。[①] 20 世纪 90 年代中期以来，上海、广州、北京、天津、南京、武汉、深圳等都提出了建设“国际大都市”或“国际化城市”的发展战略目标。然而，除了北京、上海、广州等少数几个城市，中国很多城市的国际化程度都不高。“城市不可能仅依赖历史条件和自然条件，不断创新、不断寻找城市新的增长点才是提升城市形象的关键因素。”[②] 上海作为一线城市，可以说是自带光环。即使上海自身没有刻意去宣传和打造，它的出镜率和关注度、美誉度也不会低。南京、杭州虽然没有上海的这些优势，但是在中国众多城市中也是属于形象比较好的历史文化名城。作为二线城市，城市的形象需要自身的综合实力来支撑。综合实力包括商业经济、历史文化、城市文明、影视综合影响力、旅游美食等要素，而且每一个要素都不是孤立的。比如电视剧《人民的名义》中很多场景都在南京拍摄，让人们对南京这座城市产生了兴趣，从而提升了城市的关注度。

三、城市形象建设与城市空间形态

城市形象建设最直接的就是“景观美”，城市的景观就像一个人的时尚外衣，总能引起更多的关注。创造一个城市的“景观美”，离不开城市空间秩序的设置，离不开景观体系的和谐。

城市空间在城市形象的构建中是不可缺少的组成部分。一个城市的空间形态是城市人的精神与文化的载体及物质表现形式。城市空间不但包括由建筑物构成的物质空间，也包括人们生产、活动的社会和精神空间。对一个城市的文化与文明的评价，离不开对城市空间的体

① 马定武.文化决定空间——消费社会语境下的城市文化精神.规划师，2008(11)

② 闵学勤.南京城市形象的定位分析.城市问题，2001(4)

验和考量。城市的空间布局、城市的空间结构也是城市文化特征的重要表征。可以说，不同的城市文化会产生不同的城市空间形态，城市空间形态是城市文化的物质层面的重要部分，是城市文化的物化映像。

城市地理位置的不同，气候环境、自然条件的差异，也会对城市空间形态产生影响。城市空间形态各有特色，城市空间形态会影响一个城市的人文、地域文化特征。城市空间不仅受自然条件的制约，还受人的影响，如空间规划、人工布局等。以天津为代表的在近代工业化过程中成长起来的城市，一般沿河海岸或铁路、公路线立市，以市场、港口为中心向四周扩展，体现了商业化都市的要求。以上可以看出，城市的空间形态既是城市形象的要素，也是城市文化的物质表现之一，不同的空间形态表现不同民族、不同时代的规划思想。由于城市空间形态形成的自然要素具有不可变更性，本书在此讨论主要是如下几种空间形态的规划要素。

城市的空间形态主要由“场所”和“路径”构成。① 这些“场所”和“路径”的分配和安排就是城市的空间规划。城市的空间规划属于城市的视觉识别系统（CIS），规划内容包括如何将城市的自然环境、人工环境、人文环境、遗迹等构成一个和谐的体系。城市规划者力求在优化和艺术化城市空间物质要素过程中实现城市的“景观美”，即“组成城市各种设施和谐体系的美，它以建筑艺术的造型与宽阔平坦的街道和各种公共设施相映成趣，组成一个城市美的轮廓线”②。

（一）城市开放空间：广场与公园

“广场”，就是前文中提到的“场所”。“广场”一词虽然含有“广”字，让人觉得好像和“广”发生密切的关系，其实不然。就现有对广场的认知来看，“场”似乎更接近广场的概念，也就是所谓的“场所”。“场所”提供给人们的不只是一个空间，更是创造活动及人与人互动

---

① 刘滨谊. 现代景观规划设计. 南京：东南大学出版社，1999：2

② 盖湘涛. 城市景观美学. 长春：东北师范大学出版社，1988：1

的空间容器。[①]“古代哲学家老子曾说过，一个容器的精华在于空。一个城市，从某种意义上来说，是容纳人和生活的容器。城市的精华，正如容器一样也在于其空，也就在于它的公共场地……它的街道、广场、河流和公园。”[②]建筑大师贝聿铭非常强调所谓的“空”。其中，广场与公园就是城市空间布局结构中的“空”，是城市空间中最重要的要素之一，也是城市开放空间中最具有价值的要素。

此外，城市广场还是城市空间的焦点，通常也是城市的“中心”，是最具公共属性，最富艺术活力，也最能反映现代都市文明的开放空间。中国古代的城市广场不同于西方城市的广场。在古希腊，城市广场是人们聚集的场所，人们在这里进行各种社会活动，有明显的“民主”色彩，是古希腊文明精神的象征。中国古代的广场是封闭的，在紫禁城的太和殿前的广场虽然“广”，却并非敞开的，宽阔的广场只是皇权以及封建等级的象征。

设计城市，就是设计空间。确实，城市的精华在于“空”。城市开放空间具有多样功能，如提供公共活动场所，维护、改善生态环境，有机组织城市空间和人的行为，改善交通、便利运输，保护周边文物古迹，提高城市防灾能力，等等。在现代城市条件下，城市开放空间可以解决城市快速发展过程中出现的生活和环境问题，创造现代都市生活所期盼的富有人情味的活动空间；可以改善城市景观，增强城市活力，营造现代城市氛围；可以与整体环境融为一体，适应城市未来发展，是优美的城市形象的重要决定因素。[③] 从国外的城市来看，西班牙的巴塞罗那有许多广场，每一个广场都独具特色，展现了巴塞罗那的风采和历史，在城市形象和城市文化发展中具有特别且重要的地位。从国内城市来看，上海也比较重视城市形象要素的建设，人民广场、静安寺下沉式广场都强化了城市个性，丰富了空间层次，增添了人文情怀，这种“以人为本”的设计思路及实践使上海散发出独特

---

① 易介中.中国城市文化脸皮书.北京：中国青年出版社，2014：41

② 沈青松.来自第七届海峡两岸城市发展研讨会的报告.江南论坛，2001(2)

③ 沈青松.城市形象及其塑造.江南论坛，1999(7)

迷人的城市魅力。

(二)城市空间景观:建筑与雕塑

城市的建筑常常被称为“凝固的音乐”,不同高度、不同造型的建筑丰富了城市的面貌,是城市的标志和城市文化的符号象征和表达,是城市形象的重要组成部分。

城市是地球上被人们光顾得最多的地方。城市里的建筑就像城市里展开的诸多活动一样,日益成为吸引旅游者眼球的事物,并且成为城市特性的标志[①]。

在城市或城市区域中心的某些重要地段,一些在高度和体量上占优势地位、在造型上有鲜明特征、在人们的心目中形成某种“特殊符号”或具有“文化象征”意义的建筑和雕塑,可成为一个城市或某个区域的标志。虽然在城市化进程中很多城市一味地追求高层建筑、立体交叉的道路等,但是建筑并不会单纯地因“高”而成为象征,而是因为“特”成为城市空间的象征。国际上的著名城市都有一些地标建筑,如纽约的帝国大厦,巴黎的凯旋门、埃菲尔铁塔,悉尼的悉尼歌剧院,北京的天安门,上海的东方明珠塔,等等。这些标志性的建筑都是城市的名片,是城市的特色鲜明的标志。城市的特色雕塑也因“特”而成“名”,如纽约的自由女神像、哥本哈根的美人鱼雕像、南京的孙中山铜像、广州的五羊石像等。“现代化城市的空间形象应当是一个功能齐全、布局合理、结构先进、空间资源充分利用和体现文化素质、讲究环境艺术的空间要素组合所表现出来的空间形态。城市规划就应当科学地把这一具体空间布局特征描绘出来。”[②]

城市空间景观除了要求“特”之外,还要求可持续发展。可持续发展在城市空间景观的应用,主要是指城市的建筑或雕塑的“生态对策”,要提高居民的艺术审美能力,避免破坏性建设。如今,科技的发

① 史蒂文森.城市与城市文化.李东航,译.北京:北京大学出版社,2015:117
② 尹启华,魏海涛.城市品牌研究.湖南工程学院学报,2003(12)

展也被应用到城市空间的发展中，将城市的建筑和空间艺术化是今后城市发展的新思维和大趋势。“现代建筑已不是纯体积的视觉表演，而是创造人们生活的空间；已不再是形式，而是内容；也不是单体建筑，而是城市组织结构的连续。建筑师要改善环境质量，用后现代建筑的文脉主义和人性化思想，体现历史和乡土意识。”①

近年来，随着城市化进程的发展，城市之间的竞争越来越激烈，城市的空间也发生了巨大的变化。人与自然的和谐相处、环境与艺术的协调统一，这些思想观念也体现在城市的雕塑中。城市的雕塑被称为“会说话的眼睛”，记录着一个城市的历史文化、时代风云的变幻，体现着城市的精神和灵魂，如象征深圳开拓精神的雕塑“拓荒牛”，象征上海文化兼容性的外滩建筑群等。

（三）城市空间规划：结构与布局

城市空间是城市发展的物质载体。城市的空间规划包括城市空间发展的结构和布局，是城市规划的核心内容。对城市未来发展空间的规划，需要在城市及区域研究的基础上，结合城市的地理、历史条件，确定城市发展的产业布局、用地规模、发展模式等要素。在中国快速发展的进程中，城市的发展就像高速行进的列车，规划就像保证列车正确前进方向的轨道。沪宁杭三座城市在总结各自历史和社会现状的基础上，针对城市的发展，都有独特的空间规划与布局。

1. 上海：“一主、两轴、四翼，多廊、多核、多圈”②腾飞发展

上海正处于腾飞发展时期，2017 年 12 月 25 日，中国政府网正式

① 祁今燕. 城市雕塑与历史文脉. 新材料新装饰，2004(11)

② “一主、两轴、四翼”，即主城区以中心城为主体，沿黄浦江、延安路— 世纪大道两条发展轴引导核心功能集聚，并强化虹桥、川沙、宝山、闵行四个主城片区的支撑，提升主城区功能能级，打造全球城市核心区。“多廊、多核、多圈”，即强化沿江、沿湾、沪宁、沪杭、沪湖等重点发展廊道，完善嘉定、松江、青浦、奉贤、南汇五个新城综合性节点城市服务功能，培育功能集聚的重点新市镇，构建公共服务设施共享的城镇圈，实施乡村振兴战略，实现区域协同、城乡统筹和空间优化。

发布了《国务院关于上海市城市总体规划的批复》。该批复明确国务院原则同意《上海城市总体规划2017～2035年》(简称“上海2035”)，这是党的十九大以后，国务院批准的第一个超大城市总体规划。“超大城市”不仅体现在城市的规模上，还体现在优化城市的空间规划上。“上海2035”对上海的人居环境、人口规模、总体面积都提出了要求：优化城市空间布局，严格控制城市规模，加强生态环境保护，创造优良人居环境，塑造城市特色风貌，保障城市安全运行，健全城市管理体制等；到2035年，上海市常住人口控制在2500万左右，建设用地总规模不超过3200平方千米。[①] 为推动上海与周边城市协同发展，构建上海大都市圈，“上海2035”提出了要建设“一主、两轴、四翼，多廊、多核、多圈”的空间结构。

2. 南京：“以江为轴”跨江发展

南京的城市发展格局具有跨江发展的特色。南京的城市空间多次发生巨大的变化，几次完全被破坏，又几次重建，但仍然留下了很多变迁的形态。南京城市的发展最初是“沿河发展”，因为南京城市起源于秦淮河，直到中华人民共和国成立前，城市发展的重心仍在秦淮河沿岸。经过中华人民共和国成立后将近半个世纪的建设，南京终于奠定了“以江为轴”的城市空间格局。

如今南京的跨江发展空间格局已经形成。沿江两岸地区利用毗邻长江的区位优势、丰富的劳动力资源，吸引了国家一系列重点工程在南京沿江地区建设，20世纪90年代以来，南京近七成的工业经济依托沿江产业，而“九五”期间，南京的工业固定资产投资有八成在沿江地区，南京有超过三分之二的区县沿江，沿江两岸带状城镇空间布局结构基本形成，已形成跨江发展雏形。[②] 2018年12月24日出台的《南京市城市总体规划(2018～2035)》草案，不仅确立了以城市中心功能提升为主线，也对南京在长三角中的定位做了规划：“争当驱动长三角一体化发展的战略支点、推动长三角高质量发展的创新

---

① 国务院批复上海城市总体规划. 新民周刊，2018(1)

② 何世茂. 沿江开发背景下的南京城市发展思路. 规划师，2003(12)

引擎、支撑长三角国际化发展的门户枢纽。”此外，还提出了增添文化的“厚度”，以建设更有魅力的城市目标。①

3. 杭州：“一主三副六组团六条生态带”生态发展

对于杭州的城市空间规划，《杭州市城市总体规划（2001～2020年）（2016年修订）》提出：坚持“城市东扩、旅游西进，沿江开发、跨江发展”的空间策略，延续“一主三副六组团六条生态带”的空间结构，按照尊重现有行政区划、实现规划建设管理城乡全覆盖的原则，加强生态用地和乡镇用地管理，对主城、副城、组团的范围和内涵进行了优化调整，撤销塘栖组团，新设瓶窑组团，将组团的范围扩展到城乡统筹的行政区域。此外，在公共交通方面，到2020年，杭州要建成总长约171千米的5条轨道交通线路。在快速路网方面，杭州也通过规划加强了主城、副城、组团之间的联系，比如通过路网的延伸和加密，实现“一环三纵五横”到“二环五纵五横六连”的跨越，还有增加多处快速路段延伸段连接副城和组团，如风情街大道南延、文一西路西延等。②

4. 回归中国传统的“和谐”规划思想

城市空间是城市精神与城市文化的空间表现，也是城市居民的生活载体，因此，城市空间应该“以人为本”，宜于满足城市人的生产、生活、交往等活动。与西方海洋文明城市体系相对应，中国的内陆城市文明体系有自己独特的理论基础，也就是儒家与道家思想。儒家的“秩序”与道家的“浪漫”从两个侧面丰富了中国古代城市与建筑。“秩序”使等级与礼仪贯穿于中国古代经典建筑和城市空间的形成过程，“浪漫”则融汇在园林建筑中。古人在处理建筑或城市与自然环境的关系时，无不追求并体现“天人合一”，人是天地间的中心，而建筑融汇于山水田园中，自然的要素被有机地糅进建筑。

中国传统的“风水”理论以及“天人合一”的思想，提倡人与自然

---

① 见：南京市城市总体规划（2018～2035）草案

② 刘焜，余雯雯. 一张图让你看懂未来 杭州城市总体规划草案公示. 钱江晚报，2014-6-13

的和谐相处。在城市生态系统建设的过程中，城市绿色系统的空间布局，成为城市生态系统中关键的一环。城市既是各类建筑构成的物质空间，又是人们情感寄托的精神空间，城市空间要满足人们的各种需求。特色与魅力是城市空间设计的追求和目标，但是由于很多城市的规划缺少对城市的充分认识，在城市空间规划中产生了“风水病”。其实，中国的传统文化，特别是城市规划与建设中相关的“风水”理论，在某些方面有一定的道理，如河流的眠弓（河流弧线的内侧）比起反弓（河流弧线的外侧）更有利于人类社群的聚居。这种经验总结虽然不具备现代自然科学的公理化形式，但如同中国的哲学和医学一样，是闪耀着智慧之光的。因此，城市布局就是要充分调动城市多种资源，结合当地的发展需求，突出城市的地方特色，充分展示城市历史文脉与传统风貌，用回归“和谐”的规划思想指导，才能营造更“宜居”的城市空间，提高人们的归属意识，展现地方的文化品位。

四、城市形象与城市文化的理念系统

如同文化离不开城市这个载体一样，城市也被文化牵引着才能前进。日本著名摄影师荒木经惟曾将城市比作身体，“都市文化就像是我们头脑里的记忆，以其不可轻视的力量，以其独有的方式，或多或少、或左或右、或明或暗地引领着我们城市的空间规划。”①城市形象是一个城市经济实力和文明程度的重要标志。② 对于一个具体城市的形象而言，环境是基础，经济是关键，文化是创新的动力，政策与

① 陆峰．上海城市空间重构中的得与失．社会观察，2005(4)

② 何一民，田凯．论城市公共环境艺术与城市形象建设．西南交通大学学报（社会科学版），2002(6)

规划对具体形象具有决定作用,特色是形象的结晶和灵魂。[①] 城市形象是一种“公众意象”,是公众对城市的总体评价和认知,包括理念形象、行为形象、视觉形象等[②],表达着城市的结构、个性和意蕴。城市形象包含城市的自然景观、规划布局,城市人的精神风貌、思想观念以及政府的管理模式等要素。人们既可以通过标志性建筑、“市花”“市树”,也可以通过市民的道德素养和思想观念来感受或体会一个城市的城市形象。[③]

(一)城市形象文化系统分类

城市形象类似于企业形象,城市形象的规划理论也有一些借鉴了企业形象设计的理论。下面就参照企业形象设计的内容分类,把城市形象文化系统分为城市文化的理念系统、城市文化的行为系统、城市文化的视觉系统三大层面。

城市文化的理念系统在城市形象内涵的三大层面中属于最高层次,是城市形象设计的核心部分。城市文化的理念系统是城市的思想系统,是城市特色文化的理论依据,城市文化的行为系统和城市文化的视觉系统皆应服从于城市文化的理念系统。

城市文化的行为系统是城市形象的活力要素,是一个城市在运行过程中有关行为方面的所有要素的整合,是城市的所有运作模式的统一。城市文化的行为系统涉及的行为主体包括政府行为、企业行为与市民行为;涉及的内容包括经济行为、社会行为和文化行为。在城市生活中,城市文化的行为系统对城市的更新和发展具有巨大的刺激作用。

城市文化的视觉系统包括城市基础设施、城市设计、城市标志等,它是城市形象设计的外在硬件部分,是一个城市静态的识别符

---

① 董晓峰.城市形象形成发展的基本规律探索.兰州大学学报(社会科学版),1999(4)

② 凯文·林奇.城市意象.方益萍,何晓军,译.北京:华夏出版社,2001:13

③ 陈永新.论城市形象资源的理论界定与实践意义.经济体制改革,2003(6)

号,也是一个城市最外露、最直观的表现。城市文化的视觉系统的作用在于通过组织化、系统化的视觉方案体现城市的精神、文化,以形成独特而鲜明的城市形象。

城市文化系统的三个层面中,理念系统是城市形象战略系统中的灵魂,最能体现一个城市的人文气质和市民风貌。它是一座城市所有社会组织和市民的精神信念、心智状态、价值观的总和,它支配着人们的精神追求、思想境界、品德风貌、创新意识、生活观念等。理念系统是学习、生活、工作在一座城市中的人们在精神层面上形成的合力与表现。城市理念是将城市人格化并体现城市总体价值取向的一种表述。城市理念作为一个城市整体性的精神状态,来源于一个城市的长期文化积淀和时代发展表征,构成了城市鲜明个性的核心部分,它对于城市形象组成的其他部分起着指导、渗透、净化和规范作用。① 以下就对沪宁杭三城的城市精神进行比较分析。

(二) 沪宁杭城市精神比较

城市的魅力源于城市精神,城市精神有赖于城市文明的支撑。城市精神作为一个城市通过其市民行为方式、生活方式、伦理道德以及城市景观等体现出来的共同的价值观念,它根植于城市的历史,体现城市的现实,引领城市的未来。城市精神是一个城市的灵魂,是该城市传统文化精华与新时代精神的有机结合,体现了一个城市深刻的自我反省和自我评判,对形成新时代的城市文化将产生积极的意义。

1. 上海:海纳百川、追求卓越、开明睿智、大气谦和

上海的城市精神是“海纳百川、追求卓越、开明睿智、大气谦和”。

上海是不仅是区域中心城市,还是全国中心城市,它的崛起,与“海纳百川”的城市精神密不可分。20 世纪的二三十年代,上海不仅是中国近代化的“窗口”,而且是东方的“魅力之都”“魔力之都”。上

① 胡小武.城市形象战略的两大属性.城市问题,2003(2)

海文化自有其特点，但其最重要的特点就是博采众长。“海纳百川”的城市精神不仅能反映上海曾经融合东西方文化的历史，还能概括当今上海正处于建设现代化国际大都市的这一目标。因此，“海纳百川”是上海城市精神的主旋律。

“海派”文化因其包容性、开放性、开拓性和竞争性，而在整个江南都市文化中处于中心地位。移民的大量涌入导致了近代上海人口的高度异质性，带来了文化的多元性，也带来了文化气度上的宽容性，让上海的城市空间形态兼容并蓄，多姿多彩，如外滩建筑群、徐汇花园别墅区、石库门里弄住宅、南市传统民居、豫园明清建筑等，这些形式、风格各具特色的建筑成就了上海的城市特色。

上海要想成为多元文化共存的国际大都市，需要继续发扬“海纳百川”的城市精神，吸收西方文化中的有用的部分，“拿来”为自己所用；同时传承传统文化中的精华，使各种文化融合发展，发挥文化多元性、兼容性的优势。

2. 南京：开放开明、诚朴诚信、博爱博雅、创业创新

南京的城市精神是“开明开放、诚朴诚信、博爱博雅、创业创新”。

南京大学新闻传播学院的潘知常教授说：诚朴、博爱、博雅、开明正是南京人特有的优点，而开放、诚信、创业、创新则对南京人提出了希望。被称为“大萝卜”的南京人，其“诚朴”是全国知名的，也是南京文化上南北交汇、兼容并蓄的特征表现。说到“博爱”，不得不提的是南京在历史上虽历经劫难却顽强生存的文化特质。将“博爱”放在南京的城市精神中，体现了历史性、人文性，特色鲜明。“博雅”则意味着博学多才，并隐含文雅、雅致的意思，是对南京人特有的“六朝烟水气”的认同和赞许。“开明”意味着思想包容，不固守陈旧，显出南京人的恢宏气度与博大胸襟。

南京城市森林覆盖率超过35%，是难得的“绿色”之城，但是自然景观只是南京城的一个特色，南京最值得称道的还是它的人文特色，夫子庙、莫愁湖、明孝陵……很容易引发人们的思古之情。

3. 杭州：精致、和谐、大气、开放

杭州的城市精神是“精致、和谐、大气、开放”。“精致、和谐”侧重

于城市人,是对杭州城市人生存状态的总结与概括;而“大气、开放”则侧重于城市本身,是杭州城市未来发展的特色与支柱。也可以说,“精致、和谐”主要是从杭州历史人文特色中提炼出来的,而“大气、开放”则主要是根据改革开放以来杭州发展的现状以及未来发展的目标,对杭州人文精神进行归纳和概括。“精致、和谐、大气、开放”的精神,无论对于城市本身,还是对于城市人来说都很重要。

被称为“东南第一州”的杭州既要凸显历史传统优势,继承发扬杭州“精致、和谐”的城市人文特色,更要面对未来,开阔视野和胸怀,用“大气、开放”的城市精神,推进杭州的现代化建设。杭州的城市精神是对历史的总结、对未来的展望,反映了新世纪以来杭州人的生活状态、人文心态、发展模式、行动模式和价值取向,体现在杭州的城市发展观念、动力机制和人文环境之中。

五、城市形象与城市文化的行为系统

城市是人的城市,人的主观性影响了城市的空间形态。不同的人在社会中承担不同的角色,决定了其对城市空间形态的影响的不同,例如开发商拥有资本优势,对某地块的城市空间形态有较大的话语权;规划师拥有技术优势,对所参与的项目有技术上的话语权;管理者主政地方,对城市整体空间发展方向亦会施加影响,从而导致不同的人对城市空间形态的影响是不确定的。[①] 人是城市的活动主体,是城市文化表现最活跃的因素。城市文化的行为系统是城市中社会组织、社会机构以及全体市民生产生活行为的综合,处于城市物质文化和精神文化之间,既是城市精神的创造主体,又是城市理念的行为表现。行为系统比较复杂,本书仅就政府行为和市民行为两个方面

① 中国城市科学研究会.城市科学与未来城市.北京:中国科学技术出版社,2016:98

对此进行讨论。

(一) 政府行为

中国早期的城市产生和发展具有很强的政治性,城市的形成和发展是国家政治权利作用的结果。周朝"礼制"对城市形态与规划都有严格的规定。现代城市建设中,城市的规划、相关的土地政策、产业规划、发展模式与发展方案等都属于政府行为的范畴,对于城市形象的塑造有着重要影响。

城市形象是一个城市整体呈现出来的精神面貌与特色风貌,是人们对一个城市全方位、全局性的形象认知,因此它的内容比较丰富,不仅包括城市的外在风貌和文化内涵、城市居民的行为活动、风俗习惯所展现的价值观念和精神面貌,还包括政府工作人员的工作态度、作风以及精神状态等。一个城市要确立整体形象,不能忽视政府的形象,不仅如此,还要紧紧抓住政府形象这个核心要素①。

一个充满活力的城市,必然有一个充满活力的城市政府。城市形象的优劣,取决于政府管理城市的水平和工作作风。城市的管理是一个城市整体功能优化的动力机制。现代城市的建设与管理是一个多层次、多变量、非线性的复杂系统,很多的城市管理者都很注重城市的硬件建设,却容易忽略城市的软件建设。相当多的城市因为在教育、文化、卫生、科技方面投入不足,影响了市民素质和城市人文环境水平的提高。在现代城市建设中,政府行为对城市建设具有决定意义,一个政府的管理水平直接决定了一个城市在政治、经济、文化等方面的发展状况和发展水平。

城市形象是映射决策者素质的镜子。一个公正高效有战略眼光的政府,就像一位英明果敢的军队统帅,同样的士兵在这种统帅的指

---

① 张燕.城市形象建设误区分析及对策建议.河北青年管理干部学院学报,2013(3)

挥下，能够发挥出意想不到的战斗力。[①] 上海外滩公有房屋置换以及杭州的旧城改造就是非常成功的案例。政府是城市建设的决策者，决策者的错误决定足以深刻影响一座城市的记忆和资源，城市形象建设的成败与城市决策者的选择、素质和修养密切相关。

（二）市民行为

城市形象建设和城市的发展离不开市民的参与。市民形象是城市形象的缩影，市民素质是城市形象的外在体现。“城市形象的本质，是城市人的素质。”[②]我国知名公共关系学者易居把城市形象要素提炼为精神感受、行为感受、视觉感受、消费感受、风情感受、经济感受六大系统[③]，这其中大部分的内容是由人来体现的。应该说，城市形象是人文性质的，其中纯物质的因素几乎是不存在的。

每个城市的市民性格和市民形象都是历史形成的。以沪宁杭三座城市的市民形象为例，上海人之所以给人“精明”“实惠”的印象，主要是由于上海人长期生活在高度商业化、现代化的移民型都市；南京人个性含蓄、不喜欢张扬，这和南京深厚的文化底蕴、经历过多重历史风雨的洗礼有密切关系；杭州人由于地理条件比较优越，容易满足于当下的优越生活，少了冒险精神。

城市形象和市民形象密不可分，市民形象是城市形象的重要组成部分。因此可以说，市民的行为和表现关乎城市的形象。按照不同层次和视角来说，城市管理者的管理水平、从事服务行业的人员的工作态度和服务质量，以及普通市民的言谈举止等，都是城市形象的最直接体现，城市形象建设离不开市民的参与、呵护。市民的素质从不同的层次和角度反映一个城市的精神面貌、文化底蕴，市

---

① 王新文．关于城市形象的文化审视．山东大学学报（哲学社会科学版），2003（4）

② 傅绍万．城市与文化．北京：商务印书馆，2014：78

③ 易居．城市形象的基本概念和系统构建．苏州城市建设环境保护学院学报，2000（1）

民素质总是和城市形象联系在一起的，每一个市民都是城市形象的推销员。

六、城市形象与城市文化的视觉系统

城市形象与人们的生活感受密切相关，人们的记忆不论是美好的，还是痛苦的，都有生活环境的烙印和痕迹。城市的景观是城市的记忆载体，也是城市的名片。建筑、空间、道路等物质元素的综合构成了城市的视觉环境系统。我们认识城市、感知城市、记忆城市，多数都依附于城市文化的视觉系统。一个城市良好的视觉系统可以直接转化为市民生活享受的“文化资本”，可以成为投资者的选择理由，因而具有美学价值、艺术价值、社会资本价值。如西班牙巴塞罗那就因其中世纪风格的老城，构成城市独特的文化空间，从而打造出特色鲜明、令人难忘的文化形象。城市文化的视觉系统可分为物化的视觉与符号化的视觉。

（一）物化的视觉：形与色

富有特色的建筑、雕塑都可以成为一个城市的标志，它们是城市文化的代表与集中显现，也是城市文化的视觉系统的重要组成部分。物化的视觉形象，作为人们共同识别与认同的“场景”，承载着人们对这个城市的共同记忆，凝聚着人们对这个城市的情感寄托。色彩作为视觉系统的一部分，也是城市文化的一种体现，是城市空间特色的一个重要组成部分。

每个城市都有自己的形象特征，有自己的色彩特征。城市的色彩成为城市形象与文化展示中最为明快的视觉标志。中国古代的“朱门”、皇宫的红墙、青灰色的护城墙都是权威的象征。而江南一带的民居、庭院往往采用黑、白、灰色调，色彩高雅，具有文士气质。如杭州古城的色彩就以淡雅、素净的黑、白、灰为基调，体现了江南的特色。杭州城的灰色系，并不是单纯的灰色，而是“丰富的灰色系”，包含了蓝灰、绿灰，让杭州的城市色彩规划显现了“淡妆浓抹总相宜”的城市文化品位和文化韵味。

近代上海的城市色调也有其独特之处，一般以灰、红为主。一些西方古典式的公共性建筑，多用石质本色，以浅灰色为主，与门窗形成明暗对比，同时利用建筑的立体轮廓，形成光影效果，这种建筑色调古朴高雅。用于居住的建筑（多指里弄房子）则多以红屋顶、红砖、清水墙为主，颇有人情味。

现代城市的色彩不仅体现在白天，还体现在夜晚。上海夜间的色调辉煌绚丽，令人欣然。城市建筑必须重视城市整体色调的设计，使城市整体（包括建筑物与绿地景点在内）的色彩，无论春夏秋冬、白天黑夜，都更加和谐、美丽。

过于杂乱的色彩不仅会影响人们身心健康，也会给城市形象造成损害，形成色彩污染。因此，许多城市都确定了自己的形象标准色、主色调。北京市的形象标准色为灰色，这与北京悠久的历史文化特色非常协调；而充满现代气息的巴黎则选择了浪漫的米黄色作为形象标准色。“城市标准色是塑造城市形象不可缺少的因素，色彩的设计与应用围绕城市形象展开，并为形象的传达发挥着不可磨灭的作用，城市标准色的设计使大众对城市有一个总体的、抽象的、概念的认识和评价，为提高城市社会知名度、美誉度，树立城市形象具有极大的促进意义。”①

城市的主色调和城市的历史、文化密切相关，是在城市的发展过程中形成的或者在总体规划中明确的。城市的主色调表达了一个城市独特的气质和风格。一个城市的主色调和其他颜色的运用并不矛盾，根据总体布局和规划，还应该确定与之协调、调和的辅色系。在现代城市的形象设计中，城市的色调设计一定要与城市公共空间的设计相配合，这样才能准确传达出公共空间的形象和理念。城市的

① 王静. 城市标准色与城市形象的塑造. 美与时代，2004(7)

不同色彩设计传达了不同的情感。

(二)符号化的视觉:名称与记忆

城市环境的审美创造是复杂的系统工程。它不但需要功能与形象皆美的建筑艺术,需要适合人的行为特征和审美心理的空间结构,还需要多种软件来展示环境的功能内涵,烘托环境的美好气氛,而命名的艺术和追求则显示了其在城市的系统中的作用。“名不正则言不顺”,一个空间如果有了意蕴深刻而又朗朗上口的名称,就肯定会给市民和外来者以良好的印象。因为以语言文字为基础的第二信号系统,不仅是人类的信息媒介,也是艺术创造的表现形式。名称在城市意象的形成过程中具有积极作用。名称为城市人提供了明确的身份感,也为城市提供了理解城市的线索。因此,城市空间的命名既是出于实用的考虑,又是创造美好环境的精神需要。

城市空间的命名,除了在便于识别的基础上讲究美,而且还应该通过同类空间在名称上的联系,为建构完整的城市形象提供有益的帮助。如北京旧城的城门,在名称上讲究吉祥和美,每个城门都选用美好的词汇,表达了统治阶级祈求国泰民安的心愿,也符合普通百姓期望太平盛世、安居乐业的要求,所以会得到社会各阶层的认同,给整个城市带来一种良好的心理暗示作用。同时,这些名称在意义上又有一定的联系,便于人们对城垣形成完整印象。

地名是一种蕴含着人们记忆的密码符号。或许是为了表达了四海一家的意识,现在的上海不少路名都采用了国内的省市名。在20世纪30年代以幽美、繁华和富有异国情调而享誉中外的霞飞路现在更名为淮海中路,让喜欢怀旧、小资情调的人感到有点遗憾。

杭州景点的名称很美,文人墨客的诗词歌赋更加提升了它的美感。如西湖苏堤上的六座石拱桥,是苏轼任杭州知州时修建并命名的,“六桥烟柳”不仅成为美好的景观,其名称也很有诗意。“映波”“锁澜”“望山”“压堤”“束浦”“跨虹”,不仅仅描绘桥的功能,而且在形式上也具有统一之美，桥名的构词都是以动宾组合的方式，前面是桥的拟人化的动作，后面都是一种自然现象，暗示了桥梁为人的观光活动提供了特定的作用。

地名乃一个城市的特殊名片，地名能够反映一个城市历史文化的底蕴，而且作为一项无形资产，地名对城市的对外宣传、旅游产业的发展、经济的促进都有着重要的作用。每座城市在道路命名中都必须注意把握城市固有文化传统，在继承传统的基础上，为新的空间命名，这样就便于保持城市空间的同一性和文化的和谐性，这一点同样体现在城市其他空间形式的命名上。①

作为六朝古都的南京，历史地名非常多。“朱雀桥边野草花，乌衣巷口夕阳斜。旧时王谢堂前燕，飞入寻常百姓家。”刘禹锡的这首《乌衣巷》脍炙人口，朱雀桥、乌衣巷这两个老地名也由此深深地植入中国人的历史记忆中。另外，南京还有明故宫、御道街、朝天宫、天妃巷、将军庙、钞库街、瞻园路等老地名。难怪有人说，走在南京的街道上就像行走在历史中。中国楹联学会副会长郭殿崇被南京的地名文化所折服，他在《南京地名集对》一书中把南京的老地名配成了800多副对联，非常精彩。这些老地名可以说是南京历史的见证，也是南京被认为有文化底蕴的原因之一。

地名有其生命，这生命一旦与我们自身的生存经验相重叠，便如幻灯片一样映现出我们各自的人生场景。地名还是人生的一个个车站，各种地名都在人们的记忆中被归类、存档。

城市形象既是构成城市的各种要素总和的外在表现，又是城市公众对由这些要素形成的城市现状和发展趋势的印象、看法和评价。② 城市形象为城市发展突出了文化特色，营造了良好的氛围，把城市作为品牌进行设计和宣传，是提高城市竞争力，促进城市资源的资本转化，让城市充满活力、持续发展的有效特征。城市形象是城市的一种独有资源，它涉及城市的总体特征和风格内涵，是一个城市的

① 於贤德. 城市空间命名的艺术追求. 现代城市研究，1996(2)
② 元名杰，张学荣. 浅议城市形象建设. 浙江经专学报，1996(3)

文化凝聚和文化呈现，对提升城市的吸引力、增加城市市民的自豪感和投资者的满意度，以及满足游览者的期待都有重要作用。合理的城市形象是城市可以利用的形象资源，是可以促进城市的发展和进步的力量。

“当代中国社会正处在城市社会的入口处，城市社会来临所带来的变革，其深远的影响是整体文化行为意义上的，必然促进‘城市新文化行为’的兴起。”[①]“城市是被感知的存在”，城市形象既有具象的要素，又有抽象的要素。城市形象建设需要深入挖掘城市文化的内涵，提升城市的文化品位，强调城市的个性特点，表达城市人格情感，最终成为可累积、可持续发展的城市财富。

① 张鸿雁. 城市·空间·人际：中外城市社会发展比较研究. 南京：东南大学出版社，2003：5

第六章
定位:沪宁杭的城市功能定位与比较

“城市不只是建筑的群集,它更是各种密切相关并经常相互影响的各种功能的复合体……它不单是权力的集中,更是文化的归极。”

——刘易斯·芒福德

城市自产生之日起就有乡村所不具备的功能。先秦两汉时期的文献已经出现“城市”这个词,那时候的“城市”一词的内涵尽管不可能如现在这般丰富,但是该词作为“城”和“市”的结合体,既体现了其作为一种社会组织形态的政治文化功能,又体现了其经济功能。可以说,“城”和“市”是城市产生之初的两个基本功能:一是为了防御,二是为了贸易。

随着社会的发展、城市化进程的推进,城市的规模不断扩大,城市人口日益增多,城市对整个人类的生产和生活的影响日益显著。在农业社会向工业社会的转变过程中,城市的功能也发生了很大变化,“城市在走向工业化的过程中转换了功能,焕发了青春活力。城市从传统衰朽破败状态变得生机勃勃。城市性质从农业社会的官府院变成工业文明的集结地;城市功能从消费性的变成生产性的,第二产业的比例迅速上升并占据绝对优势;城市市民从传统的提供服务者转换为生产性工人，后者在市民总数中的比例也迅速上升到一个历史的高度；城市街区从单纯居民区变成了生产空间；产品与原料的大量供需使城市变成了专业化市场。”[①]城市从消费属性向生产属性的扩展，寓示着城市从传统意义上的因“城”生“市”的结合体慢慢蜕变为现代“城”与“市”指向同一意义的“城市”。[②] 随着时代的发展，城市功能随着城市的发展而不断地调整、扩展和完善，并日趋多样化和差异化，每个城市都有自己的功能定位，体现自己城市的文化特色。

一、城市文化功能与定位

所谓城市功能，即一个城市作为该国家或区域的重要组成部分而发挥的作用，其中包括在政治、经济、文化等生活中所起的作用，以及由于这种作用的发挥而在一定区域内产生的效能。城市文化功能，即城市文化在城市发展中的作用。首先我们从城市功能来了解其具体含义和内容。

（一）城市功能理论及其内容

墨子说：“食者，国之宝也；兵者，国之爪也；城者，所以自守也，此三者国之具也。”[③]城市从古代起便是国家机器的主体构成部分，在政治生活中发挥重要作用。不同学科的研究者都对于城市以及城市的功能进行过相关研究，但是由于着眼点不同，又有着不同的解释，产生了很多不同的研究理论。

---

① 任平. 时尚与冲突——城市文化结构与功能新论. 南京：东南大学出版社，2000：98

② 徐国源. 空间性、媒体化与城市造像：文化诗学与城市审美. 上海：上海人民出版社，2015：2

③ 张鸿雁，张登国. 城市定位论. 南京：东南大学出版社，2008：9

人口学认为城市由于人口的聚集和流动,有利于人们生活质量的提高。文化人类学认为城市的功能在于对人类文化的保留、整合、集成、传播及创造上。城市地理学从城市的选择需要出发,认为城市的功能在于提高生产力、发挥规模经济的效应和作用。功能主义理论认为,城市具有人类社区的功能,城市是一个有机的整体,城市的功能就在于通过各种制度、规范或者城市人的习惯、习俗的影响和配合,维持城市功能的发挥以及城市生活的协调。

城市经济学认为城市的功能在于其由于"规模"和"聚集"而产生的经济效益。城市管理学把城市的功能分为相互影响与相互制约的四个方面,如承载功能、依托功能、中心功能、分类功能。①

还有人把城市功能看成"城市在社会、经济发展中所发挥的功能和作用",是"为城市内部和外部活动所提供的各种服务",并把城市功能分为内部功能和外部功能。还有学者把城市的各项具体功能分为经济功能、政治功能、社会功能、文化功能、生态功能。② 也有人对城市的功能及其作用作了如下划分:城市交通功能——城市发展的命脉,城市经济功能——城市发展的最后决定因素,城市政治功能——城市发展的关键要素,城市文化功能——城市发展的持久动力。以上都是把城市的功能按照其具体作用来划分的,还有人把城市功能按照其在城市中发挥作用的特点来分析,把城市功能分为共同功能、主导功能、特殊功能、综合功能。

由于对城市的定义和内涵界定不同,对城市功能的阐释和划分标准也有所不同。纪晓岚在《论城市本质》中认为:城市主导功能决定城市的性质。城市的一般功能是为主导产业配套和服务的部门所显示的功能。城市的基本功能反映了城市的共性。纪晓岚还把城市的基本功能与人的需要相对应,提出了城市的六项基本功能:养育功能、教育功能、生产功能、娱乐功能、管理功能、记忆功能。③

---

① 李芸.差异化城市功能的定位与战略设计.江苏社会科学,2000(9)

② 原毅军,葛海鹰.城市价值与城市功能优化.http://www.chinaasc.org/zsck/read.php? wid=643

③ 纪晓岚.论城市本质.北京:中国社会科学出版社,2002:177~178

按照不同的分类标准，城市功能有不同的类型。一般认为，一般功能和特殊功能是城市功能的两种类型。所谓一般功能，即多数城市具备的功能，如政治、经济、文化、社会等功能。所谓特殊功能，往往是城市个性化的，具有独特性的功能，这种功能的形成是由城市的特殊优势决定的，或者与城市的地理环境、区位有关系，或者与城市的历史、文化等有关系。因为城市功能是一个系统的、综合的概念。上述从各学科角度探索的城市功能都有其道理，但每一种分类都有其一定的合理性与不足之处。总而言之，城市需要发挥各种功能，才能为城市人口提供理想的物质生活和精神生活，才能保障人与社会的协调发展，才能保证城市的存在和持续发展。

综合以上林林总总的观点，根据城市的发展历史，可将城市的功能划分为历史功能、基本功能、特殊功能、重要功能(文化功能)。

(二) 城市功能类型

不同类型的城市发挥着不同特色的功能，下面罗列了四种主要的功能。

1. 历史功能

历史功能主要是指城市在产生之初所具有的功能，随着时代的发展，这些功能已经消失或者已经被弱化。如防御功能、宗教文化中心功能等。

(1) 防御功能

在中国，古代城市主要体现了其作为“城”的功能。“城”是指四周围绕的城墙，扼守交通要冲，是一种具有防卫意义的军事建筑物。传说夏代就已“筑城以卫君”“内王为城，城外之为郭”，奴隶主住城中，百姓住郭中。随着阶级的分化，城市逐步变成了保护奴隶主财产和人身安全的重要设施。比如，古埃及的卡洪城就有类似的奴隶主居住的小城或内城，以与一般人民居住的大城或外城进行区分。[①]

① 沈进.现代城市管理与调控.南京:南京大学出版社,1991:2

在城市发展之初,防御功能的重要性是显而易见的,而“市”的功能则晚于“城”,“宋以前,我国的城市主要是政治中心、军事据点,宋代以后,城市具有了生产、商贸、文化的功能”。① 无论是中国城市周围的城墙,还是外国城市中出现的“城堡”,都体现了城市统治者畏惧外敌入侵和内患骚扰,寻求安全感的心理。可以说,防御功能是城市最古老的历史功能之一。直至近现代,战争手段的发展,才使这种地理空间的障碍作用显得微不足道。

(2) 宗教文化中心功能

公元前3000多年的两大文明体系下的城市组织被历史学归纳的一个共同点,就是它们都是“围绕着庙宇生活而缓慢成长起来的。祭司国王和神祇国王使早期的城邦联合起来成为帝国”。古代的乌尔城以观象台、庙宇宫殿建筑群为主即例证。宗教是这个时期的精神主宰,在宗教活动中心附近形成市场,并成为城市的生活中心。②

在现代都市中,城市的功能已经远远超越了传统的作为行政、宗教、文化或商业中心的概念。随着信息时代的到来,“现代都市的‘城市功能’中越来越发挥作用的是城市自身作为信息交换和传输中心的地位。”③

2. 基本功能

为了满足城市生活的存在和发展以及城市生产和流通的运行,城市必须具有以下几个基本功能。

(1) 居住功能

城市是人们聚集居住的空间。《雅典宪章》指出:“居住是城市的第一活动。”居住功能作为城市的一项基本功能,是一个城市形成的最基本条件,是其他功能实现的前提。

---

① 梅新林,陈国灿.江南城市化进程与文化转型研究.杭州:浙江大学出版社,2005:29

② 孙志亮.区域经济整体中的城市规划——无锡市城市功能定位与规划布局探讨.http://www.wxren.com/coolnews/NewsFiles/148/20030907/13507.shtml

③ 吴鸿.城市的皮肤:当代都市影像的可能性研究.http://arts.tom.com/1004/200546-20564.html

据预测,到2040年,近三分之二的世界人口将居住在城市中。[①]现在很多城市把建设“宜居城市”作为城市发展的功能定位,体现了人们不仅要“住”在城市中,还希望在城市中生活得更舒适。

(2) 服务功能

服务功能是城市功能中必不可少的一项基本功能,它是实现各类要素自由流动和优化配置的基本保障,保证城市居民生活工作方便顺畅的基础。城市应具有对内服务的功能。对内服务,是指为城市发展和居民生活所提供的各种服务,其中包括满足人们生活和发展所需要的各种设施,如住房、商业设施、工作场所、教育机构等。

正如有人提到的城市的基本功能与人的需要有着对应关系。如表6-1所示。

表6-1　城市基本功能与人的需要对应关系[②]

城市基本功能	养育功能	教育功能	生产功能	娱乐功能	管理功能	记忆功能
人的需要	生存需要(衣、食、住、行需要,安全需要,延续生命需要)	交流需要 学习需要	劳动需要 工作需要 创造需要	休闲需要 情感需要 美感需要	工作需要 交流需要	创造需要

另外,城市除了具有对内服务的功能,还应具有对外服务的功能。对外服务功能的欠缺必然会导致城市的孤立与萎缩。“矿业城市的采矿业,钢铁城市的钢铁业,汽车城市的汽车制造业,绝大部分都是为城市外部的广大市场服务的,而不是为本市服务的。这是城市之所以出现和发展的根本原因,也是城市之所以具有开放性的根本原因,也是城市生命力之所在。如果一个城市不为外部提供剩余产品,或者这种提供能力逐渐减弱,那么这座城市就缺乏了存在的必

① 布鲁格曼.城变.董云峰,译.北京:中国人民大学出版社,2011:12

② 纪晓岚.论城市本质.北京:中国社会科学出版社,2002:178

要条件,必然逐渐萎缩。”①

(3) 集散功能

城市是产业与经济的聚集体。“随着城市在地理上的扩张与聚集,物质、能源和物种的不断交换,再造了自然生态。”②集散功能包括聚集与辐射的作用,是城市功能的本质特征。现代城市的“聚集”主要体现在人口的聚集、生产的聚集、文化和信息的聚集等各个方面,“辐射”主要表现为城市对周边地区经济的辐射、贸易的辐射、交通的辐射、科技和文化的辐射等。聚集可以形成产业链,产生规模效益,共享信息资源,提高公共设施利用率。它是城市最本质的特征,是影响城市化进程的最重要规律。聚集,需要打开城门,打破封闭。③ 世界上很多城市都是人口、产业、知识、信息高度聚集的地区。如法国最大的综合工业区集中在巴黎,日本八成以上的出版社都集中在东京。

城市的功能不仅体现在聚集各种资源要素以满足城市居民的生产和生活需求上,还表现在对周围农村或周围地域的带动发展上。城市的这种功能,就是辐射功能,即一个城市在区域环境中发挥的影响力,包括政治、经济、文化的影响力。城市的辐射功能又分为政治辐射功能、经济辐射功能和文化辐射功能,其中主要是经济辐射功能和文化辐射功能。经济辐射功能和文化辐射功能是相辅相成的关系,“城市的经济辐射能力,决定了城市文化的辐射能力;城市文化辐射面拓宽,也有助于经济辐射能力的增强。”④一个城市往往是该地区的经济、政治、文化的中心,是该地区政治、经济、文化、信息、技术的高地,它“一方面从周边和远郊吸附、内聚文化能量,另一方面又向周围放射出自身的能量,这就是城市对周围的影响力的产生和扩张。”⑤城市的聚集和辐射功能,决定了一个城市在区域中的优势。

① 饶会林.城市经济学.大连:东北财经大学出版社,1999:125
② 布鲁格曼.城变.董云峰,译.北京:中国人民大学出版社,2011:157
③ 傅绍万.城市与文化.北京:商务印书馆,2014:220
④ 佘国平.论城市功能塑造与文化发展.社会科学,1994(7)
⑤ 高小康.时尚与形象文化.天津:百花文艺出版社,2003:154

3. 特殊功能

(1) 政治功能与经济功能

通常,我们将国家或地区的权力支配所在地称为政治中心。这种城市的性质在农耕生存方式形成以后就已存在,它是统治者居住或行使权力的地方。其实即使没有固定居所,只要有社会群体活动,就会有权力支配关系存在。城市形成以后,政治支配性自然成为影响城市功能的首要特性。①

从城市的名称,我们可以看到城市作为“城”的政治功能以及作为“市”的经济功能。从中国城市发展的历史来看,中国的城市最早多是从政治功能出发建立的,城市的规模大小、空间构造都是由政治地位、政治因素(即“礼制”)来决定的,城市的经济功能只是处于辅助的地位。宋代以后,经济对城市发展的影响不断加大,城市的经济功能日益突出。

在权力主导经济社会资源配置的国家,城市的政治功能永远是城市发展的关键要素,永远是城市最重要的竞争力、最重要的品牌。一个城市一旦成为一个区域的政治中心,它就具有了无可抗拒的竞争力、吸引力,从而也就有了巨大的活力。②

此外,一个城市的产业功能往往对城市的性质以及生活方式具有决定性的影响,如景德镇被称为“瓷都”,淮北因煤炭业而发展,大庆因石油而兴建,鞍山因钢铁而兴起,等等。

(2) 交通功能

城市的交通功能,一般是指一个城市在全球或全国交通网络中的地位和作用,而不是指一个城市有多少铁路、公路、机场或港口。交通功能的发挥依赖于交通条件的改善。

城市的交通可以分为对内交通和对外交通。城市发展中,交通设施的发展是一个关键因素。一个城市内部交通基础设施的规模决定了人们的通勤距离,不同城市交通基础设施的差异决定了其在竞

① 孙志亮.区域经济整体中的城市规划——无锡市城市功能定位与规划布局探讨.http://www.wxren.com/coolnews/NewsFiles/148/20030907/13507.shtml

② 罗亚蒙.城市功能:城市竞争力与城市兴衰.魅力中国,2006(12)

争中的地位。上海轨道交通,又称上海地铁,其1号线于1993年5月28日正式运营。南京、杭州紧跟上海发展的节奏,成为“新一线城市”,这和城市基础建设的配套是密不可分的。

对外交通是城市交通功能的决定性要素。很多城市的兴衰都是和交通功能密切联系在一起的。古代的张掖、敦煌、喀什因为是“丝绸之路”的交通要道而曾经繁华辉煌,而“海上丝绸之路”的兴起,又使宁波、泉州、广州等地在中国古代对外交流中占了重要地位。到了近代,上海由于其在全球海运网络中的地位,成为世界知名港口城市。

“一个城市的交通条件是可以很容易改变的,但一个城市的交通功能却是不容易改变的。”①随着时代的发展,人们的交通工具发生了翻天覆地的变化。一个规模较大的城市,有没有一个设有国际航班的机场,有没有足够多的国际航线,都直接关系到这座城市的国际化程度和开放能力,也是开放型经济发展的一个不可或缺的环境因素。世界上也是根据城市的国际交通能力(尤其是国际航空交通能力)来判定一个城市是世界级的城市,还是一般的国际城市。②

(3) 生态功能

一个城市要想可持续发展,需要良好的生态环境。城市生态环境的保护和建设受到越来越多的关注,人们已经认识到它在城市可持续发展中的重要作用——它是城市发展、进步的重要保证,直接影响现代城市人的居住环境、城市发展的现代化水平。人是城市生活中的绝对主体,是一切城市发展活动的中心。在城市化进程的初期,伴随着对自然生态的破坏与改造,大量人口向城市集中,城市的发展将城市从自然景观中分化出来,成为独特的人工景观。人类远离自然,逐渐意识到生态平衡的重要性,意识到城市的可持续发展离不开各种自然和资源要素。随着城市化发展到一定水平,这种回归自然、回归生态的意识就会更强烈。

---

① 罗亚蒙.城市功能:城市竞争力与城市兴衰.魅力中国,2006(12)

② 徐康宁,等.文明与繁荣:中外城市经济发展环境比较研究.南京:东南大学出版社,2002:4

“一个城市的文化里面应该有一项很重要的内容，即绿色消费习惯是一个市民道德风尚的标尺。”[①]未来城市的规划发展将会以人与自然协调为宗旨，体现回归自然、生态建设、保护环境等多方面的要求，使城市的经济、社会发展与自然、生态相协调，建设低碳、环保、绿色生态、可持续发展的城市人居环境。

各个城市越来越重视环境，生态意识明显提高。如《南京市城市总体规划(2011～2020)》提到了南京要坚持绿色发展理念，要建设“海绵城市”[②]的相关规划。杭州的城市文化建设也将生态提到重要位置，要按照习近平总书记关于“努力使杭州成为美丽中国建设的样本”的要求，划定城市开发边界，科学设置开发强度，扩大绿色生态空间，改善人居环境，彰显杭州历史文化和自然景观特色，切实提高生态文明建设水平，实现“生产空间集约高效、生活空间宜居适度、生态空间山清水秀”[③]。

4. 重要功能(文化功能)

“文化的社会功能是指文化在社会存在和发展中的作用。文化的社会功能主要包括教化、控制、调节、凝聚、审美等功能。”[④]要深刻认识城市文化的功能，必须先了解文化的含义。根据文化的经济学定义，“文化是指人们所习得的与遵从的特定价值观体系，它构成了人们的主观模型，人们无论是进行生产、交换，还是分配，总是需要一个特定的价值观体系来帮助判断决策。文化的内容包括最基本的价值信念、伦理规范、道德观念、宗教、思维方式、人际交往方式、风俗习惯等，传统文化通过对人们一生都会产生影响的文化观念和习俗，赋予不同区域人群以不同特性，进而通过这些经济主体的不同行为来

---

① 周建秋.城郭九谭:中国城市问题讨论.北京:东方出版社,1999:276

② 按照海绵城市建设要求，城市的绿岛、湖泊、湿地、道路都会起到净化地表水、储存水的作用，净化过的雨水可以用来冲洗河道、浇灌行道树，不仅可以节约资源，更可以缓解黑臭河道和城市渍水等“城市病”。

③ 见:杭州市城市总体规划(2001～2020 年)(2016 年修订)

④ 叶志坚.文化功能论.中共福建省委党校学报,2003(10)

影响一个地区的经济发展。”[①]“文化的社会理论中最常提及的一个主题是团体的文化建构着和决定着日常生活。文化向个人经验中注入意义和重要性，部分通过提供诸如方言、不断重申的价值、与地方人物有关的仰慕或嘲弄的词汇等这类全套内容，部分通过提供规定着一整套仪式性节庆的日历表、个人生活中具有象征意义的重要转折、标志着季节转换和新统治者登基以及特许的违规场合与场所等的公共庆典。因此文化作用于许多层面，具有很多形式，使团体生活获得结构层面的可预测性和连续性。”[②]

城市的文化功能是指一个城市的文化产品、文化机构、文化遗产等在一个国家或地区发挥的作用及所处的地位。城市的文化功能经常和其他功能一起，作用于城市发展的各个层面。推动城市的社会发展和文化水平的提高和进步是城市文化功能最重要的方面。一个城市的科学、教育水平，卫生、教育机构，文化遗存的保存状况都会对城市文化的地位高低及城市文化功能的发挥有影响。

（1）推动功能

城市文化功能中最主要的就是推动功能。城市文化是城市得以延续的重要内容。[③] 都市不只是一个拥有街道、建筑和公共设施等物理意义的空间和社会性呈现，同时也是一种文化上的结构体。[④] 城市文化发展的水平是决定一个城市的文化辐射力、影响力的关键因素。[⑤]城市文化与城市发展是正相关关系。一个城市的城市文化对于城市市民性格的影响、人格的塑造、知识和思想体系的形成具有潜移

① 漆捷，李英姿.文化在区域经济中的整合功能——以山西区域经济发展为例.中共山西省委党校学报，2005(5)

② 戴维·钱尼.文化转向：当代文化史概览.戴从容，译.南京：江苏人民出版社，2004：161

③ 张鸿雁.城市形象与城市文化资本论——中外城市形象比较的社会学研究.南京：东南大学出版社，2002：146

④ 徐国源.空间性、媒体化与城市造像：文化诗学与城市审美.上海：上海人民出版社，2015：7

⑤ 高小康，郦因素.文化发展与南京城市形象建设.南京社会科学(1999增刊南京投资环境研究专辑)

默化的作用，这种城市文化环境的熏陶会影响一个人的一生，也会影响一个城市的建设水平。

随着城市文化的功能在城市建设中的作用被人们越来越多地发现，城市文化受到越来越多的重视，城市文化内涵的挖掘也成了城市研究中的显学。同时，文化也在区域经济发展中起到越来越重要的整合作用。"城市文化的集聚性和城市中心作用之间是互为因果、相互作用的辩证关系。"①城市是文化的集中地，城市的聚集作用也使城市成为"文化发展与进步的基因库，文化知识产业的主要生产基地，文化知识产业的大市场，文化知识产品的消费空间"②。

现代化的世界城市在文化建设以及文化功能上都有重要地位和作用，高等院校、科研团体等文化机构和团体在这里聚集，高层次的文化人才在这里汇聚；这里拥有完善的文化设施，如博物馆、图书馆、美术馆等；这里各类国际会议频繁，能接收到世界最前端的文化、科技等资讯信息，成为该地区或该国家的文化中心。从城市发展的观点看，城市文化是一种重要资源，应通过市场机制对文化资源进行合理配置与优化，推动城市的发展与进步。

(2) 凝聚功能

文化具有凝聚功能。城市文化也具有凝聚功能，其表现就是生活在同一个城市里的人，具有相同的文化环境背景，容易形成相似的行为模式、生活方式、思维方式以及价值观念，这些行为模式、生活方式等又会对当地的风俗习惯、伦理道德造成影响，所以，在相同文化背景中生活过的人容易在心理上产生亲近感，对所在城市产生归属感，并拥有一种集体潜意识。

(3) 记忆功能

城市文化还具有记忆功能。城市的记忆功能有物质层面的保存形式，也有精神层面的保存形式。城市既通过建筑、雕塑等物质形式

---

① 陈立旭. 都市文化与都市精神：中外城市文化比较. 南京：东南大学出版社，2002：19

② 马武定. 21 世纪城市的文化功能. 城市规划汇刊，1998(1)

保存了记忆，也通过风俗习惯、民间传说、历史故事等精神形式保存了记忆。对于城市的建筑、雕塑、广场等物质形态的城市文化，有人这样评价："城市广场是最具有公共性的城市空间""广场为城市人无形中提供着心理治疗和精神的抚慰，从更深的层面上说，城市公共空间将参与一个城市的文化人格的建构"①"有些雕塑被称作城市之魂，足以标定一个城市的文化积累的高度，那它的标志性就不是与城市中它的具体处所相对应的，而是代表、象征了整个城市的文化精神，它既能够冲击人的视觉，又能够激活人的记忆"。②

（三）城市功能的演变及其影响因素

城市需要明确自己的发展战略目标和发展方向，因此，城市功能定位是城市总体规划的核心组成部分。城市功能定位是在对城市的历史、现实、未来等因素综合考虑的基础上完成的，其中最关键莫过于对城市本身历史性价值的思考和定位。③ 所以，城市功能不是一成不变的，而是城市在一定时期内的发展目标的归纳与总结，是随着社会生产力的发展和社会分工的细化而不断嬗变深化的。几千年来，特别是近300年来，城市功能经历了由简单到复杂、由少到多、由低到高的发展过程。如上海的城市功能就经历了一个不断演变的过程，由开埠初期的"商业城市"，到后来的"多功能经济中心城市"，再到中华人民共和国成立以后的"工业为主体城市"的功能定位演变。④

城市功能的影响因素很多，发挥作用的大小也是不断变化的。传统社会中，多数城市的产生是由于政治因素的作用，同时，城市的地理位置、自然资源也对城市功能的发挥起着重要作用。到了工业社会，城市功能最重要的影响因素变成了经济因素，城市的作用主要

① 周建秋．城郭九谭：中国城市问题讨论．北京：东方出版社，1999：141

② 周建秋．城郭九谭：中国城市问题讨论．北京：东方出版社，1999：208

③ 张鸿雁，张登国．城市定位论．南京：东南大学出版社，2008：175

④ 熊月之，周武．海纳百川：上海城市精神研究．上海：上海人民出版社，2003：18

在于人力资源、物质资源、资本资源的集中。后工业时代，第三产业的作用日益凸显，科技资源和信息资源的因素在城市功能中发挥着重要作用。

因此，我们可以按照城市功能影响的因素，把城市功能定位的影响因素分为硬件因素和软件因素。通过以上分析，我们可以看出：城市的发展与功能定位，由于时代不同，各种因素的影响作用会有所变化。城市的自然环境、基础设施等属于硬件因素，而科技、信息、经济或政治地位等属于软件因素。下文将从自然资源、经济发展、科技发展、政治因素和结构因素来对城市功能定位进行说明。

1. 自然资源

土地和水资源是城市形成和发展的基本条件，因此，地理位置、矿产等自然资源可以说是城市功能发挥的物质基础。自然资源的分布情况影响城市的经济活动、产业形态以及文化结构等，这些都会对城市功能产生重要影响。

南京作为古都之一，其政治功能的产生和发展都和其山丘环抱、长江绕依的地形有着必然联系。“南京位于南北交通要道，又借长江上接荆楚、下联苏浙，并以秦淮河、滁河连太湖、巢湖平原，腹地宽广，农业发达，从而成为物资交汇中心，商业繁荣。”优越的地理位置使南京“虽历代战乱频繁，都城更迭，但由于其优越的地理区位和发达的腹地经济，其军事防御地位和区域商业中心作用却变化甚少。”①如今南京的城市发展和其自然资源优势仍密不可分，地理位置决定了其华东地区交通枢纽的地位，决定了其成为东部沿海经济发达地区的中心城市之一。

杭州城市文化的形成以及历史上航运功能、经济功能、旅游功能的发挥与“水”资源有着不可分割的关系。钱塘江、运河和西湖在杭州的不同历史阶段发挥着不同的作用。从秦至隋，杭州依钱塘江而兴；从唐到元，杭州得益于运河而盛；明末以来，“西湖”成了杭州的

---

① 蔡雄伟．南京城市产业、功能和结构的演变．http://www.hist.pku.edu.cn/club/printpage.asp? BoardID=40&ID=4016

标志。

另外,众多的“无依托矿业城市”,即由于矿产开发而形成或兴起的一些城市,如淮北、淮南、克拉玛依、攀枝花、玉门、抚顺、阜新等,都是自然资源决定了城市功能的特色。除矿业城市外,其他的一些城市的兴盛也和其自然资源密不可分,如作为东部港口城市的上海、天津、青岛、广州、大连、舟山等。

2. 经济发展

城市的产生就是社会经济发展、分工出现的结果。古代城市的产生源于私有制、社会分工的出现。到了近代,城市人口的集聚也是因为产业发展的需要。

城市以及城市文化的繁荣需要经济发展的支撑。“经济与文化自有一种相生相长的复杂关系。”①“东南财富地,江浙人文薮”的形成就是和近1000年来中国的经济重心稳定在以江浙为核心的江南地区有着紧密联系。到了南朝,金陵变得无比繁华,“六朝繁华”无疑是后来“盛唐气象”的一次预演。对于金陵的繁华景观和文化繁荣,李白曾歌颂说:“地拥金陵势,城回江水流。当时百万户,夹道起朱楼”“至今秦淮间,礼乐秀群英。地扇邹鲁学,诗腾颜谢名”。可见,古代江南城市文化功能的发挥和其经济发展密不可分。

在今天,全球城市首先是全球的经济中心城市。全球城市服务并驱动全球经济。“全球城市的意义在于服务于全球经济,其服务的属性是生产性服务,主要形式是商务服务和金融服务。全球城市驱动全球经济,全球城市集聚一国的经济能量,全球城市应该成为中国经济的一个方向。”②而且,“要想成为世界城市,就必须像在全球经济中发挥作用那样,在文化全球化中也发挥作用。”③

3. 科技发展

科学技术的发展对人们的生产、生活方式都产生了重要影响。

---

① 王会昌.中国文化地理.武汉:华中师范大学出版社,1992:158

② 朱颖,张佳睿.全球城市的经济地位研究.城市发展研究,2016(1)

③ 史蒂文森.城市与城市文化.李东航,译.北京:北京大学出版社,2015:120

与其说，“产业革命是推动城市功能演变的基本动力”①，不如说，科技发展是推动城市功能变迁的重要动力。随着网络时代的到来、信息技术的普及，传统的城市功能已经发生了深刻的变化和转型。信息技术的发展对人们的居住、生产、生活方式都产生了重要影响，使信息时代的城市功能出现了分区重叠的现象。

在工业时代，城市按照人们的生产生活需要分成工业区、居住区和商业区，城市社区功能不同，发挥的作用也不同。信息时代产生了很多新的生产生活方式，如家庭办公、网络会议、网上学习、网上购物等，使商业区、居住区和工作区相互融合，各种社区之间的区分模糊化，进而对城市交通功能、工作功能、居住功能、消费功能产生了深刻影响。信息时代的住宅社区也可以发挥工作、消费的功能。虽然有关网络技术与通勤量是正相关还是负相关关系的讨论，还处于争执不下的阶段，但是社区之间的功能重叠越来越明显。信息时代对住宅的要求也不同于传统时代，“信息时代的住宅不仅是一个休憩场所，还是一个活动中心。住宅公寓需要提供接待室、会议室和其他家庭办公室无法具备的专用设施。信息时代住宅的吸引力不再是卧室的大小，而是信息基础设施的带度（网络速度）。”②

城市是先进科技和先进文化的集中地。科技因素不仅是城市发展以及城市发挥其各项功能的重要影响因素，还是城市竞争力、活力的源泉。因此，一个城市的功能定位，以及未来的发展在很大程度上取决于城市的科技发展状况。

4. 政治因素

每一个熟悉城市及其发展历史的人都知道，城市的功能和形态在不同的历史时期，具有不同的表现形式。人类历史上最早的城市，大多是一些礼仪和政治中心。从古到今，在中国城市功能演变与发展的过程中，政治因素起着重要作用。“中国城市的政治性、军事防

① 佘国平.论城市功能塑造与文化发展.社会科学，1994(7)

② 周年兴，等.信息时代城市功能及其空间结构的变迁.地理与地理信息科学，2004(2)

御特征，使中国城市的变迁与政治、军事形势的发展相适应。历史上出现的迁都、设立陪都等，都是由于社会的政治动乱造成的，与经济发展联系较少。”①

社会政治体制对城市建设和发展具有直接影响。中国古代社会的都城，大多规模宏大、布局整齐，如隋唐时的长安城、洛阳城，元朝时的大都等。这些都城之所以能在短时间内迅速建成，是因为中央集权政府集中了全国的财力、物力、人力，而且在都城建成后，也是由于政治力量的作用，都城能够迅速汇聚人口，扩大文化影响力。

政治变迁对城市功能的重要影响，表现在国际政治的影响和国内政治的影响。对于我国的城市而言，国际政治影响主要表现在1840年以后，城市发展出现了两极情况：“一方面，一大批古都名城出现停滞和衰败景象；而另一方面，东部沿海一些‘商埠’迅速畸形膨胀，成为帝国主义倾销商品和掠夺我国资源的据点。”②可以说，这些沿海港口城市功能的兴起是受到国际政治的影响。国内政治的影响则有很多。在历史上，一些城市因为建都而发挥了政治中心的功能，如北京、杭州、南京等。政治中心的作用又使得城市文化出现繁荣景象，进而发挥文化中心的城市功能。

5. 结构因素

城市根据其城市功能发挥作用的大小，在国家和区域中的地位不尽相同，有的是政治中心，有的是经济中心，有的是交通要塞。由于历史、文化、自然、科技等各种复杂要素的影响，城市的功能结构各不相同，各种城市功能在城市定位中的地位不同，就有了主要功能和次要功能之分。在古代，政治功能为主要功能的城市，其空间布局由权力的主导者决定，其他的城市功能相对弱化和分散。现代社会，很多城市的经济功能成为主要功能。合理定位城市功能，可以让其特色功能更好地发挥作用。城市功能的变迁，对于城市的地位、城市的空间布局都有重要作用。

---

① 沈进. 现代城市管理与调控. 南京：南京大学出版社，1991：3

② 沈进. 现代城市管理与调控. 南京：南京大学出版社，1991：14

城市功能定位是一种重要的战略选择，需要站在一定的高度，并结合区域发展和社会发展的因素。城市功能变迁是城市兴衰的决定因素。因此，现在城市文化功能定位在城市发展中的地位不容忽略。如上文所述，沪宁杭三座城市根据各自的城市文化特色，对其功能进行了具体定位。“海纳百川”的上海强调的是其“包容性”，“十朝都会”的南京强调的是其“历史感”，“休闲之都”的杭州强调的是其“可娱可赏”的自在心境。城市群发展需要合力推进，而城市由于各自的文化特色差异，其功能定位的差异化是必然的。

二、城市功能定位类型、作用及途径

（一）城市功能定位的内涵及类型

在城市的形成演变过程中，每个城市地理位置、自然资源、历史沿革、经济条件、文化背景和民俗风情等的差异，必然带来空间布局、功能结构和形象设计等从宏观到微观各个层面的不同，这些构成了城市发展和特色形成的基调。城市功能定位包含对城市原有的各种功能的总结和回顾，并在总结的基础上，根据现实的状况，对今后的城市发展进行预测与规划。正确、合理的城市功能定位为城市总体规划指明发展的方向，是城市规划成功的基石。

根据城市在一个国家或地区中发挥作用的不同，可以对城市进行如下分类。一是政治功能为主导的城市。这样的城市往往是一个国家的首都或者地区的中心，这些城市往往是各种行政机构集中的地方。如我国的北京、日本的东京、比利时的布鲁塞尔等，这些地方不仅集中了本国的最高行政机构，还集中了他国的大使馆以及一些国际组织、机构。二是经济功能为主导的城市。虽然有很多国家的政治中心也是经济中心，但是有的城市发展是以经济活动为主导或者以生产活动为中心的。如我国的香港、上海，瑞士的苏黎世，美国的纽约等,这些城市是金融、贸易集中的地方,集中了很多跨国企业的总部。三是交通功能为主导的城市。如我国的郑州、徐州、武汉等都是国内的交通要冲。四是文化功能为主导的城市。提到国内的文化功能为主导的城市,不能不提历史文化名城西安、南京,它们在中国文化遗产与传统的保存方面都有重要的地位。另外,埃及的开罗因其独特而古老的文化遗存而成为世界上最古老的城市之一,美国洛杉矶因好莱坞的电影产业和电影文化而闻名遐迩,日本京都是日本传统文化的象征之地。五是旅游功能为主导的城市。我国的桂林、大理、黄山、泰安等都是因旅游特色而活跃的城市。美国的夏威夷、拉斯维加斯,泰国的清迈、普吉岛更是全世界知名的旅游度假胜地。

城市的功能有很多种,可以分为主要功能和次要功能,主要功能就是在城市的所有功能中起决定作用的功能,它决定了一个城市在一个国家或者地区中的地位。另外,按照城市功能发挥范围大小的不同,也可以将城市分为国际大都市、全国性城市和地方中心城市。城市功能的定位需要符合城市自身特性和特点,有利于城市功能的发挥,使城市文化具有鲜明的个性特征,以有效区别于其他城市。

(二)城市文化功能定位的作用

城市功能是现代城市管理发挥职能的重要依据。不同的城市有不同的发展规模、发展模式和发展规律,因此,不同的城市功能定位要有科学的依据,根据城市的发展需求,选择差异化的发展战略,才能更好地发挥城市功能定位的作用。合理的城市文化定位可以在城市建设中更好地发挥作用。

1. 提高城市的效率

提高效率、效益,是城市建设和城市社会发展、产业提升的着眼点。城市的自然资源具有"有限性",提高效率就意味着同等条件的投入,会有更大更快的产出效益或溢出效益。任何城市建设者都希望在城市的建设中提升城市的文化,优化城市的产业结构,提高城市居民的生活水平与生产环境的质量，以便增加城市的吸引力、辐射力和市民的归属感。因此，需要合理定位城市功能，让城市的建设更好地发挥作用。

2. 优化城市的功能

城市功能是城市形象的体现，是城市发展方向定位的重要载体，它的发展必须以城市的发展和文化特色为支撑，它的强化必须取决于城市的发展特色。也就是说，在中心城市的基本功能中选择主要功能，在共性功能之外培育特殊功能，都是由城市发展特色决定的，主要功能和特殊功能不仅对城市的发展起决定作用，而且能够反映城市个性和特征，并使之与其他城市相区别，实现与其他城市的功能互补，在城市群中占据独特的优势地位。同时，城市主要功能和特殊功能一旦形成，必将对城市特色产业的发展和文化的产生起到促进作用。

根据城市的发展规律和特色，合理定位城市功能，调整原有城市功能中的不合理部分，提高城市社会经济效益，具有优化城市功能的作用。

3. 突出城市的文化特质

一个城市的环境要有自己的特点、风格及人文历史背景。城市要以自己的文化背景为基础，在它的环境艺术方面要具备自己的形式风格，这样才能与其他的城市有所区别。① 比如，一个城市要想成为全球城市，就必须在文化全球化中发挥作用。全球经济是“无序的”和“去中心化的”，包括了一系列的“流”(flows)——游客流、移民流、理念流、资金流、信息流，等等。② 因此，我们可以认为，城市因与诸多全球性的“流”的关系而产生不同的文化，或者拥有不同的地位。城市功能的定位就是要突出城市的文化特质。

---

① 周建秋.城郭九谭:中国城市问题讨论.北京:东方出版社,1999:216

② 史蒂文森.城市与城市文化.李东航,译.北京:北京大学出版社,2015:120

(三) 城市文化功能定位的途径

城市定位也不是一成不变的,因为整个城市的消费市场在不断发生变化,城市消费者的需求也在不断发生变化,不断有城市推出新的产品类型,推出质量更优的城市产品。因此,城市定位要根据国际、国内市场情况的变化而及时做出调整。重新定位可能是痛苦的决策,但也可能会有意外的收获,在市场波动的瞬间抢占市场和有利位置,是城市实现跨越式发展的重要机遇。城市功能定位就是要突出城市发展的文化特质,且以城市的发展和建设方向为主要方向。城市功能是城市建设特色的重要体现。城市文化功能定位有以下几个途径。

1. 因势利导地确定和发展城市的主导功能

城市的主导功能是一个城市特色的体现,突出发展城市主导功能更有利于凸显城市形象。城市主导功能往往与城市功能专业化程度联系在一起。在城市功能专业化发展的基础上,因势利导地确定并发展城市的主导功能,有利于城市功能的优化。城市功能的优化主要体现在城市主导功能的突出和城市支柱产业的优化上。因此,突出和发展城市主导功能的基础是确定和发展城市的支柱产业。然后,根据城市主导功能,确定城市的发展方向,按照适时、适地、适量、适用的原则,使城市协调发展。

不同城市的发展方向不同,主要取决于不同的城市主导功能。即使在同一个城市的发展过程中,由于历史因素、社会因素、经济条件的不同,其主导功能也会发生改变。在如今瞬息万变的世界,城市的主导功能需要顺应时代发展的要求,根据城市发展的方向进行调整。只有优化城市的主导功能,培育新的经济增长点和文化发展模式,才能更好地实现城市的可持续发展。城市的单个功能内部、各个功能之间都必须通过引进新的科学文化因素来实现功能的自我提升和功能间的彼此协调,从而达到通过各功能间的相互协调实现城市功能整体创新的目的。

2. 突出城市功能的高整合度

突出城市功能的高整合度，包括增强城市外部功能、完善城市内部功能两个方面。城市外部功能是一个城市对该区域的周边城市产生的效能，城市内部功能是一个城市为其内部企事业发展和为居民服务所发挥的效能和作用。

优化完善城市功能，不是简单地罗列或描述某个功能，而是围绕杭州发展特色及其在功能上的体现，按照优化、完善城市功能的基本原则，力求在单个功能内部、每个功能之间都贯穿和谐创新这一主线，实现城市功能的高度整合，促使城市整体功能对城市发展发挥最大作用。

突出城市功能的高整合度，从外部看，它要求在完善基本功能的基础上，突出城市的主要功能和特殊功能，与一定区域内相关城市实现功能上的关联互补、优化整合，使城市功能作用发挥达到最大化；从内部看，城市功能是构成城市运转的细胞，它要求在完善城市基本功能的前提下，处理好基本功能与特殊功能的关系、一般功能和主要功能的关系，使得各功能之间的摩擦降至最低程度，磨合过程尽量缩短，从而实现各功能间相互衔接。互制互动，推进城市运转的协调性。

3. 调整城市的产业结构

随着信息化时代、知识经济时代的到来，以知识为基础的各种现代高科技渗透了城市生活的方方面面，城市的功能发生了历史性变化，城市的智能化程度也不断提高。城市的产业结构调整、优化对城市的发展和辐射功能的发挥有重要影响，特别是城市产业结构从劳动密集型向信息、知识、技术密集型的转变，可以改变城市原有的聚散作用的发挥。

高度聚集是工业化时代城市的重要特征，而信息化时代不仅改变了城市的产业结构和发展模式，也改变了城市空间结构、土地利用结构以及资源配置的状态。城市功能的空间结构发生改变，必然会促使城市以土地为载体的产业结构发生改变。在我国，城市产业结构和空间结构还存在很多不合理的地方，调整城市的产业结构会带来城市空间结构、土地利用结构的调整，对于提高城市的空间利用价值、合理配置土地资源和自然资源、提高城市的各种效益有重要作用，当然，也有利于城市功能定位的精准性和城市的建设和发展。

三、沪宁杭城市文化与功能定位差异

全球化的背景下，城市之间的联系日益加强，世界各地的城市发展正在脱离它所产生的特定的社会背景和社会语境，成为一种“浮动的符号”，更容易进入不同国家或地区的城市文化语境，并融入全球化的城市发展网络。这种毫无阻拦地漫游在全球不同地域中的“浮动的符号”，使得地域之间的差异性越来越小，城市文化全球化的趋同性越来越明显，越来越多的城市朝着同质化的方向发展。

然而，城市文化的全球化，并不单纯地意味着城市文化的同质化。事实上，城市文化的全球化过程，正如当今城市经济、社会、政治的全球化过程一样，仍是一个充满着矛盾的过程。它既包含着一体化的趋势，又包含着多样化的倾向。由于限定的环境和条件的不同，世界上的众多民族创造了多种多样的文化。植根于一定民族文化之上的城市文化在一定程度上整合，形成自己的内在结构。然而，全球化无疑正在逐步改变着各个地域的生存条件，虽然各个地区的地理环境与历史因素各不相同，但是不同地域的城市居民正在面临越来越相似的生活境遇，并在逐步摆脱原有传统生存条件的各种束缚。不过，我们也要认识到：没有任何力量能在一天之内消除在长期的历史中形成的基于地域、国家、民族之上的全球各国城市之间的文化差异①。

沪宁杭三城同处于长江三角洲地区，上海定位于国际化大都市，

① 陈立旭.都市文化与都市精神：中外城市文化比较.南京：东南大学出版社，2002：2

杭州定位于休闲娱乐城市，南京则定位于历史文化城市，这无疑各得其所，互为补充。比如，人们可以到上海购物，到杭州消遣，然后到南京怀古。[①] 沪宁杭城市文化的功能定位表现了三个共同特征：首先，城市功能定位经历了一个演变过程；其次，功能定位强调了在区域内的合作与分工；第三，功能体现了各自的城市文化特色。

（一）经济中心：上海

建设追求卓越的全球城市是上海的城市愿景。上海的城市核心功能、主导功能是基于上海城市自身功能演进和战略目标的"五个中心"提出的，这"五个中心"是"国际经济中心、国际金融中心、国际贸易中心、国际航运中心和具有国际影响力的科技创新中心"。[②]

上海是我国的金融中心和商业中心城市，正如国务院 1985 年在批转《上海经济发展战略汇报提纲》中所指出的那样："上海在我国经济建设中占有举足轻重的地位。"因此，上海的城市空间格局也不同于中国的传统城市：中国的传统城市往往有一个单一的中心城区，有整齐的规划格式；上海的城市格局更接近于欧洲商贸型的城市，其商业区域、金融区域和休闲娱乐区域呈条状、带状分布。

如今的上海在吸引外商直接投资（FDI）方面超过国内的其他任何一座城市。市场体系对城市聚集各种生产要素具有重要的意义，尤其是对发展中国家的城市吸引外商直接投资起着很重要的作用。在中国，上海是外商直接投资最为集中的城市，也是市场体系最为完备的城市。市场体系的完备性，使外商降低了在上海的交易成本，并能将资源市场化，也能在市场中获得所需要的资源，所以，上海在吸引外商直接投资方面超过国内许多城市。[③]

上海文化的一些特点，我们可以从上海话中窥见一斑。上海话

---

① 赵东华.南京的性格.北京：中国经济出版社，2005：57

② 张学良.对上海城市功能疏解的若干思考.文汇报，2017-3-28

③ 徐康宁，等.文明与繁荣：中外城市经济发展环境比较研究.南京：东南大学出版社，2002：129～130

中层出不穷的商业词语体现了人们商务活动的频繁，使很多原来在商业范围里使用的词语扩散到群众的生活领域，成为大众生活的常用语。“买卖”本是商业行为，但上海人在日常生活中把这两个字用得出神入化，如用“卖相”称人的外表，给人通融说“买面子”或“卖人情”，行贿叫“卖关节”，承认对方的长处表示服从说“买账”，使劲称“卖力”，拼命干叫“卖命”，以娇媚诱惑人称“卖俏”，摆老资格叫“卖老”……上海人过日子也像在做生意，比如，“叫人勿折本，舌头打个滚”，就是把“勿折本”这个商业行为用于说明礼貌待人的好处。上海人把看不入眼、不像话的行为都斥责为“勿是生意经”。抢事干，叫“抢生意”；推荐介绍，叫“兜生意”，足见“生意”在上海人心目中的重要地位。①

上海作为经济中心城市，不仅在经济上发挥重要作用，在文化上也有较强的辐射能力和吸引能力，能够渗透并带动周边城市和区域经济的发展，是所属区域的经济增长中心和增长高地。具体而言，上海的中心城市特征主要表现在以下几个方面：(1) 上海是周边城市经济活动的聚焦点和资本、信息等资源的集中地；(2) 上海的经济整体实力雄厚，经济规模较大；(3) 上海的产业结构比较优化，社会分工合理；(4) 上海是区域先进生产力的代表，集中了素质高、能力强的各类人才，是人才聚集地；(5) 上海不仅各种基础设施比较完善，而且经济文化管理、社会服务等处于先进地位，经济的吸引力和竞争力带来了文化的吸引力和竞争力。

（二）文化名城：南京

2017 年 8 月，南京市人民政府办公厅发布了《南京市“十三五”枢纽经济发展规划》。其中提出“扬子江城市群的打造使南京枢纽作用得以充分发挥。江苏谋划打造扬子江城市群，将促进沿江地区发展能级的整体提升，南京作为长江三角洲地区唯一特大城市，应当着力

---

① 钱乃荣. 沪语盘点：上海话文化. 上海：上海文化出版社，2002：68～69

提高城市能级和首位度，突出中心城市战略功能，在扬子江城市群建设中积极发挥龙头带动作用，为南京打造枢纽经济提供更大空间。”[①]南京已被明确定位为长江三角洲地区唯一特大城市，在长江三角洲地区仅次于超大城市上海。南京的城市化率也会随着政策的发展而得到进一步提高。

虽然有人曾预测“苏州与杭州的经济发展将会保持南京市的1.5倍左右或以上”[②]，但是这并不能否定南京作为历史文化名城的文化特点。有人曾经写过这样的诗句：“爱住金陵为六朝”。为什么许多文化人乐意选择南京，说白了，也就是它拥有适合文化人居住的人文环境。[③]

南京有着丰富的文化资源，“烟笼寒水月笼沙”的秦淮河两岸，“神女生涯原是梦，小姑居处本无郎”的清溪，“朱雀桥边野草花，乌衣巷口夕阳斜”的朱雀桥、乌衣巷，“桃叶复桃叶，渡江不用楫”的桃叶渡，“三山半落青天外，二水中分白鹭洲”的白鹭洲，“同居长干里，两小无嫌猜”的长干里，“六朝蔓草天边去，万里长江席地来”的雨花台……[④]南京处处都有历史文化。

南京既有深厚的历史文化底蕴，又有繁荣的现代文化事业。“政治制度影响中国区域人性格者当属科举制对江苏人的影响。科举制始于隋唐，兴盛于宋明清。宋明时代，在科举制上是浙江人独领风骚。清代之后，江苏人在科举方面一枝独秀。清代共出114名状元，江苏籍独占49名，三分之一还多。江苏人通过科举不仅考取了功名，而且培养了民众育才重教的意识与素质。这种素质一直泽及现在的江苏人：他们重文化，重实业。”[⑤]

---

① 市政府办公厅关于印发南京市“十三五”枢纽经济发展规划的通知. http://www.nanjing.gov.cn/xxgk/szf/201708/t20170811_4914506.html

② 徐康宁，等. 文明与繁荣：中外城市经济发展环境比较研究. 南京：东南大学出版社，2002：111

③ 周建秋. 城郭九谭：中国城市问题讨论. 北京：东方出版社，1999：243

④ 薛冰. 家住六朝烟水间. 南京：南京师范大学出版社，2005：102

⑤ 辛向阳，周树兴，等. 人文中国：中国的南北情貌与人文精神. 北京：中国社会出版社，1996：42

21 世纪以来，南京有很多优秀的文化节庆活动，如每年举办“南京文化艺术节”，在生动展示南京文化特色的同时，积极促进与国内其他地方文化以及国际文化的交流。国家公祭日活动的顺利开展，也展现了南京和平博爱的国际形象。南京“青奥会”“亚青会”等体育赛事的成功举办，让南京赢得了海内外的高度评价，对提升南京的知名度、影响力有重要作用。

南京是首批“江苏省书香城市建设示范市”。南京是“聚集人才和技术最充分的城市之一，科技创新和产品研发的实力很强。以每万人在校大学生数、每万人科技人员数等指标衡量，南京都是很高的，这显示了南京潜在的竞争优势。”[①]南京是名副其实的“天下文枢”“东南第一学”。

南京的文化产业也发展较快，发展优势越来越明显。南京有很多产业都处于全国领先地位，如文化旅游业、出版发行业、广电业、报业、工艺品业等。南京的一些民营书店、图书批发市场在全国拥有较高知名度。尤其值得一提的是，1996 年在南京创立的先锋书店，被誉为“中国最美书店”，是江苏最大的人文社科专业书店。先锋书店如今已经发展为南京的著名文化名片，成为很多文学爱好者的聚集地。此外，南京还有很多知名的书店，如万象书坊、可一书店、古籍书店等。

南京有各类纪念馆、博物馆、档案馆、图书馆。南京博物院是中国三大博物馆之一，截至 2010 年，南京博物院拥有各类藏品 42 万余件（套）。南京图书馆是中国第三大公共图书馆，藏书不仅数量巨大，而且种类丰富。

南京还有众多文物保护单位。截至 2018 年 8 月，南京有 49 处国家级文物保护单位，109 处省级文物保护单位，358 处市级文物保护单位。

截至 2015 年年底，南京共有国家级文化产业园区（基地）12 家，省级文化产业园区（基地）18 家，市级文化产业园 15 家。2015 年，南

---

① 徐康宁，等. 文明与繁荣：中外城市经济发展环境比较研究. 南京：东南大学出版社，2002：237

京地区银行业金融机构文化产业贷款余额389.69亿元，同比增长35.98%。“新三板”上市文化企业11家，主板上市文化企业9家，新增文化、体育和娱乐业企业数量为5059家，同比增长65.33%。南京市9家文化企业获评全省“民营文化企业30强”，30家文化企业入选江苏省重点文化科技企业。以上可以看出，南京进一步优化了作为“文化名城”的城市文化特色，彰显城市“文化+”的文化特色内涵。

（三）休闲之都：杭州

杭州未来发展战略定位是“加快城市国际化，建设独特韵味别样精彩世界名城”。[①]

杭州是浙江省的政治、经济、文化中心，也是我国较早对外开放的地区之一，市场经济体制建设完善，市场运作体系规范，各级政府服务意识强，城市地位日益凸显，具有不可比拟的区域经济优势，特别是近几年来，杭州的城市建设和社会发展日新月异，先后被评为“国家卫生城市”“国家园林城市”“国家环保模范城市”“国际花园城市”等，还获得了“联合国人居奖”。2004年，杭州被世界银行组织评为“中国城市总体投资环境最佳城市”。2004和2005年，杭州连续被《福布斯》列为“中国大陆最佳商业城市排行榜”的榜首，被中央电视台评为“中国最具经济活力的十大城市”之一，被《瞭望东方周刊》评为“最具幸福感的城市”。[②] 在中国城市竞争力研究会发布的《2015中国城市分类优势排行榜》中，杭州获得“中国最美丽城市”第一名，“最具幸福感城市”第二名。

“江南忆，最忆是杭州。”西湖的湖水，大运河的河水，钱塘江的江水，虎跑泉的泉水，九溪的溪水，共同滋润、孕育着杭州这块宝地。南宋的“临安”是多么确切的一个名字，“偏安得安”是这个城市历史

---

① 见：杭州市政府工作报告(2017)

② 翁嫣.“动漫之都”何以崛起？——杭州动漫产业发展的战略分析.见：高小康，主编.城市文化评论(第1卷).上海：上海三联书店，2006：120

的最好总结。在以开放、创新、进取为特色的新时代面前，杭州提出“世界休闲之都”的战略目标，这个战略目标提得准，提得好：杭州的人文精神在长三角都市圈里，它所独具的特色可能就是“休闲”。

“休闲”是杭州的生活方式，更是杭州的生产方式。杭州有很多创意产业都和“休闲”功能密切相关，如电子商务产业、女装产业、创意产业等，这些产业集中了知识和艺术，不仅能让人民在“休闲”中创造财富，更对市民文化产生了重要影响，具有连通生产和生活的作用。

杭州的产业结构调整必须突出以旅游业为龙头的第三产业，这也是杭州的优势和发展潜力所在。要积极应用杭州丰富的旅游资源和得天独厚的环境资源，注重开发商业贸易、娱乐休闲、会务展示、文化交流、健身度假、求知修学、生态环保等旅游资源和旅游产品，充分发挥杭州旅游产业的综合优势，以城市功能的高度整合促进各个产业的健康发展。

杭州市作为长三角南翼第一层次的中心城市，需要大力集聚研发设计、管理决策、市场销售等环节的行业和企业，并通过这些领域的强势构筑，接轨上海。

杭州在休闲文化方面，经历过“风景旅游城市”到“东方休闲之都”再到“国际重要的休闲中心”的几次成功转型。如今的杭州，正面临新一轮的国际化挑战，如何在国际进程中讲好中国故事、讲好杭州故事，依然任重道远。

如今的城市越来越重视城市文化的发展，注重以城市文化凝聚人心，注重以城市文化引导城市居民的精神。城市文化既是城市的灵魂，又是城市规划和功能定位的基础。城市的发展离不开文化理念的指引。随着长三角一体化进程的加快，上海作为国际性的经济中心、金融中心、贸易中心和航运中心，在创新要素方面的集聚程度将进一步提高，并强化区域价值链分工中的地位和市场梯度优势。南京作为长三角的副中心城市，在向上海靠拢的同时，也建立了以南京为中心的城市圈，辐射镇江、扬州以及邻省部分地区，朝区域中心城市的目标不断努力。杭州明确城市功能定位，构筑特色优势明显、与上海梯度错位的价值链分工地位和城市中心功能。

第七章

产业：沪宁杭城市文化产业与地域社会结构比较

“社会是一种积累性活动，而城市正是这一活动过程中的基本器官。”

——刘易斯·芒福德

城市与文化之间有着密不可分的关系。城市是文化生产的源泉。“对于艺术家、诗人、小说家和电影制作者而言，城市一直是想象与灵感无穷无尽的源泉。”①城市还是文化产业发展的集中地。怎样以新的文化发展、科技进步和社会发展，去支撑更大规模的城市建设，支撑人们更好更多的生活要求，是世界各国共同的重大课题。人们正在认识到，只有通过更加丰富的城市文化建设，更大规模地开掘和拓展整个社会的智慧资源，培育和发展新型文化产业，推动新型产业形态，以彻底改变人们的生存质量，才能从根本上推进全球城市的整体性的可持续发展。②

文化是全面推进城市的现代化建设的支撑力量。长江三角洲地区经济得以快速发展，深层次的原因在于文化的支撑。今后要想继

---

① 史蒂文森. 城市与城市文化. 李东航，译. 北京：北京大学出版社，2015：143

② 陈宇飞. 文化城市图景：当代中国城市化进程中的文化问题研究. 北京：文化艺术出版社，2012：6

续加快经济发展,必须更加重视文化。长江流域自古以来人杰地灵,长江三角洲地区是目前我国文化市场和文化产业发展区域的集中板块。处于长江三角洲地区的沪宁杭城市文化产业的特点及其发展机制是本章要研究的重点。

一、城市文化产业结构、类型与状态

20 世纪 90 年代,文化产业作为新兴产业形态进入人们的视野。[①] 随着中国现代化进程的加快,城市文化产业的问题越来越引起社会的广泛关注。近年来,文化产业已经成了一个极其热门的词汇,相关的研究非常丰富。文化产业是我国国民经济新的增长点,是提升国家软实力的重要因素。在全球发展文化创意产业的大浪潮中,中国不会也不应缺席。"中国制造"总有一天会成为"中国智造"。[②]

就城市而言,文化产业被认为能提升城市综合竞争力。打造城市品牌,对城市建设有着不容忽视的作用。"文化产业将是 21 世纪全球最有前途的产业之一,也必将成为新世纪中国经济的支柱产业。"要探讨沪宁杭三座城市文化产业的现实情况,我们需要对文化产业以及文化产业的结构、类型进行界定,对现阶段的城市文化产业状态进行分析。

(一) 城市与文化产业

文化产业作为现代城市综合实力的重要标志,不仅体现在它对经济增长具有促进作用,还体现在它在满足城市居民文化需求的同

① 梁君. 区域文化产业升级机制与路径. 桂林:广西师范大学出版社,2016:1

② 易介中. 中国城市文化脸皮书. 北京:中国青年出版社,2014:85

时，为城市发展提供的精神动力、智力支持。[①] 因此，21 世纪也被称为"文化经济"时代。[②]

城市是文化产业的聚集地，一个城市的文化产业发展状况和城市的经济发展状况密切相关。"仓廪实而知礼节"，随着社会的发展、经济水平的提高，人们生活水平也随之提高。物质生活得到满足之后，人们开始向往怡情养性的、有品质的精神生活，因此，人们对精神生活方面的需求越来越多。城市的聚集性、密集性提高了城市各种资源配置的效率，这正好适合文化产业的发展。城市文化产业的影响是不容小觑的。文化产业的发展就小范围来说，可以影响当地文化；就大范围来说，可以作为通往全球的门户，为进军国际市场提供通道。创意人才越来越因城市本身而非（文化）公司的魅力受到吸引。[③] 因此，也可以说，城市的发展状况决定了城市文化产业的发展状况。

文化产业是关联性极强的产业，是城市的润滑剂，同时对其他产业改造、升级、转型具有巨大的、积极的促进作用。人类在工业化进程中消耗了大量的自然资源，同时造成了严重的环境危机，很多资源型城市因资源枯竭而不得不转型为服务型城市。当城市自然资源逐渐减少以至枯竭，文化就是城市最优质的资源。如何有效协调城市发展与文化产业的关系，怎样好好把握城市未来的发展趋势，是我们当前面临的重大机遇与挑战。

城市与文化产业是相互支撑的。一方面，文化产业是城市新的经济增长点，是城市传统产业提高附加值的关键。人们在物质极大丰富的社会状态下，从物质产品消费转向精神产品消费，对城市的产业发展模式也提出了新的要求。经济水平、文化产业内容的发展影响着消费者的消费方式和消费观念。城市的产业经营模式由传统产业向文化产业转变。文化产业的发展状况体现城市综合实力的状

① 李建国．城市文化产业发展研究．中共杭州市委党校学报，2000(4)

② 文化力量滋养城市灵魂．青岛日报，2017－12－4

③ 彭立勋．深圳文化蓝皮书(2012)：城市文化自觉与文化深圳建设．北京：中国社会科学出版社，2012：237

况。发达的文化产业有助于形成城市的文化特色,增加城市的活力,扩大城市的辐射力和影响力。良好的产业结构会为城市吸引大量的国内外投资和优秀人才。另一方面,文化产业也离不开城市,文化产业是一种“城市型经济”。城市的规模和影响会给城市的发展带来机会和目标的拓展,也给文化进行产业化提供了更好的舞台。文化产业的含义和它所具有的特殊性决定了文化产业是“城市型经济”。[①]

首先,城市具有文化产业的先决条件——发达的文化。古今中外的城市发展史表明:一个国家或地域中,城市是文化最发达、最繁荣的地区,“城市文化的发展水平往往代表了一个地区或一个国家文明程度所达到的最高水平”[②]。一个城市的文化中心作用很多,对外具有对外来文化的吸收和辐射作用,对内则表现为对自身文化发展的推动、促进、更新作用。

其次,城市的文化是可促进经济产业、商业发展的文化。城市由于汇聚人口与科技资源的优势,是文化产业的集中地,是文化产业发展的依托。文化产业的发展,为人民的生活提供了丰富的精神产品,能够满足人民的精神生活需求。

党的十九大报告提出,健全现代文化产业体系和市场体系,创新生产经营机制,完善文化经济政策,培育新型文化业态。将文化产业打造成城市发展的支柱产业,是促进社会协调与进步的重要手段。要将文化产业发展成支柱产业,离不开完善的政策和优良的服务,离不开文化供给提质增效,离不开“文化＋科技”“文化＋旅游”等多方融合,离不开载体等级的不断提升。[③] 城市文化的集聚进一步增强了城市的中心作用,城市文化对城市居民的思想意识、价值观的形成、人格的塑造以及共同的文化知识体系的建立具有潜移默化的影响。可以这样说,城市文化是城市发展的动力因素,是城市发展、进步的基础,是城市人创造力的源泉。城市的低碳、高效、生态、可持续发展

---

① 李建国.城市文化产业发展研究.中共杭州市委党校学报,2000(4)

② 温朝霞.浅谈城市文化在城市可持续发展中的作用.党政干部论坛,2001(8)

③ 文化力量滋养城市灵魂.青岛日报,2017-12-4

都与城市的文化密不可分。如何保存城市文化的优良传统，发挥城市文化产业的作用，对于促进城市的各种经济、社会以及生态的发展有不可忽视的作用。城市文化的发展不仅能让城市可持续发展提高效益，还能为城市可持续发展增加活力，真正做到低碳、生态的可持续发展。所以，城市产业结构的优化、城市文化产业的发展可带动城市经济的发展。

最后，文化产业只有在城市中才具有发展的基础和空间。城市的集聚性，即城市的集聚效应会使人口、生产资料和生活资料在空间上得到集中，这种集中为生产规模的扩大、生产分工的进一步明确以及生产模式的专业化与协作化提供了很大的便利，同时也缩短了信息传播等的距离，节约了生产的投入成本，为生产力的提高提供了便利条件。城市是文化的容器、生活的载体，也是人口高度集中的地方，能为文化产业提供产品的需求、消费、流转市场。另外，城市的聚集与创新机制还能为文化产业的发展提供人力，注入活力。因此，可以说，文化产业只有在城市才能赢得发展的空间，反过来，文化产业的兴旺也能为城市的经济和社会发展提供越来越有力的支持。城市与文化产业相互促进、共同发展，因此，沪宁杭三城文化产业的状态与各自的地域结构密切相关。社会生产力的发展不仅促进了社会分工，也为城市的发展提供了经济基础。在生产力发展的作用下，城市为文化产业的发展提供了经济基础和空间，而高层次的文化产业是推动城市建设向更高层次发展的动力。

总而言之，文化产业与城市是一种相互促进、共同发展的关系。文化的产业化使得城市文化不仅具有社会效益，也具有经济价值。文化产业是增加就业的重要渠道，文化产业具有知识密集、高技术含量和高附加值等优势，还具有低污染、低能耗、低物耗的特色，对规模经济要求不高，可以适应城市土地紧张的特点，还可以缓解大城市的“城市病”。因此，文化产业最适合成为“都市型”产业，适应城市可持续发展的要求。

(二)文化产业的结构和类型

产业结构反映城市的经济发展水平和可持续发展能力。“一个城市要增强自身可持续发展能力并在带动周边区域可持续发展上发挥更大作用,必须加快经济结构优化升级和经济发展方式转变,调整改造和转移替代传统制造业,大力发展高新技术产业和先进制造业,加快培育现代新兴服务业,完善城市服务业体系,重点强化外向化服务功能。”[①]一般来说,文化产业被划分为第三产业。

关于文化产业的结构和类型划分,有许多种说法。一般认为“文化产业是指第三产业中为提高科学技术文化水平和居民素质服务的产业,其主要包括知识产业、信息产业、广播电视业、新闻出版业、体育业等”。[②] 有人把文化产业定义为“以企业组织方式从事有形和无形的文化产品的生产和服务活动”,它是“从事物质和精神文化产品的生产、流通和以文化为内涵的各种服务活动或部门的集合”。[③] 也有人将文化产业分为文化艺术、广播影视、新闻出版、信息产业四大门类。[④] 以上界定以不同的侧重点涉及了文化产业的涵盖范围和组织方式。通过这些界定,我们可以知道,文化产业是为了满足人们的文化消费需求而产生的一种产业,是把文化、信息、艺术、服务等产品化的一种产业,它既具有文化的属性,又具有产业的性质。文化产业为社会提供精神产品和服务产品,满足了人民群众日益增长的精神文化的需求,全面提升了人民群众的生活质量,同时还促进了国民经济的良性发展,对于促进全社会的文明程度的提高也具有重要作用。因此,文化产业的产品和服务的价值可以总结为体现了社会效益和经济效益的和谐统一。

---

① 李程骅,等.城市与区域创新发展新论.北京:中国社会科学出版社,2014:87

② 杨章贤,刘继生.城市文化与我国城市文化建设的思考.人文地理,2002(8)

③ 赵玉忠.文化市场概论.北京:中国时代经济出版社,2004:27

④ 何树红,刘玉清.云南文化产业发展的金融支持.经济问题探索,2011(5)

按照以上的划分定义和标准，文化产业包含的内容很多，而且随着时代的发展日益丰富，它既包括原有文化事业体制下的一些传统行业和产业模式，也涵盖了当前活跃在市场中的很多新兴行业。图7-1可以很好地展示文化产业类型的多样性。

图 7-1　文化产业结构体系①

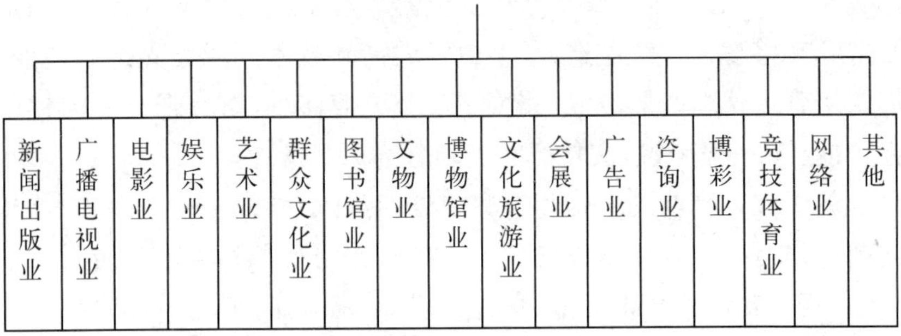

图中的"其他"包含了教育培训行业。现在各种教育培训机构日益增多，也带来了文化产业市场的繁荣。应该注意的是，我们有必要区分文化产业与一般的文化艺术活动，文化产业不同于文化事业以及文化艺术活动，在城市发展中应注意协调和保护文化资源，合理有效地进行文化资源的保护、开发和再利用。城市发展需要在注意利用文化设施的同时，更深入地发掘非物质的文化形态的产业化可能。文化艺术产品或者成果一旦符合了市场规模化发展的要求，也就有了产业化发展的可能，就有可能成为一个城市的文化产业的一部分或者城市文化的一部分。再者，规模也不是文化艺术成果产业化的唯一标准，我们还必须认识到文化事业与文化产业的区别。按经营方式的不同，文化生产活动可划分为公益性与营利性两大类：公益性的文化生产活动属于文化事业的范畴，营利性的文化生产活动或者准经营性的文化生产活动则属于文化产业范畴。②

2012年，国家统计局在2004年的基础上重新制定了《文化及相

① 王琳. 中国大城市文化产业综合评价指标体系研究. 中国网，2002-1-25

② 赵玉忠. 文化市场概论. 北京：中国时代经济出版社，2004：29

关产业分类》,该分类规定的文化及相关产业是指为社会公众提供文化产品和文化相关产品的生产活动的集合。根据以上定义,我国文化及相关产业的范围主要包括以下四个部分:一是以文化为核心内容,为直接满足人们的精神需要而进行的创作、制造、传播、展示等文化产品(包括货物和服务)的生产活动;二是为实现文化产品所必需的辅助生产活动;三是作为文化产品实物载体或制作(使用、传播、展示)工具的文化产品的生产活动(包括制造和销售);四是为实现文化产品所需专用设备的生产活动(包括制造和销售)。[①]

在我们要研究的沪宁杭三城中,文化产业的各个类型都存在,只是地域社会结构影响了三个城市文化产业的侧重点的不同,各文化产业在不同城市里有相对强弱的分别。

(三)沪宁杭城市文化产业状态与发展趋势

文化产业发展中,数字文化产业与文化旅游产业成为两大趋势。有研究者认为,文化转化为产品有三种路径,文化需要从书本中走出来,从历史中走出来,从传说中走出来,这是一个文化物态化、活态化和业态化的过程。一是文化物态化乃观光旅游所需,可理解为景观化和形象化;二是文化活态化乃旅游体验所需,可理解为游客对文化的交互化、情境化和沉浸化感受;三是文化业态化乃休闲旅游所需,可理解为文化的产品化、产业化和品牌化。也就是说,没有非凡的文化创意和量身定制的产品转化方式,文化就是文化,成不了旅游产品。

沪宁杭的城市旅游业已经成为城市文化产业的重要组成部分,以文化旅游业为例,我们可以看出,城市文化产业的结构、状态与城市的文化特色密切关联。旅游产业是文化产业的一种形式,是在经济日益增长、科技不断发展、交通与通信手段日益完善的历史条件下逐步发展起来的。文化旅游不仅具有休闲和娱乐的功能,还有教育、

① 苏建荣.鄂尔多斯文化产业发展的探索与实践.实践(党的教育版),2013(6)

增长知识、陶冶情操的作用。沪宁杭三城的文化产业发展态势都比较好，而且都结合了自身特色。

上海的文化产业发展迅速，已经成为上海的支柱性产业之一，成为“创新驱动发展、经济转型升级”的重要力量。文化创意产业在全市经济发展中的贡献率逐年提高。“十二五”期间，上海文创产业保持健康快速发展，总产出和增加值从“十一五”末的5499亿元和1673亿元，增长至2014年年末的9054亿元和2833亿元。2015年，上海文创产业继续保持快速增长，实现增加值3020亿元，占全市GDP比重12.1%。

作为中国重要的国际旅游城市，上海的都市旅游业发展得比较成熟。2016年6月16日上海迪士尼乐园正式开放，不仅为上海旅游市场的拓展提供了良好的大环境，而且为都市旅游发展提供了新的契机。

作为2016年文化部确定的“首批国家文化消费试点城市”，南京在文化产业和文化消费方面特别突出。首先从政府行为上来看，南京市政府出台一系列的扶持政策如《引导城乡居民扩大文化消费实施意见》等，打造了南京文化消费智能综合服务平台——“创意南京”，方便了文化项目的申报、审核、生产、消费等。2016年，南京市文化企业数量上升明显，由1.59万家增加到1.87万家，同比增长17%以上。南京全市规模以上文化企业营业收入达到2754.89亿元，同比增长超过15%，文化产业增加值超过630亿元，占GDP比重首次突破6%，总体规模迈上新台阶。[①]

南京的传统旅游景点经过精心开发，特色突出，成果显著，如南京夫子庙秦淮风光带先后被评为“全国旅游胜地四十佳”“国家5A级旅游风景区”等。南京并不局限于传统旅游景点的打造，还提出了“城在景中”全域旅游体系建设的思路[②]，建设了很多旅游聚集区项目，如紫金山—玄武湖生态文化旅游示范区、长江路文化旅游街、老

① 王炜. 去年南京文化产业增加值超630亿元. 中国文化报，2017－3－20

② 张昊. 南京打造“城在景中”全域旅游体系. 南京日报，2016－11－9

山生态旅游体验园、汤泉养生休闲旅游度假区等。"城在景中"全域旅游体系的建设,使南京整座城市成为泛景区化的旅游目的地。

杭州市根据城市特色、资源优势、文化消费趋势和社会发展规划,确定了一批优先发展的文化产业,通过近年的发展已形成产业联动发展的格局。经过2007～2016年"举全市之力"的发展,杭州文创产业长成了一棵枝繁叶茂的参天大树。"十二五"期间,杭州全市文创产业年均增速高出GDP增速7.74个百分点。2016年,杭州文化创意产业增加值达2541.68亿元,按可比价增长21.2%,高出全市GDP增幅11.7个百分点,占全市GDP的比重为23.0%。[①]

杭州是国家重点风景旅游城市,发展文化旅游的资源得天独厚。杭州发展旅游的战略思考,一是实施以"三江两湖一山"(钱塘江、富春江、新安江、西湖、千岛湖、天目山)为基础的"旅游西进"战略,构筑"大杭州"旅游格局;二是在传统的观光旅游基础上,努力发展会展旅游和休闲度假旅游。[②] 杭州实施了综合保护工程,不断推出城市自然人文"新景观"。2001年以来,为保护、开发、利用现有的城市自然人文景观资源,杭州先后实施了西湖、西溪湿地、运河、市区河道、良渚、湘湖等综合保护工程,有效保护了城市人文资源,扩大了城市旅游景观,丰富了城市旅游产品。"十二五"期间,杭州市游客接待量由2010年的6581万人次提高到2015年的12382万人次,年均增长约13.5%;旅游总收入从2010年的1026亿元提升至2015年的2200亿元,年均增速约16.5%;旅游产业增加值占GDP的比重由5.9%提高到7.16%。旅游休闲业成为杭州经济发展的重要支撑,产业地位不断提高。[③]

从全国来看,整个长三角城市群具有强大的产业承载力。一般而言,城市的规模和活力决定了城市产业承载力的规模和潜力,多数

---

① 陈黎.杭州文化创意产业 十年长成参天大树.西安日报,2017-6-20

② 江蓝生,等.2003年:中国文化产业发展报告.北京:社会科学文献出版社,2003:225

③ 见:杭州市人民政府办公厅关于印发杭州市旅游休闲业发展"十三五"规划的通知(杭政办函〔2016〕104号)

产业承载力较强的核心城市基本上属于通常意义上的大中城市，而大部分中小城市缺乏产业承载力，且发展潜力较弱。从城市群角度来看，长三角城市群的产业承载力最强，京津冀城市群的各城市产业承载力分布不均状况最为严重，珠三角城市群各城市总体上表现出的产业承载力要逊色于长三角和京津冀。[①] 沪宁杭三城不仅有着相似的“吴越文化”的背景和传统，还有着近似的文化均质性。但上海的旅游文化产业注重的是购物、参观的现代都市游览，南京的旅游文化产业注重打造历史品牌，而杭州的旅游文化产业则是以山水风光的游览为主导。

人类社会正步入“智慧经济”时代[②]，长三角城市群抓住了智慧经济时代的机遇，不仅科学研究院所、文化产业园区的发展与崛起体现了“互联网＋”和“智慧服务”的特色，就连医疗、交通设施、旅游服务，甚至政府机构的网站都改变了传统的模式，提升了服务的品质，体现了“智慧经济”时代的“互联网＋”和“智慧服务”的特色，特别是沪宁杭三座城市，社会治理的智能化水平更高，在“智慧”的运用方面处于国内先进行列。

二、城市文化产业的市场机制

文化产业要想更好地服务社会、造福于民，必须同时实现社会效益与经济效益。文化产业不是做公益项目，虽然不提倡一味地逐利，但是产业若没有经济效益则很难维持生计，更不可能谋求进一步发展。“文化创意产业通过自身的创意能力、供需效应、人才集聚等功效，通过对创意人才的吸纳，推动创意阶层的发展，从而推动了城市创意社群和创意活力的发展，由此构建出从文化创意产业到创意社

① 周京奎，黄雄．城市产业承载力评价方法与测度研究．河北学刊，2018(2)

② 刘兵．看杭州如何从“旅游城市”向“城市旅游”跨越．大众日报，2017－7－24

群和创意城市的路径。”①

每个城市都有自己的优势或长处，也都有自己的劣势或短处。一座城市要实现又好又快发展，就必须找准比较优势、打造竞争优势、构筑产业优势，扬长避短、趋利避害。当前中国城市化已进入以文化带动产业发展的阶段。文化产业的多样性发展，使即使缺乏自然资源优势的城市也能找到康庄大道。没有地理、矿产等自然资源优势的城市，可以凭借文化产业集聚效应发挥人才和文化的优势，发展知识密集型、文化密集型、科技密集型、资源消耗小、环境污染少的新兴企业。

(一) 文化产业的特殊性

文化产业需要把其产品或者服务推向市场，这个市场有个专门的名称——“文化市场”。文化产业的发展具有和其他产业相类似的必需条件：一是对产业利润最大化的追求，二是参与市场竞争，三是为了提高竞争优势，需要对产品与服务进行革新。文化产业与其他产业的不同之处在于，其生产的产品具有特殊性，主要表现在以下几个方面：首先，文化产品的创造者是具有创新能力、创意能力的脑力劳动者；其次，文化产品是用来满足人们的各种精神需求的；再次，文化产品多数是无形的资产，具有不可复制、无法替代、非再生的特点；最后，文化产品可以和其他产业相结合，并赋予其他产业的发展以特有的文化内涵。

城市文化是在城市中被生产和消费的——城市贯穿着文化的韵律，同时也提供了文化的主题。从根本上讲，文化产业和城市有着密不可分的关系，城市就是文化产业的发源地和栖息地。随着我国经济的发展和产业结构的调整，文化产业的发展将成为经济发展新的阵地、新的空间。文化产业具有很强的吸纳能力，可以吸收大批劳动力，提供大量就业机会。

---

① 叶中强，朱红. 文学想象与城市文化的多元建构. 上海：上海社会科学院出版社，2013：257

(二) 文化市场的功能和发展

文化市场的产生和发展都是由文化产业的特殊性决定的。按照类别,文化市场一般包括出版发行市场、传播媒介市场、演出市场、文化旅游市场、文娱经营市场以及体育文化市场等。其中出版发行、文娱经营、体育文化市场占据了主导地位。[①] 部分文化一直都是面向市场发展的,如中国传统的金石书画、文献著作、表演艺术等。如"艺术市场在西方形成于14～16世纪的文艺复兴时期;在中国则早于西方,是魏晋时的事,而在两宋大盛。"[②]但是由于过去的生产方式和生活条件的限制,文化的生产不可能达到产业化,文化的产业化是随着现代城市的发展、人口的集中才出现的。城市化进程为文化产业化提供了发展机遇、发展空间以及更广阔的市场。

无论是文化产品还是文化服务,都应该作为一种精神与物质相结合的经济现象来进行市场运营。改革开放以来,我国已经由原来的计划经济转变为市场经济,市场运行机制在市场运作中发挥重要的调节作用。在现代市场经济体制中,市场及其机制(主要如供求机制、价格机制、竞争机制)是资源配置的基本手段,对国民经济的发展发挥着极其重要的支配性作用。市场经济与计划经济相比有较大的灵活性,以其快速性和有效性著称。此外,市场价格与供求关系具有"自组织功能",也就是通过"利益导向"引导人们的经济行为,通过资源的流动和重组实现自我调节。市场机制的调节作用能够在竞争性环境中实现资源的最优化配置,使资源流向高效益产业,推动技术进步和增加社会产品供给总量。[③]

20世纪90年代,中国确立了市场经济的发展方向,同时,国家财政改变了对文化事业单位的财政拨款的方式。由于生存的压力,以

---

① 胡晓林.世界文化市场概览.北京:中国大百科全书出版社,1995:1～2

② 胡晓林.世界文化市场概览.北京:中国大百科全书出版社,1995:50

③ 赵玉忠.文化市场概论.北京:中国时代经济出版社,2004:40

及市场意识的崛起，文化生产者开始注意研究受众群体的兴趣爱好，关注普通群众的日常生活，文化产品的内容也更贴近大众生活，呈现“百家齐放”的状态。当然，由于经济利益的诱惑，文化市场上也出现了一些不良现象，如充斥暴力、色情的淫秽书刊及黄色网站等的出现。文化市场机制亟待健全，文化产品也需要进一步净化与清理。

此外，文化产业是国民经济的重要增长点。《文化蓝皮书：中国文化产业发展报告(2015～2016)》指出，“2015 年 1 月 23 日，国家统计局发布了 2013 年中国文化产业年报，增加值为 21351 亿元，占 GDP 的 3.63%。其中，文化产业法人单位增加值为 20081 亿元，比上年增加 2010 亿元，增长 11.1%，比同期 GDP 现价增速高 1 个百分点。”

(三) 市场机制的利与弊

文化产业的兴起是文化产品走向市场的结果，因此，市场是文化产业的基础。对文化产业而言，市场机制对其发展有巨大的促进作用，是文化产业资源配置的最佳手段。同时，我们也要注意市场机制对文化产品的导向问题。

文化产业化虽然可以带来巨大的效益，但并不是所有的文化资源都适合产业化，如需要保护的历史古迹、历史文物等都不能进行“产业化”，“如果强制性进行产业化，则会带来很大的破坏性。在以文化资源为基础来发展文化产业的时候，一定要考虑到资源不可再生的特点，要将保护传统历史文化资源与发展文化产业二者协调好。当二者发生矛盾时，要优先保护资源。”①

文化设施往往被认为是文化产业的一个非常重要的部分。的确，一个城市的文化设施是城市整体建设的重要组成部分，是城市的文化发展水平的反映，代表了这个城市的建设成果和文明程度。一

① 向勇. 北大文化产业前沿报告. 北京：群言出版社，2004：15

大批资源丰富、独具特色、功能完善、美观实用的文化设施，大量的历史人文景观和传统建筑，可产生规模效应和集聚效应，成为文化产业的重要生力军。然而，文化设施只是城市文化建设的一个组成部分，城市文化中除了作为物质形态的文化设施、文化产品外，还包括非物质形态的文化产品，如文化服务等。

在市场机制下，沪宁杭文化产业互相融合，共同繁荣，有一定的基础。长三角城市群的文化教育水平比较高，文化均质化程度也比较高，“教育经费的投入大约占全国的六分之一，科研机构的经费投入占全国的五分之一，高校科研经费投入占全国的约三分之一，大中企业的科研经费大约占全国的四分之一强。与其人口数占全国的十分之一相比，长三角城市群的文化艺术专业人才数量约占全国的五分之一，高级和中级专业人才约占全国的五分之一，说明该地区的文化人才具有数量和质量上的较大优势。”①长江三角洲地区是全国科技与教育力量的集中地，仅上海、南京、杭州三地就汇集了全国三分之一还多的高等院校和科研院所。② 以上海为龙头，南京、杭州为两翼的核心区域发展较快，综合服务能力较强，自主创新能力不断提高。2013 年，上海、南京、杭州的地区生产总值分别为 21602.12 亿元、8100.78 亿元、8343.52 亿元。三市的地区生产总值排名从高到低始终是上海、杭州、南京，南京与杭州的差距逐年减小。③

在文化产业领域，沪宁杭大规模、有影响的合作很早就开始启动，如 2004 年三家文艺单位(江苏省演艺集团、浙江省曲艺杂技总团、上海马戏城)就结成了共建文化“金三角”的协议。④“金三角”协议的签订表明长三角地区文化出现了合作新模式。文化产业的繁荣，

---

① 尹继佐. 文化发展与国际大都市建设:2003 年上海文化发展蓝皮书. 上海:上海社会科学院出版社,2002:67

② 潘辉. 中国三大经济圈 FDI 投资环境之比较. 现代财经(天津财经大学学报),2011(4)

③ 张为付:江苏文化产业发展研究报告(2014). 南京:南京大学出版社,2016:94

④ 张裕. 文化产业长三角结盟. 文汇报,2004-4-6

需要依赖可靠的市场机制、有序的规划,合作新模式的出现有利于培养繁荣的文化市场,开拓更广阔的市场空间,同时也可以促进地区之间的优势互补、协调发展,对于城市之间的文化产业和竞争力的提高都有重要的作用。

随着全球化的发展,文化产业和文化市场都不能“独守”自己的一方天地。全球化时代为不同历史文化背景、不同经济文化发展水平的国家、地区提供了交流、分工的平台,各国、各地区之间的分工日益明确,相互依存更加密切。但是,市场机制的作用并不是完美的。因此,对市场机制下文化产业资源配置中涉及的政治、经济、文化因素,我们不能不考虑。

首先,文化产品的消费会涉及国家之间“话语权”的争夺。文化上的“话语权”的争夺必然会影响到政治利益,存在“文化侵略”的危机。

其次,在全球化影响下,国外文化资本和文化产品已经进入中国市场,同时由于国际合作与交流的加强,文化市场不可能“独立”存在,必须扩大对其的“准入”。外国文化产品的进入是国家多元开放的重要标志,但是外国文化产品的过度进入,必然会影响本国文化产业的发展。

最后,由于科技的发展、信息时代的到来,以及人们受教育程度的日益提高、文化需求的增长,文化不再属于“阳春白雪”。很多“文化快餐”式消费的出现,让文化的“平民化”或者说“通俗化”倾向越来越明显。“文化产品的生产、传播、消费方式,随着科技的进步和网络化的新平台的出现,表现为更平民化的大平台、多媒体,人人参与的趋势渐成主流。大众文化分众化、精英文化平民化趋势愈益明显。新的文化表现形式、新的文化品种、新的传播方式愈来愈丰富,但文化浅薄化、符号化、娱乐化问题也愈益明显。”①在市场机制调节为主的情况下,还要注意加强或积极发挥政府的引导作用。完全

① 陈宇飞.文化城市图景:当代中国城市化进程中的文化问题研究.北京:文化艺术出版社,2012:24～25

放任的市场调节，很难兼顾经济效益与社会效益相协调的原则，有的文化产品为了追求经济效益，可能会出现庸俗化、媚俗化的倾向，与社会效益背道而驰，甚至还有为吸引眼球而产生的“审丑文化”。如果不能认真对待这样的问题，长此以往，会造成民族审美水准的降低，影响民族文化的发展。

文化市场经营主体要在国内或者国际市场中有自己的立足之地，需要增强自己的活力和竞争力。政府相关部门需要制定完善的规则，加大知识产权保护的力度和对侵权行为的打击力度，保护知识产权，让更多的有才之士愿意从事文化相关的工作。此外，建立洁净的文化市场环境，坚决查处危害青少年健康成长的色情、迷信、暴力等不良文化产品；还要引导消费者，培养消费者的文化品位，提高文化产品质量，提高文化消费的水准。正如习近平总书记在文艺工作座谈会的讲话中提到的那样，“文艺不能当市场的奴隶，不要沾满了铜臭气。优秀的文艺作品，最好是既能在思想上、艺术上取得成功，又能在市场上受到欢迎”。

三、沪宁杭城市文化产业发展的动力机制异同

文化是一个城市“最大的不动产”。能否有效协调文化产业与城市的关系，把握好文化城市未来的发展趋势，抓住文化创意产业发展的良机，是一座城市能否脱颖而出的关键。被称为“竞争战略之父”的迈克尔·波特认为：“基于文化的优势是最根本的、最难以替代和模仿的、最持久的和最核心的竞争优势。”文化产业是一种伴随历史潮流而生的，能够反映现代经济和文化发展状况的新兴产业。

文化产业的兴起与兴盛是各种因素相互作用的结果。文化产业在我国的兴起既有经济发展的原因，又是体制变革的结果；既受到科

学技术革命的内在推动,又为全球化的发展趋势所裹挟。① 沪宁杭三座城市的文化产业的共同点,也是大多数中国城市文化产业发展的共同点,国内外的环境和社会的发展决定了沪宁杭的城市文化产业具有很多相似之处,但地域社会结构的差异又决定了三城文化产业不可能是完全相同的。

(一) 相同点

1. 竞争机制动力因:国际环境(时代背景)

文化产品的出口可以为国家带来经济效益。文化的发展同国家和民族的发展息息相关,已经成为一种共识。世界上很多国家和地区都高度重视发展文化产业,特别是很多国际大都市,如纽约、伦敦、巴黎、东京等都把文化产业作为自己的支柱产业,这些城市无一不是时尚风暴的策源地、文化产业的辐射源。②

21 世纪以来,文化创意产业得到越来越多的重视和关注。世界各国政府和地区政府为充分发挥文化创意产业在区域经济与社会发展中的引领作用,制定并实施了一系列发展战略和规划政策,全世界范围内的文化创意产业发展迅速,形成了创意经济。全世界的创意经济每天创造 220 亿美元的产值,并以每年 5%左右的速度递增。据联合国统计,文化创意产业占全球 GDP 的 7%,并以每年 10%的速度在增长,大大高于全球 GDP 的增长速度。在一些发达国家,文化创意产业的增长速度更快,如美国每年增长达 14%,英国为 12%。文化创意产业作为世界经济增长的新动力,引领着全球未来经济的发展,已成为世界经济发展新潮流和众多国家的战略选择。③ 在全球化语境中,"流动性"成了当前城市社会生活的主导特征。文化消费则以各种

---

① 洪振强.我国文化博览会的现状、作用及特征.江汉大学学报(人文科学版),2011(3)

② 尹农.城市化进程与杂志产业发展.南京社会科学,2011(12)

③ 周乾松."十二五"时期加快我国文化创意产业的思考.河南科技学院学报,2011(5)

形式和逻辑投射到城市的日常生活。文化创意产业所带来的创意社群的兴起，将建立起文化艺术、商业消费与社区营造的全新联系。①

文化产业不仅是促进经济增长的支柱产业之一，也是吸纳劳动力的重要产业。文化产业在我国属于新兴产业，正在全面融入社会生活。当前，文化产业在中国的体量还很小。2015 年，中国文化产业增加值占 GDP 比重仅为 3.86％。按照国际通行的算法，占比不到 5％，还称不上是支柱产业。但与此同时，我们不能忽视的是，全国范围内创意文化产业发展迅猛，市场规模不断扩大，对于经济增长和就业增加的贡献度与日俱增。简言之，这是一个象征未来的“朝阳产业”。

从文化产业的特殊性来看，文化产业不仅具有经济效益，还具有社会效益。它在传播本国文化价值观、彰显国家软实力方面发挥重要作用。从这个意义上讲，当前的国际环境就是文化创意产业发展的竞争机制动力因之一。比较而言，发达国家的文化产业起步比较早，在市场观念、产业资本、高新技术、经营机制、管理经验方面有优势，我国的文化产业还处在起步、探索、培育、发展的初级阶段，基础比较差，尚未形成规模，与西方发达国家的文化产业不可同日而语。但中国的城市文化产业的发展不是没有“后发先至”的可能，我们的比较优势主要表现在资源优势、科技优势、后发优势、市场优势、人口优势方面。

2. 宏观调控动力因：国内政策

在市场经济条件下，市场是最基础也是最重要的资源配置要素。政府的作用也是不可忽视的，特别是那些与公共部门联系密切的文化产业，这些文化产业的发展就特别需要政府的支持、推动与促进。

虽然中国文化产业的发展历史并不是很长，但是政府对文化产业高度重视。1998 年，文化部设立了文化产业司，把我国文化产业的发展纳入国民经济发展的管理体系。从“十一五”和“十二五”发展情

① 叶中强，朱红. 文学想象与城市文化的多元建构. 上海：上海社会科学院出版社，2013：227

况来看,发展文化产业已经成了国人的共识。目前,我国文化产业的增速维持在10%左右,其中北京、上海等地的增速甚至保持在16%左右。新型文化业态为文化产业的快速发展注入了新的活力,这种活力在移动新媒体、电子出版物、智慧城市建设和新型城镇化发展的各个层面尤为显著。

从全国的文化市场发展与培育来看,各地政府实行一定的优惠政策,鼓励市民进行文化消费。比如,"在南京,消费者在欣赏昆曲《牡丹亭》、冰上芭蕾舞剧《天鹅湖》、话剧《三体》等优质文化产品时就可以享受政府补贴后带来的票价优惠;在成都,市民在文化消费试点商户使用'文创成都'APP购买文化商品,即可按一定比例获得奖励积分,再次消费时抵扣现金;在北京,政府支持的'北京惠民文化消费季'已连续举办五届,有效推动了文化消费融入生活。"[①]除了经济的支持以外,全国各地的政府也从实际出发制定自己的文化发展战略,对文化产业的发展进行积极引导,文化产业已经成为新世纪各地发展的重要目标和经济增长点。沪宁杭三个城市都在文化产业的发展上做出了自己的努力。

上海市委、市政府对文化产业的重视首先表现在开展解放思想、实事求是的大讨论上。自1998年开始为期两年的"掀起文化建设新高潮"大讨论在上海文艺界、理论界兴起。人们以科学创新的精神认真分析上海文化产业发展的新情况,研究新问题,不断提出新思路。同时,上海市委、市政府根据上海市的具体情况和特点确立了以高档次、多样化、开放型为上海文化产业的发展目标,并制定出上海文化发展的三年规划,将文化产业定位在以高新技术为支撑的多元化发展格局基础上。同时,将文化产业列为增强上海中心城市功能建设的重要支柱和推进文明城市建设的强大动力。[②]

杭州市文化产业的快速发展也得益于杭州市委、市政府的大力扶持。杭州市委、市政府在文化产业发展方面早就提出了建设目标,

① 文化消费进入井喷季 拉动经济转型升级. 人民日报(海外版),2018-2-10

② 刘茜. 知识经济与文化产业. 北京:文化艺术出版社,2002:41~42

如1995年12月提出的“建立以电影、广播、电视、出版、音像制作、美术设计以及以文化娱乐为支柱的技术先进的现代文化产业。”[①]此外，政府制定了相关的政策，营造良好的创业环境，一些民营企业在广告、设计、游戏、动漫等文化产业的经营上取得了诸多突破，并且获得了海外市场的青睐。

除了上海、杭州，南京也提出了“文化南京”的理念。南京市把2005年作为“文化(文物)建设推进年”，实施创新文化工程，为人民群众办九件实事，进而大力推进“文化南京”的建设。

由于政府政策的大力支持，可以相信，以沪宁杭为主体的城市群将作为一个整体代表着中国文化产业的潜在实力和发展高度。

3. 技术创新动力因：传播媒介的更新

科技是城市高素质的生产要素和高素质发展的体现。正如科学家、艺术家达·芬奇所说的那样：“艺术借助科技的翅膀才能高飞。”[②]产业的发展和升级，始终是与技术的革命联系在一起的。技术创新通常被认为对产业结构变化具有重大影响，是推动产业革命的动力，这一点也充分体现在我国城市文化产业的发展中。

20世纪的技术创新主要表现在机械复制和传播技术在文化产品中的应用。比如，没有现代印刷业，就没有图书、报纸等纸质媒介的产生和发展。“清代光绪中叶，石印技术和纸型技术先后进入上海，机器印刷速度快、成本低的优越性才充分显示出来。晚清时在苏州、杭州都曾出版过木刻版杂志，但无论是在印刷质量上，在出版周期上，还是在成本上都缺乏竞争力，只能让位于机器印刷的杂志。”[③]机械复制的艺术品使艺术迅速地普及化。它能够迎合市民的文化需要，以市场消费的方式迅速地传播，使其成为文化商品。这种文化产品的商品属性更为突出，艺术作品的属性也相应地改变。它能够凝聚市民的审美趣味，引领社会的生活潮流，改变社会的生活方式和生

① 江蓝生，等. 2003年：中国文化产业发展报告. 北京：社会科学文献出版社，2003：229

② 孟晓驷. 中外文化产业比较研究. 光明日报，2003-8-20

③ 陈伯海. 上海文化通史. 上海：上海文艺出版社，2001：2063～2064

活观念。[1]

随着社会的发展,现代的高新技术革命带来了人们生产方式和生活方式的巨大变化。文化产品的内容、形式以及传播方式都发生了改变。可以说,正是由于机器印刷技术的先进性,使得上海成为中国近代的出版和发行中心。同样,电子技术的产生为广播电视的发展提供了技术支撑。互联网时代的到来,使电子技术的主导地位正在被数字技术替代,使传统的传播媒介由单一走向多元。科学技术的发展改变了人们的生产和生活方式,也改变了人们的消费和娱乐方式。在文化产业上,主要表现为创造了很多新的文化产业产品和新的文化产品消费方式、消费市场,改变了文化产业的传统格局,使文化产业的发展有了更广阔的领域。

传播是文化的重要特征之一,任何一种文化形态的形成都是与传播密不可分的。在现实生活中,人们总是通过各种传播媒介接受不同的文化内容,传播媒介是文化传播与发展的途径,同时也是文化发展与进步的重要标志。[2] 新时代的技术创新主要表现为新传播媒介的广泛应用。

如今的中国稳居"网民规模世界第一"的地位,不仅因为中国的网民人数众多,而且因为中国互联网发展迅速,普及率高,已经渗透到人们生活的各个方面。2017 年 1 月 22 日,中国互联网络信息中心(CNNIC)在北京发布第 39 次《中国互联网络发展状况统计报告》(以下简称为《报告》)。《报告》显示,截至 2016 年 12 月,中国网民规模达 7.31 亿,相当于欧洲人口总量;互联网普及率达到 53.2%。中国互联网行业整体向规范化、价值化发展,同时,移动互联网推动消费模式共享化、设备智能化和场景多元化。

文化产业的科技创新动力因是与文化产业的特性联系在一起的。文化产业是智能化和知识化的产业。例如,一个磁盘成本 3 元,

① 苏桂宁.20 世纪中国市民形象与市民文化.北京:中国社会科学出版社,2013:104

② 叶中强,朱红.文学想象与城市文化的多元建构.上海:上海社会科学院出版社,2013:271

而装载了设计软件的磁盘可卖到800元。这里，可以看出，文化产业中除了硬件，更重要的是软件。因此作为“软件”的创意人才具有更高的附加价值。人才是一个城市真正拥有的活力资源和比较优势，也是一个城市综合竞争力的精髓所在。文化产业的活力源泉在于尽快地、尽可能地把科学技术运用到文化产业中。科学技术的运用不仅有利于科技成果的现实转化，还有利于文化产业的升级和跨越式发展，给文化产业增加了科技的“含金量”。科学技术的成果转化，有利于改变我国产业比较落后的现状，有利于缩小我国文化产业与发达国家之间的差距。

文化产业是影响城市发展的竞争力要素。“知识经济对人类创造力的开发和利用，将成为文化产业发展的强大动力。”城市产业结构中的科技、知识因素是否突出决定着这个城市的竞争力。文化需要技术的支撑，需要媒介的传播。在当前的网络新媒体时代，互联网已经渗透到我们生活的方方面面，互联网改变了传统社会的文化状态和文化结构，同时，催生了各种形式的新文化类型。

4. 文化需求动力因：经济发展刺激文化消费增长

21世纪以来，国民收入水平逐步提高，人们的闲暇时间日益增多，人民群众的精神文化方面的需求大幅度提高，文化消费市场潜力巨大。有关调查表明，2010年全国居民人均可支配收入为12520元，2016年，全国居民人均可支配收入为23821元。2011～2016年，全国居民人均可支配收入增长了11301元，扣除物价水平提高等因素，累计实际增长了62.6%，为到2020年实现居民收入比2010年翻番的目标打下一个好基础。[①] 随着人们的收入增加，居民消费进一步改善，恩格尔系数继续下降。2016年，全国居民人均食品烟酒消费支出增长7.0%，占消费支出的比重为30.1%，比上年回落0.5个百分点。

从国家统计局公布的2017年的相关数据来看，居民收入增长也

① 冯彪. 2020年居民收入翻番目标已完成6成　基尼系数小幅反弹. 每日经济新闻，2017-7-7

支持了文化消费的旺盛需求。一方面，2017 年全国居民人均可支配收入 25974 元，扣除价格因素实际增长 7.3%；另一方面，2017 年全国电影票房总额约 559 亿元，同比增长超过 13%，同时文化、体育和娱乐业投资增长 12.9%。[①] 这是由于我国改革开放以来，国民经济快速健康发展，经济体制改革全面推进，人民生活水平普遍提高，科技、教育、文化等社会事业全面进步。

文化产业是第三产业的重要组成部分。文化产业有着巨大的发展空间，在我国还需要创造符合人民群众需求的、能代表社会主义先进文化的文化产品和服务产品，激发人民群众的消费欲望，实现文化产业的进一步扩大和升级，促进经济的进一步增长，也实现我国文化的繁荣，增进“文化自信”。

城市文化产业发展是国际与国内环境决定的，也和时代的发展、媒介的更新密切相关，还和普通民众的广泛参与有关系。每个城市都应该顺应时代发展和空间结构的要求，探索适合自己的发展机制。

（二）不同点

“一方水土养一方人”，同样，一方水土造就一方城市文化产业。虽然沪宁杭有着相似的文化背景，但由于城市发展道路的区别和文化特质决定了其城市文化产业必然有各自的特点。一个城市的文化产业定位需要结合社会发展的需要，在文化产业发展政策方面应该结合城市的总体发展目标，利用城市的历史、文化资源，更好地发挥城市的聚集功能与辐射能力等。也就是说，文化的产业发展要与城市各种资源、条件、目标等相匹配，要有自己最基本的定位。沪宁杭三座城市的文化产业有着不同的发展特点。

1. 上海城市文化产业的特点：主打国内、面向世界

上海的城市文化产业有着得天独厚的地理和历史优势。首先，

① 王俊岭. 文化消费进入井喷季 拉动经济转型升级. 人民日报(海外版)，2018 - 2 - 10

上海处于中国沿海经济带和长江经济带交叉点上，它以天然良港的地理优势成为中国进出口贸易的枢纽，又以浩瀚的长江连接着中国广袤的腹地，是中国近代文化产业发展的摇篮。在沪宁杭三座城市中，上海城市文化产业的历史最久、发展最成熟、规模最大。加快建设国际化的文化强市，大力提升上海城市的文化软实力，已经成为上海既定的发展战略和目标。

（1）历史和开放传统优势

作为一座国际大都市，上海既是文化交流、融汇的中心，也是文化产业集中发展的中心。作为“海派”文化的发祥地，上海自近代以来始终是长江三角洲地区乃至中国文化消费潮流的倡导者与引领者，并一直居于时尚潮流的领导地位。中国近代的报刊业、印刷业、广播业、唱片业、电影业、出版业、娱乐业等产业正是在上海孕育起来的。①

很多研究资料表明，中国近代文化产业首先在上海出现，上海曾经是中国的报刊、图书出版、发行中心。1876 年 3 月 30 日上海申报馆所出的《民报》是清末第一份白话文报纸②。有研究表明：19 世纪末，全国近代文学期刊约 90 种，而在上海出版的占到八成以上，有 75 种。③ 19 世纪中后期，中国出版的“西书”中，在上海出版的占到八成。④ 上海集中了商务印书馆、中华书局、世界书局等优秀的出版机构。

谈到中国近代电影史，绝对不能绕开近代上海电影史。同时，上海又是中国的近代文学艺术中心，风格独特的“海派”绘画、千姿百态的戏剧曲艺、五彩缤纷的诗歌小说，在全国乃至海外都极具影响。

---

① 张鸿雁，吴新兰. 沪宁杭城市群文化产业的特色认知. 上海城市管理职业技术学院学报，2007(1)

② 叶中强，朱红. 文学想象与城市文化的多元建构. 上海：上海社会科学院出版社，2013:41

③ 江蓝生，等. 2001～2002 年：中国文化产业发展报告. 北京：社会科学文献出版社，2002:201

④ 葛剑雄，等. 人口与中国的现代化(1850 年以来). 上海：学林出版社，1999:190～191

上海还可以说是中国的近代教育中心，这里曾经汇集了一大批文化名人，章太炎、蔡元培、王国维、鲁迅、张元济、郑振铎、茅盾、巴金、郁达夫、刘海粟等都曾在上海生活或工作，爱因斯坦、罗素、杜威、萧伯纳等也曾在上海留下足迹。[①] 上海之所以能够吸引中国其他地方及外国的人才，自然是因为它独特的经济文化条件。这些文化名人对近代上海文化的形成与发展起到了主导作用。[②] 此外，上海作为近代教育中心的另外一个标志就是各类学堂的兴办，从 1849 年至 1911 年，上海兴办各类学堂达 249 所[③]。可以说，这些知识分子、文化名流在上海的集结，各种学堂在上海的兴办，为今天上海的发展奠定了基础，确立了"文化上海"的传统优势。

(2) 物质基础和人力优势

上海不仅具有发展文化产业的历史优势，还具备大力发展文化产业的雄厚的物质基础和人力优势。

上海有很多在国内甚至国际上都屈指可数的文化机构和文化设施，这些机构和设施奠定了上海发展文化产业的雄厚物质基础。据《2016 年上海公共文化服务发展报告》，上海共有 20 多个市级文化项目将陆续完成建设和设施功能升级，并将新建、改建、扩建 40 多个社区文化活动中心。在未来几年内，上海将建成一批具有国际先进水平的文化设施。上海博物馆东馆将与浦西馆相互呼应，形成上海博物馆"一体两翼、联动东西、特色清晰、相辅合璧"的总体格局。上海图书馆东馆将设置图书情报服务、社会科学、通志研究三大功能模块，打造融阅读学习、信息交流和知识共享为一体的城市创新空间。上海大歌剧院将努力成为国内顶级、亚洲一流的剧院，主要服务于歌剧、芭蕾舞剧的演出。以公共图书馆发展为例，截至 2016 年年底，上海市有各级公共图书馆 238 家，市中心图书馆"一卡通"有效读者证

① 苏永军，邹晓东. 上海文化产业发展浅析. 上海大学学报，2002(8)

② 叶中强，朱红. 文学想象与城市文化的多元建构. 上海：上海社会科学院出版社，2013：69

③ 葛剑雄，等. 人口与中国的现代化(1850 年以来). 上海：学林出版社，1999：190～191

325.2 万张,“一卡通”文献流通量 6547.1 万册,“一卡通”文献入藏量 2664.8 万册。上海市有区级文化馆 24 个,标准化社区文化活动中心 226 个,居(村)委会综合文化活动室 5245 个,农家书屋 1514 个,百姓健身房 125 家,社区创新屋 79 家。

近年来,上海已初步形成以公有制为主体、多种所有制共同发展的文化产业发展格局。上海的文化产业市场主体多元发展,已经形成具有优势的文化产业格局。企业是文化产业发展的主体,全市核心类文化企业 1.4 万家,其中非公有制文化企业 1.2 万家,占比 88%。国有文化企业紧紧把握上海转型机遇,加快升级步伐。2012 年,以上海文广集团、解放日报报业集团等为代表的骨干企业完成营业总收入近 300 亿元,同比增长 5.6%。民营文化企业依托上海公平开放的创新环境迅速发展,2012 年,新文化传媒集团在 A 股成功上市,成为上海首家民营影视制作类上市企业,上市一年企业市值从 14 亿元增加到 40 亿元;淘米网、巨人网络、东方财富等一批专、精、特、新的民营文化企业在上海孕育成长。

上海拥有众多的文化产业基地。2004 年 12 月 23 日,受文化部委托,上海市文化广播影视管理局向上海大剧院总公司授予了“全国文化产业示范基地”的铭牌。在第一批文化部命名文化产业示范基地中,上海 4 家单位榜上有名。到 2012 年,上海的全国文化产业示范基地已经超过 10 家。

为加强公共文化人才队伍建设,上海实施了很多积极的政策。如,2016 年上海市启动了新一轮公共文化从业人员三年万人培训计划。培训工作更加注重与本市知名高校合作,采取脱产集中培训和讲座相结合的方式,引入艺术体验、学习讨论、实地考察、总结交流等多样化培训环节,邀请各领域知名专家学者以及具有丰富实践经验的优秀专业人员担任主讲。新一轮万人培训计划全年开设短训班 10 个,讲座 24 场,共计培训 2613 人次。上海文化产业的人才优势主要表现在人才的储备和“才智”上。所谓“才智”,主要是指人才的创新意识、创新能力和资本市场的理念。人才的储备为上海的文化产业发展奠定了人力基础。在文化产业资本的运作中,“才智”也发挥了无比重要的作用。

全球化时代给上海文化产业的发展带来了挑战,也带来了前所未有的机遇。上海在历史发展过程中,积累了发展文化产业的优良传统以及雄厚的物质基础,也聚集了大量优秀的从事文化产业的人才,为上海文化产业的发展准备了必要条件。

(3) 特色和发展契机

“互联网+”“文化+”的新思维是上海文化产业发展的特色和发展契机。2017年,上海提出发展文化创意产业目标:进一步提高文化创意产业在全市生产总值中的比重,一步步由现代文化创意产业重镇建成具有国际影响力的文化创意产业中心。由于政府的政策支持,上海市文化创意产业发展迅速,很多城市洼地摇身变为文化创意的时尚高地。上海共认定128家市级文创园区,其中10家为市级文化创意产业示范园区,此外还有100多家区级文创园区。M50创意园、8号桥、田子坊等各具特色的文创园区都有着清晰的产业定位;德必易园、越界等品牌文创园区已经走向全国并走出国门;锦和、德必等企业已进入上市程序……经过了初期的自发生长阶段,目前这些园区正朝着专业化、连锁化、品牌化方向发展。在文创产业发展过程中,“引进来、走出去”在这里频繁进行。上海利用自贸区政策优势,举办了自贸区海外新书展、文化授权展,吸引大量国外出版商和文化创意企业参会。国家对外文化贸易基地牵头组织上海企业参加洛杉矶艺术展、德国科隆游戏展等12个国际知名展会,进一步拓展国际文化贸易渠道。①

中国正处在经济转型的新阶段,上海要利用好国际经济复苏的大环境和国内经济转型的小环境,营造好推动上海创新发展的新环境。上海作为中国的经济中心城市,东西方经济文化在这里汇集交流,正是海纳百川的集聚效应成就了上海“海派”文化的特色。这些都为上海文化产业的国际化积累了丰富的经验、打下了坚实的基础。

---

① 世界文化产业创意中心:上海特色文创集群遍地开花. http://www.sohu.com/a/115953851_456983

2. 南京城市文化产业的特点:以文兴旅、文商交融

古都南京素有“十朝佳丽地,金陵帝王洲”之称,深厚的历史文化底蕴是南京城市文化的特色。历史传统、人文氛围是南京文化产业发展的特点和优势。“南京世界名城博览会”“中国文化产业论坛”等既可以突出南京的人文特征,又为南京文化产业带来了进一步发展的契机。与上海、杭州相比,南京的文化产业发展显得较缓慢,但是其历史文化积淀深厚,有文化产业发展的资源优势。

(1) 历史文化积淀的优势

沪宁杭三座城市中,南京是历史最悠久,也是最有人文氛围的城市。南京是中国的首批历史文化名城之一,无论建城史还是建都史,在沪宁杭三座城市中都是最长的。

从“多少楼台烟雨中”的六朝风韵到“桨声灯影里”的秦淮河,再到“十万骆驼拉不起”的阳山碑材……南京的一草一木、一砖一瓦,都见证着历史的演变、蕴藏着悲欢离合的故事。

南京老城区集中了很多承载历史文化记忆的珍贵建筑,是南京文化积淀最深厚的地方。为了发挥南京城历史文化积淀深厚的人文优势,南京市政府确定了“保老城、建新城”的方针,贯彻实施“一个疏散、三个集中”(疏散老城人口,工业向开发区集中、建设向新城集中、高校向大学城集中)的城市建设新思路。

(2) 当代的人文优势

首先,当代南京的人文优势体现在城市的人文素质上。丰富的科技教育和人才资源使南京在国内城市中处于领先地位。2010年,南京拥有中国社会科学院院士、中国工程院院士78人,数量列全国第三,居副省级城市的首位。每万人中大学生数量全国第一,每万人中研究生数量全国第二,高端人才聚集度全国第三。南京已成为海外留学人员回国就业创业的首选城市之一。南京市雄厚的科教资源和丰富的创新要素是创建国家中心城市的有利条件和智力支持。①

① 李程骅,等.城市与区域创新发展新论.北京:中国社会科学出版社,2014:76～77

其次,当代南京的人文优势还在于人文工作者的创造力。近年来,南京涌现了很多优秀文艺作品,且多在全省、全国获得奖项,表现了南京人文工作者的创作热情和创作能力。2017年,江苏省"五个一工程"评比活动中,南京有七部作品获奖,其中原创话剧《雨花台》还获得了全国"五个一工程"奖。《雨花台》在南京、北京、上海、广州、武汉等地的巡回演出,引发了强烈反响,并且进一步提升了南京雨花台烈士陵园的知名度,实现了经济效益和社会效益的双赢。

最后,当代人文学者很重视对历史文化遗存的挖掘、整理以及对优秀传统文化的弘扬。比如,为了保护历史遗存,2015年南京建设并开放了大报恩寺遗址公园。该公园保存了"最完整的中国古代寺庙遗址",同时结合当代科技文明,对大报恩寺塔进行了"再造",还开设了"报恩讲堂",让现代人在历史和文化中体验知恩报恩的故事,弘扬独特而美好的中华传统。

(3) 特色和发展契机

南京是"一带一路"节点城市、长江经济带门户城市、长三角区域中心城市和国家创新型城市,也是东部重要的中心城市。"一带一路"倡议的提出,为南京文化"走出去"提供了重要的历史机遇。文化消费市场进入转型时期,文化消费与文化产业的发展恰逢人民生活水平提高、经济高速发展的契机,有着2000多年建城史的南京真可谓"商机无限"。

南京文化产业取得长足发展,文化产业的产值在区域经济总值中的比重逐渐增加。2012年,南京文化产业增加值达到335亿元,比2011年增长25%以上,占GDP比重超过4.6%。2012年,南京再次被评为"全国文化体制改革工作先进地区"。据亚太文创产业协会公布的"2013年度两岸城市文化竞争力排行榜",南京名列第五,仅次于北京、上海、台北、杭州。南京文化产业的特色可以概括为"以文兴旅、文商交融",也就是以文化旅游业带动经济的发展,挖掘并开发历史文化资源,以市场机制运作文化产品和文化服务。

南京的文化发展特色就是要"以文兴旅、文商交融"。所谓"以文兴旅",就是利用、开发城市的文化资源,把文化作为旅游业的特色产品。“文商交融”就是要突出南京旅游业发展的典型文化特征和经济特征，以文化带动经济发展，让文化成为南京旅游发展的动力因素。南京有很多可以利用的历史文化资源，如以中华门城堡为中心的古城墙景观，以夫子庙、江南贡院为中心的古文教景观，以瞻园为中心的古代园林景观，以颐和路为中心的民国建筑景观等，很多民族文化的精华都集中在南京，每年都有数以千万计的游客来南京观光游览。除了人文的建筑景观资源以外，南京还有夫子庙古玩字画市场、花鸟鱼虫市场、民间工艺品市场、秦淮风味小吃市场等，顺应游客和市民的休闲消费需求，突出南京的文化旅游特色。此外，不定期的民族文化活动，如“秦淮灯会”“夫子庙文化庙会”等符合市场发展潮流的节庆活动也都增加了南京文化旅游的吸引力、丰富了南京“以文兴旅、文商交融”的内容。

文化产业是国民经济的重要组成部分，是先进文化和精神文明的重要载体，也是统筹经济社会发展的重要内容。南京要大力发展自己的产业经济，这是不容忽视的课题，也是南京正在努力进行的课题。2003年，南京的人均GDP首次突破了3000美元①，为南京的城市文化消费需求的增加奠定了市场基础。

改革开放以来，南京作为中国对外开放的重要窗口，还举办了一些现代化的国际会展，如“世界历史文化名城博览会”“青奥会”等。新形式的会展，创造了南京对外交流、文化贸易的新平台，南京的城市形象也因此增加了“青春”的色彩。

2002年，以“感受文化，创造财富”为宗旨的国际文化产业论坛创立。第一届中国文化产业(国际)论坛(2002年5月21日～5月24日)的地点选在了南京。2004年，“重洽会”在南京举行，其中的文化产业项目推介会给南京文化产业带来很多机会。百余家海内外客商云集，为南京的文化产业发展吸引了很多规模较大、前景较好的项目。

---

① 根据国际发展的经验，一个城市的人均GDP需要达到3000美元，才能激发人们对文化消费的需求。

2016年,南京与中国外文出版发行事业局共同举办了首届“丝绸之路”媒体合作论坛,来自中国、俄罗斯、哈萨克斯坦、韩国等“一带一路”沿线国家的20余家主流媒体负责人出席了论坛,并成立“‘丝绸之路’媒体合作联盟”。但是,我们不得不承认,南京文化产业发展的速度暂时还比不上上海和杭州。

南京有着丰富的文化资源、优秀文化艺术产品的创新和生产能力。虽然现在南京文化产业的市场化程度有待进一步提高,但是今后,南京将进一步整合文化资源,提高文化产业发展的质量和档次,充分利用可以进行市场化运作的资源,结合改革和产业升级的进度,逐步推向市场。

3. 杭州城市文化产业的特点:灵活经营、创造市场

浙江省民营经济发达。杭州作为浙江省的省会,从经济发展状况来看,已经发展成为长江三角洲地区的副中心城市。杭州除了丰富的自然资源、历史资源和文化资源,还有优良的商务环境和经商传统,在人才和文化消费产品的社会需求等方面都具有较强的竞争优势。因此,虽然与上海相比,杭州的文化产业起步较晚,但由于政府的牵引作用和民间力量的推动作用,杭州的文化产业发展较快。同时,西湖博览会、国际休闲博览会为其提供了新的发展契机。

(1) 自然和人文资源的优势

杭州虽然不属于港口城市,但是地处长江三角洲地区,地理优势明显。此外,浙江充足的民间资本也为杭州的文化产业发展提供了巨大的发展潜力和产业升级资本。

杭州的自然优势体现在山水风光和物产。杭州的花情柳意、山容水貌已经是人们心中江南美景的典型,引得游人如织,旅游产业的效益自不待言。另外,杭州的特产众多,如丝绸、龙井茶、扇子、剪刀、瓷器等。

杭州不仅自然风景优势明显,人文资源也很丰富。杭州的人文优势在于其作为吴越文化的发源地之一,不论是城区还是景区,处处散发着文化的气息,每一个熟悉或不熟悉杭州的人都能真切地品味到杭州独有的文化味道。近年来,杭州旅游的开发重点已从自然景

点转为人文景点，雷峰塔、钱王祠、万松书院、杭州碑林、于谦祠等一大批人文景点走到旅游“前台”，良渚文化线、吴越文化线、南宋文化线、运河文化线等历史文化旅游线纷纷涌现。[①] 把美妙的自然风景和丰厚的人文遗产结合，是杭州这座著名国际风景旅游城市的最大卖点。

杭州拥有发展文化产业得天独厚的自然和人文优势，文化产业存活的关键在于周围的经济生态环境。要让这些自身优势得到最大限度的发挥，必须走向世界，形成品牌效应。2001 年杭州市政府荣获“联合国人居奖”，2016 年杭州成为全球首批、全国首个加入联合国教科文组织“全球学习型城市网络”的城市，此类奖项为杭州扩大了影响，是杭州城市推进国际化的重要标志。

(2) 活跃的民间资本

活跃的民间资本是杭州文化产业发展的先发优势和竞争优势。

浙江是我国的文化大省，流传着钱镠立国、赵构南渡等无数动人的故事。同时浙江又是中国民营经济的重要发祥地，从 20 世纪 90 年代开始，民营资本就开始进入文化产业领域，形成了文化产业中的“浙江民资现象”。如今的浙江已经形成了独特的经济发展模式，民营经济的发展已撑起浙江经济的大半壁江山。浙江有很多有规模的民营文化企业，涉及领域非常广泛，如影视、广告、会展、印刷等，整个浙江的民营文化企业从业人员高达 75 万人，民营资本的投资总额高达 1300 亿元。

2017 年，杭州的上市企业达到 135 家，数量居全国城市第四位；新三板挂牌企业达到 347 家；入选中国民营 500 强企业数连续 14 年居全国城市首位。[②] 杭州的民营资本在很多文化产业中都占有巨大的比重和优势，如图书报刊业、音像制品批发零售业、文化旅游业等。提到杭州的文化产业，最值得一提的就是动漫产业和文化旅游产业。

① 张鸿雁，吴新兰. 沪宁杭城市群文化产业的特色认知. 上海城市管理职业技术学院学报，2007(1)

② 见：2017 年杭州市政府工作报告

杭州滨江区建设了国家级文化产业基地，如国家动画产业基地和西湖区数字娱乐产业园基地。文化产业基地吸引了很多民营企业的加入，为文化产业的协调发展、规模发展提供了环境支持。

（3）特色和发展的契机

在浙江省文化工作会议上，杭州市提出了以推进文化体制改革为动力，以发展文化产业为突破口，把杭州建设成为浙江都市文化的龙头、长江三角洲地区乃至我国东南部的重要文化中心之一的目标。[①] 发展杭州文化产业，是杭州建经济强市、创文化名城的需要，也是推进杭州现代化的需要。

杭州文化产业的快速发展与杭州市委、市政府的大力扶持和引导息息相关。2005年《杭州大文化产业发展规划（2005～2010）》提出要使“创意产业”成为“杭州文化的支柱产业”；2007年杭州市委、市政府提出了打造全国文化创意产业中心的战略目标；2008年杭州市提出构建“3＋1”现代产业体系和实施软实力提升战略的重要部署，进一步确立了文化创意产业的战略地位；2009年出台《杭州市文化创意产业发展规划（2009～2015年）》；2012年出台《杭州市“十二五”文化创意产业发展规划》……21世纪以来，杭州市委、市政府出台了一系列的政策支持文化产业的发展，而杭州文化产业的发展正是在这样的政策指导与推动下取得了不断的进步。

近年来，从策划到场馆的建设，从会展的布展、传播到广告的代理等，杭州会展业形成了“产业链”的发展模式。无论是大型节庆活动，还是品牌推广或者体育赛事，都培育了一批以杭州地域文化为内涵、特色产业为依托的国际性和全国性会展品牌。2016年，杭州跻身全球100强国际会议目的地城市。

杭州文化产业种类丰富、特色鲜明、体系完善。杭州的文化产业包括的内容很多，如手机游戏、网络动漫、网络广告等，特别是杭州的动漫产业，在全国属于领先地位。杭州针对动漫游戏产业一共推出

---

① 张鸿雁，吴新兰. 沪宁杭城市群文化产业的特色认知. 上海城市管理职业技术学院学报，2007(1)

了五轮政策，新政将播出补助由原来的按分钟数补助改为按动画片销售收入进行配套补助，更加强调“扶优扶强，鼓励打造精品力作”，除了电视台播出补助外，还有电影票房补助、出版物发行补助、舞台剧票房补助、新媒体播映补助、作品获奖补助等。随着互联网等新媒体的发展和普及，在互联网上播映和上线已成为动漫作品宣传推广和走向国际的一个重要渠道。在新媒体上播映的原创动漫作品，根据政策，最高可获补助 50 万元。①

杭州文化创意产业已经成为杭州实施跨越式发展战略、率先迈入以高新技术产业为主导和以现代服务业为支撑的后工业化时代的发展“新动力”“新引擎”。2015 年，杭州文化创意产业实现增加值 2232.14 亿元，同比增长 20.4%，高于 GDP 增速 10.2%，有 3000 多家具有一定规模的文化创意企业，其中“国家动画产业（教育）基地 5 家、国家文化产业示范基地 8 家、市级园区 24 家、市级文创楼宇 33 幢”②。在亚太文创协会发布的《2015 年两岸城市文化创意产业竞争力调查报告》中，杭州在大陆城市中仅次于北京、上海，成为“文创实力”排名第三的城市。在第六届文化产业国际论坛上，杭州与澳大利亚悉尼市共同获得全球文化产业领军城市“创意示范奖”，成为国内唯一获此殊荣的城市。③

杭州重点发展信息服务业、动漫游戏业、设计服务业、现代传媒业、艺术品业、教育培训业、文化休闲旅游业、文化会展业八大门类文化创意产业，倾力打造、建设“全国文化创意产业中心”。包括行政区划面积只有 18 平方千米的上城区在内的 6 个老城区，财政收入都分别超过了 100 亿元。

有学者研究认为，杭州发展文化创意产业最重要的经验是以“创意是源泉、文化是内容、人才是基础、科技为动力、产业化为方向、效

① 杭州出台动漫游戏产业 18 条新政　取消重播补助.经济日报，2018－2－12

② 严红枫.文创产业发展的杭州实践.光明日报，2015－11－26

③ 李明超.创意城市推动文化创意产业发展的政府导向研究.管理学刊，2013（12）

益为目标"为基本发展理念。[1] 杭州在发展文化产业方面,在全国处于比较领先的地位,主要是因为杭州集合各种资源优势,全面推进产业结构的调整和升级,切实转换观念,发挥政府引导与民营资本相结合的优势。

杭州文化产业发展的契机在于把握国际博览会的机遇。杭州最早创办的国际博览会是1929年的西湖博览会,该博览会共举行了137天,总参观人数达到2000多万人。该博览会与1893年芝加哥博览会、1900年巴黎博览会和1926年费城博览会并称为"国际性庆典"。近年来杭州的国际地位不断上升,很多重大的会议在杭州举行,如2016年G20杭州峰会的举办、2022年亚运会将在杭州举办等,这些大事件证明:杭州迎来了城市发展的新契机。

近年来,推进浙江海洋经济发展示范区和舟山群岛新区建设策略的提出,与"互联网+"的优势的双向推动,为杭州城市产业由制造业向文化产业转型升级提供了良好的契机。[2] 凭借历史文化传统的优势,加上传统手工艺的"工匠精神"影响,杭州必然会提升其城市文化形象,促进其成为全国著名的旅游城市、有国际影响的会展城市。

(三)比较认知

文化产业随着经济快速发展和人们日益增长的文化需求而不断发展,是一个国家软实力的体现和象征,也是城市竞争力的重要来源。文化产业是一个综合性很强的产业,涉及面非常广。因此,文化产业与区域发展的各种资源要素密切相关。不同地区拥有不同的区位,因此在自然资源、信息资源、历史资源、资本资源等方面存在差异。

沪宁杭地域社会结构和资源的异同,影响了它们文化产业的状

---

① 赵紫燕.杭州、上海、厦门位居前三 对19个副省级及以上城市文化软实力的测评研究.国家治理,2017(1)

② 范天宁.匠人营国:杭州手工艺与城市文化形象——以张小泉剪刀为例.现代交际,2017(11)

态和构成、市场机制的运作、动力机制的生成。沪宁杭三城由于同处长江三角洲地区，虽然有很多近似的资源，但是也有各自的特色文化和资源。为了避免低水平的同质化竞争，三个城市应该根据各自的文化特色和优势，选择最适合自身需求的支柱型文化产业，在产业的发展过程中注意构建合理、稳定的产业结构形式和产业结构体系。目前来看，长三角城市群正处于产业一体化的过程中，各城市应保持开放的心态，因为只有谋求合作才能共赢，只有协同发展才有更大的进步。沪宁杭三城中，上海的中心地位不可否认，南京、杭州应自觉地接受上海的文化辐射，与上海的文化产业形成差异化发展。上海也应把自己定位到国际性大都市的位置，和其他城市形成错位发展。作为省会城市的南京和杭州，应该扮演好“长三角副中心城市”“长三角后花园”的角色，形成“游、住、学、创”的城市特色。具体到文化产业方面，上海最突出的是影视和出版发行业，杭州和南京最突出的是文化旅游业。上海文化产业的发展有其历史、区位优势，这是中国的其他城市不可比拟的。杭州借助其发达的民营资本优势，文化产业市场也是一片繁荣。南京可以利用高校集中的人文优势，打造出文化产业的一番新天地。在沪宁杭“一体化”的“文化场域”中，三城应该尽可能地发挥各自的优势，携手合作，共同进步，以达到“各美其美，美人之美，美美与共，天下大同”的最高协作发展境界。

第八章
误区:特色文化城市发展创新与认知差异

“对于一个城市来说,最重要的不是建筑,而是规划。”

——贝聿铭

随着经济的快速发展,人民生活水平不断提高,强烈的文化需求在各行各业中表现出来。目前,各个城市都越来越重视城市的发展质量,注重构建自己的城市文化形象,将城市文化建设作为城市发展的力量和资源。随着城市化进程的发展,城市的规模日益扩大。城市的迅速生长与扩张给社会经济的发展带来了生机,注入了活力,也提供了机遇。但是,从另一方面来看,由于对城市形象和个性的认识不足,在当前中国城市建设中,也出现了一些失误。在城市快速发展的过程中,由于缺乏沉淀和积累的时间,雷同现象越来越多。改革开放以来,沪宁杭三大城市经济生活水平提高的速度尤其快,城市建设速度也尤其快。在城市形象建设、城市品牌定位方面,沪宁杭三城亦快人一步,做了大量工作。然而,我们不得不承认,在中国城市建设的大浪潮中,沪宁杭这三颗长江三角洲上的明珠,也和其他城市一样,或多或少、或深或浅地陷入不同类型的文化误区中。

长江三角洲地区蕴藏着非常丰富的历史文化以及城市文化。长江三角洲地区是中国城市文化发展的前沿地区,城市形象的建设和城市文化发展的过程中,更应当强调城市文化特色中的"地区性"和"时代性",对待城市文化的建设不能简单地模仿、抄袭,而应突破、超越、更新、再生。我们应该不断地反思:在全球化的冲击下,城市在传承性和开创性之间如何取得平衡。我们应当正视所面临或所深陷的各种各样的文化误区,只有发现它、正视它,才能有所改善和提高,才能让我们的城市更加和谐、更加健康。

一、文化误区产生的原因

当今世界正朝着国际化和全球化的方向发展,开放性和竞争性成为其显著特征。城市形象的认知、城市个性的塑造、历史文化的珍视和文化意识的回归,得到学界越来越多的认同。城市文化的建设,得到了城市建设者们的共识。此外,许多国家都有一些城市是以本国的其他城市发展受限为代价实现了自身的繁荣的,同时城市(即便像是伦敦和纽约这样的大城市)内部也经常会有大片的区域处于发展的劣势甚至衰退状态。①

改革开放以来,中国经济快速发展,人民生活水平日益提高。高耸林立的大楼,繁华宽阔的街道,衣着光鲜的人群——中国的城市,正是这些成就最集中的表现体。但是,我们也必须看到,在经济的快速发展、城市硬件不断完善的同时,城市文化却出现了相对滞后的状态,在形象建设方面也陷入各种各样的文化误区。我国正在催生出越来越多的"超级城市","大城市病"也在加剧:资源短缺、环境污染、交通拥堵等。②

以下从外因和内因两个方面来分析城市形象建设中陷入文化误

① 史蒂文森.城市与城市文化.李东航,译.北京:北京大学出版社,2015:139

② 苏智良.中国城市化进程中城市风貌与历史建筑的保护.上海师范大学学报,2012(3)

区的原因。

(一) 文化误区产生的外因

首先,文化误区的产生是由文化的性质决定的。经济的发展有着相对物化的特征,如工业的发展、商业的繁荣、收入的增加、生活水平的提高,这些是易于观测的。而城市文化,即使是物质的表层特征,都沉淀了很多过去的集体记忆。发展带来的变化,往往需要经过一段时间的孕育、积淀、创新,从而融入并丰富原有的文化。在文化领域,也很难找到判别功过得失的唯一标准。因此,文化的发展往往不如经济的进步那样容易被检测。在经济快速发展的背景下,人们对于文化的需求也会更多,文化的发展就更加显得滞后于经济,所以,城市形象建设容易陷入一些文化误区。

其次,文化误区的产生与全球化的时代背景相关。城市是文化的载体,也是人类生活的容器。在全球化的时代,城市文化出现了多元共生的现象,人们对这种多元共生状态的接受和认同,导致了全球范围的文化"趋同"现象。城市建设也出现了千城一面的"趋同"现象,城市在城市化的进程中越来越缺乏自己的个性与特色。和传统时代的封闭、独立文化发展模式相比,现代的城市文化发展受到了越来越多的冲击。"原本相对独立的城市文化特色系统也由于这种冲击而逐渐被削弱,地域文化的衰退乃至丧失,从 20 世纪 60 年代起就开始成为全球性的问题。历史和传统一向寄托着人类文化的精神慰藉,它们所形成的城市特色带来的不仅仅是城市风貌的改善和城市经济的发展,更重要的是人类文化得以延续,城市精神的凝聚力得到加强。"①同时,全球化也给城市带来了发展机遇。全球化是一个产生矛盾空间的过程,"充满纷争、内在分化和持续不断

① 肖明,段进.南京城市特色公众意向调查分析.规划师,2003 (1)

的边界跨越”[①]。全球时代也是信息化时代，信息的交流越来越密切。信息技术的发展为城市间的文化交流提供了比较便捷的方式，为城市间的人文交流与文化交融等提供了高效沟通的可能性，世界城市的重要性因为其文化的传播和影响力而日益凸显。

最后，文化误区的产生与我国现阶段城市发展水平有关。改革开放以来，伴随着经济发展，太多的新鲜事物以前所未有的速度出现在国人眼前，并且给予人们做出不同选择的机会。当社会发展到这一阶段，各行各业都相继产生了更加强烈的文化渴求，所以几乎中国所有城市都在寻找自己的文化形象，力图确立自己的文化品牌，因此形成了当前的城市形象建设热潮。然而城市文化转型需要一个相对长的周期来适应经济的发展，在这样的矛盾中，中国城市形象建设走一些弯路，进入一些文化误区，也是不可避免的。

上述几点文化误区产生的外因，也可以说是客观原因，是中国城市化进程中必然经历的阶段。中国的城市形象建设虽然起步比较晚，在实践经验和理论积累方面还比较匮乏，但是很多大中城市甚至一些小城市都开始注意到“城市形象”这个重要课题，希望通过规划努力塑造良好的城市形象，提高城市的辨识度、知名度、美誉度，吸引更多的人才聚集，促进城市经济的快速发展。

（二）文化误区产生的内因

城市是一个有机生长的生命体，其成长需要一个循序渐进的过程。芝加哥学派城市社会学家 E．伯吉斯和 D. 博格认为，如果将城市视为一个有机体，那么其动态变化的过程就会出现成长、成熟、衰退、没落或更新等现象。城市更新是城市在生长过程中必然要进行的新陈代谢过程，其表现形态就是城市物质结构、空间结构的一次次

① 芭芭拉·门奈尔．城市和电影．陆晓，译．南京：江苏凤凰教育出版社，2016：196

变迁。[①] 城市物质结构与空间结构的变迁受到各种影响因子的制约。城市形象的建设主要受行为系统的影响,特别是前文中提到的政府行为的影响。文化误区产生的内因主要表现为以下三个方面。

首先,城市形象的建设缺乏科学性。

"城市形象"的建设需要增强科学性,首先需要对城市的发展状况进行调查,在调查结果的基础上,结合城市自身的各种自然要素,如区位、自然资源等,挖掘城市的历史文化、经济价值等发展要素,尽量强调并突出城市的文化特征,从而对城市准确定位、系统规划。

需要注意的是,城市形象的建设,除了显性的城市规划和城市建设之外,还包含了隐性的文化因素,如历史文化的传承、城市优良传统的弘扬、城市精神的凝练与升华、城市知名度的传播与宣传。然而,在当前中国城市建设中,不仅在城市文化方面缺少行之有效的投入,在规划建设上也存在一些缺少科学规划的工程,这些工程大多耗资巨大,实用价值较低。缺乏科学性的研究和思考,城市形象建设必然走向误区。

其次,城市形象的建设缺乏连贯性。

城市形象的建设,应当承于历史、立于现实、开启未来,应当具有长远性的规划,因此,以十年甚至二十年作为规划期限都是合理的。然而,随着时代的发展和城市管理者的更迭,中国很多城市在形象建设中留下了一道道代表不同审美取向的痕迹。城市管理者的更迭往往会引发上一轮管理规划的变化,这种规划管理的不连贯性也容易导致城市建设陷入误区。

再次,城市形象的建设缺乏群众性。

市民社会的文化生产有着巨大的动力,这取决于中国现有的文化市场的规模。中国现有的文化市场拥有庞大的受众群体,大量的文化消费刺激着文化的生产。[②] 城市形象建设,应当是全民性、群众

---

① 蒯大申.城市更新的文化内涵.文化艺术研究,2008(2)

② 苏桂宁.20世纪中国市民形象与市民文化.北京:中国社会科学出版社,2013:11

性的。无论是城市精神、城市文化,还是城市宣传,都首先应当获得市民的认同拥护和主动参与。缺少市民参与,也就难以获得群众的主动配合,难以达到预期的形象目标。在当前的城市形象建设过程中,要让市民真正觉得自己是城市的主人,而不是形象建设过程的旁观者。城市要创造适合人天性的环境,城市要体现人文关怀。城市的基础设施、文化娱乐和休闲场所要"为了人,方便人,给人一种亲和力,让人有种温馨感"[①]。市民是城市发展好坏的评判者,是城市文化精神的承载体,是城市形象建设中最应当发挥重要作用的角色。

二、文化误区的表现和对策

全球化时代的到来,使信息、资本在全球流动,使当今人类的生产、生活超越了地理或者行政边界的限制,全世界成为一个开放、自由的空间和合作、竞争的市场。由此,居于其间的国家、地区、城市,也如商业产品一样,被席卷其中、参与竞争。2010 年上海世博会主题论坛上就有学者提出:19 世纪是王朝的竞争,20 世纪是国家的竞争,21 世纪是城市的竞争。[②] 但是,随着经济快速发展而成长起来的城市,在很多方面表现出急功近利、心浮气躁的特征,不同程度地陷于文化误区之中。

(一) 重"表"轻"里"

目前,多数城市都存在面貌近似或者雷同的"形象工程"。城市形象建设中比"高"、比"大"、比"美"、比"全"现象比比皆是,却忽略了

① 傅绍万.城市与文化.北京:商务印书馆,2014:34

② 王萍萍.城市品牌化路径探析——从城市品牌定位、塑造、营销到管理.城市管理与科技,2015(2)

城市最基本的基础设施的建设。常常是一场暴雨,就可以就能让很多城市面临尴尬和被调侃的窘境。很多街道变成“泽国”,公交车变成“轮船”,网上到处是“到××来看海”之类的调侃话语。可以看出,很多城市在城市建设中很注重“面子”,却忽视了“里子”——基础设施,而成为“安全感”欠缺的城市。

安全性是城市发展的基础。城市的安全性是多方面的,有关于生态安全的,包括自然生态、文化生态和社会生态等的安全;也有关于社会安全的,包括治安秩序、道德教育等[①]。如果城市不注重安全建设,城市生活会变得非常凶险。

在城市形象建设中,很多城市还在比谁的楼高、谁的马路宽、谁的广场大,但是对城市形象影响最大的还是基础设施是否健全、公共服务是否健全。重大安全事故的发生和城市的基础设施不健全、建设水平不高有着密切的联系。

(二)重“硬”轻“软”

城市是以一系列相互矛盾却又相互补充的方式被加以理解和体验的。其中最为根本的是,由个人体验构成的“真实的”城市与由幻想组成的“想象中的”城市是相互影响的。一个是可被感知的表面的城市——由步行道、建筑物和车行道等组成,另一个则是“文学、流行文化、轶闻和回忆依存的场所”[②]。城市精神包含民众对城市的个人体验、阅历和追求,是城市文化的内在表现。城市精神得益于城市文化资源的积累、城市文化氛围的塑造,对城市文化的发展方向、发展水平、发展速度等都有重要的影响。

改革开放以来,中国的城市建筑文化出现了空前繁荣的局面,各级政府也都意识到标志性景观对于城市品牌的意义。但是不容乐观的是,不少城市并不能理解城市标志性景观为何能够成为宣传城市

---

① 王国平.城市学总论.北京:人民出版社,2013:1402

② 史蒂文森.城市与城市文化.李东航,译.北京:北京大学出版社,2015:142

文化的符号。一些号称城市新标志的人造景观不仅没有引起市民的共鸣，反倒成为视觉灾难。这样的败笔，在城市建设过程中，不胜枚举。

重“硬”轻“软”的误区不仅表现在城市建设上，还表现在城市形象的宣传上。对于城市形象的宣传主要应集中在以下几个方面：突出唯一性资源，展现城市整体形象，树立专项旅游品牌，宣传某一重点产业。不同的城市应当选择不同的角度，配合不同的方式，如此才能达到良好的宣传效果。然而，我们看到不少城市在选择宣传角度时，对城市唯一性资源的认识不够明晰，从而出现了多个城市雷同的现象。比如，杭州、成都、海口、三亚、昆明、银川争夺“休闲之都”的名号，北京、上海、香港、广州、重庆、大连争夺“时尚之都”的名号。怎样找到最具唯一性、最具吸引力的宣传角度，是当前中国各大城市应该深思的问题。

城市除了具有可触的外表，还有由流行文化、轶事掌故与集体记忆构成的内在，且这两个层面上的城市是不可分割的。① 城市形象传播可以采用“软”的手段——在宣传中进行“植入”。经典的例子就是电影《疯狂的石头》与重庆。《疯狂的石头》在全国公映后，掀起了一股重庆旅游热潮。为此，重庆有的旅行社还专门推出了产品——“疯狂的石头：重庆二日游”。② 借助影视作品的背景、主题或者台词将城市形象进行“植入”，会使一座城市真正活起来，让城市可以被触摸、被感知。

（三）重“大”轻“小”

城市品牌化的定位就是城市行销的重要内容，品牌定位明确可以增加城市的“辨识度”，让人们容易了解城市的个性特征，容易记住这个城市，知道某一区域，并且自然地把这一区域的特征形象和城市

① 史蒂文森.城市与城市文化.李东航，译.北京：北京大学出版社，2015：9

② 陶建杰.城市形象传播的误区突破与策略选择.城市问题，2011(2)

联系在一起。城市品牌的确立可以让城市精神和城市的建筑、风土、市民文化等结合在一起,让城市更充满竞争力和发展活力。

在我国的城市化进程中,很多城市在自身的品牌定位上喜欢树立"高大光辉"形象,盲目追求现代化、国际化,却没有从自身情况出发,出现了定位不明晰的问题。2011 年复旦大学的一项调查报告显示:当时中国有 655 个城市提出了有计划、有步骤地"走向世界"城市的目标,其中有 183 个提出了建立"现代化国际大都市"的目标,占了 200 多个地级市的 66.5%。这种文化形象定位上的不准确、雷同、缺乏个性等突出问题使社会大众无法区分不同城市形象与城市文化的异同。这就是城市形象建设中重"大"轻"小"的文化误区。

很多城市都没有认识到:就城市而言,"做大"未必等于"做强"。我国许多城市在城市品牌的定位上,盲目追求"大"的头衔,小城市想要做"大",大城市则想要更"大",这是中国城市发展的真实写照。对于将城市做"大",多个城市都表现出了"执着"的精神。例如某市策划出的城市形象口号"没到过某市,不了解中国",曾被网友评为中国城市"十大雷人口号"之首。该口号缺乏基本定位思想,不仅未能展示出该市应具有的人文、自然、文化、地理等优势,而且成为万能公式——中国任何一座城市都可以用这种公式进行宣传,诸如"没到过吐鲁番,不了解中国""没到过漠河,不了解中国",等等。① 这些口号"大"而"空",毫无特色可言。

改革开放以来,随着经济快速发展、生活水平大幅提高,人们对文化的需求更加旺盛,并且审美要求也越来越高,这对文化发展提出了"既要快,又要好"的苛刻要求。然而,文化本身是需要积淀、酝酿才能够有所融合、创新的,需要相对长的转型周期。人们似乎已经等不及这个转型周期,"急功近利"的心态使得很多城市缺少文化认同感和文化自信心。在这种氛围下,一些优秀的传统文化被忽视,甚至被歪曲;本民族文化的认同感、归属感被削弱;人们的价值观也发生

---

① 张龙.城市营销视角下的城市形象定位误区及模式重构.生产力研究,2012(5)

了改变，出现了享乐主义、拜金主义等不良现象。我们必须认识到，一个城市知名度、美誉度提升的关键，是对城市进行准确定位与宣传，而不是盲目地追求“现代化”“国际化”等“大”头衔。

（四）重“新”轻“古”

爱默生曾说过：“城市是靠记忆而存在的”。[①]城市的记忆是在城市的形成与发展过程中一点一滴地积累起来的，是一座城市文化价值的重要体现。文化是历史的投影。城市的特质，源于城市历史与文化的积淀，历经几十年、几百年乃至数千年才能逐步形成。文化形成虽难，毁坏却容易。什么样的城市就会产生什么样的城市文化，或者反过来说，什么样的城市文化也会造就什么样的城市。城市文化是决定一个城市迈向现代化的脚步坚定与否的关键。城市只有在继承丰富城市文化积淀的基础上，才能在现代化过程中拥有更多的自信。[②] 然而，在现在的城市建设中，很多城市忽视了对城市文化文脉的挖掘与保护，在“旧城改造”的名义下“拆旧”，建“假古董”的情况屡见不鲜。有些是“无知”造成的，因为缺乏对城市文化的研究，破坏了城市的文化空间、割断了历史文脉，而最终导致“城市记忆”的“被删除”与“被清理”；有些是由于“利益”，商业化的运作牵涉到方方面面的“利益”关系，在“利益”面前，一些具有地方特色的传统民居被夷为平地，积淀丰富的历史街区被硬生生地“旧貌换新颜”。

第二次世界大战结束后到 20 世纪 60 年代，西方大多数城市对其城市中心区域进行了大规模的拆除和重建，如伦敦、巴黎、慕尼黑、纽约、费城等一系列具有传统历史文化的大城市，都曾以摩天大楼替代了诸多古老的建筑。由于当时的城市建设速度过快，那些新建筑的设计单调乏味、缺乏个性和人情味，受到了社会各界的广泛批评。[③]

---

① 刘易斯·芒福德．城市发展史．宋峻岭，等译．北京：中国建筑工业出版社，1989：74～75

② 章友德．城市社会学案例教程．上海：上海大学出版社，2003：214

③ 蒯大申．城市更新的文化内涵．文化艺术研究，2008(2)

城市文化建设必须坚持继承与创新相结合。作为历史文化名城的南京也没能避免重“新”轻“古”的误区。2004年《金陵晚报》发起了评选“南京十大遗憾消失老地名”的活动。唱经楼、杏花村、凤凰台、赤石矶等古色古香的名字榜上有名。近年来，随着新楼盘的开发，新兴、时尚、“洋”味十足的新地名改写了南京的城市地图。针对老地名被新地名取代的现象，南京市社科院文化与历史研究所所长赵德兴遗憾地说：“地名的更替就是一部编年史，直观地展现其文脉传承。老地名是南京城市历史的活化石。”其实，南京老地名消失的背后，正是一个个历史文化景观被破坏的事实。其他一些拥有悠久历史的城市，也都面临如何在东方与西方、自身文化内涵与现代时尚审美之间寻求平衡的问题，比如苏州正在全力打造“东方威尼斯”，却不知，意大利小城威尼斯的建城时间比苏州整整晚了一千年……

人类需要精神的家园，历史文化承载着人类的精神依托。古建筑、古地名等物质和精神的历史遗存是时光的“化石”，是特色民族文化的物质表现，是唤起人们归属感、自豪感的爱国主义教材，也是抵挡他国不良文化侵蚀的屏障，是民族文化输出的载体。因此，在我们兴奋不已地打造现代化都市之时，是否想过：世界上缺的不是高楼大厦，而是那些蕴含着各民族深厚历史文化的景观；城市里也不应到处都要建“水泥森林”，人们更需要那些能够承载城市历史、唤起集体记忆的事物。当我们激情澎湃地打造各类“都”“城”的时候，是否想过：文化不是短期内可以炮制的，而是需要漫长时间的积累，才能深入人们的心中，然后得以传承、发扬。城市的物质文化和精神文化都是历史遗留下来的资源，是人类的宝贵财富，是我们不可多得的、不可再生的、最有价值的记忆，是一种经济资源，也是一种文化资本。我们不应该一笔笔地抹去城市的记忆，否则只会丢失城市上百年甚至上千年以来所积淀的“魂”。

（五）重“名”轻“实”

在城市形象建设和文化营造过程中的另一大误区，就是把城市知名度的提高当作最重要的任务和终极目标，而忽视了城市自身品质的提升。强势的品牌宣传，会将城市文化的魅力更好、更远地推广，这无疑对城市的发展有着重大的意义。但是，城市形象建设不仅仅是打响城市的知名度，而且要在推销城市的过程中，推动经济建设、文化繁荣和社会进步。“塑造城市新形象是让更多人认知城市，让城市自身提高品质，是城市的经济结构、政治结构、文化结构、社会结构和大众文化心理结构朝着良性的高级化方向发展，是一个城市对社会、对未来、对人类负责任的过程。”[①]然而，在当今城市化加速发展这一特定的历史时期，城市的发展建设承载了更多——包括对繁荣的渴望、对崛起的自豪等。出于某种功利心态，在城市文化品牌的宣传过程中，可能会犯下脱离实际、重“名”轻“实”的错误。

文化品牌塑造目标，是符合城市的经济结构、政治结构对城市整体环境形象的要求的，目标既传承了历史文化精髓，又体现了现代都市气息。追求城市知名度的提高，不能光靠大手笔宣传自己给自己炮制的美丽幻影，而是应该在塑造城市自身文化、提高城市文化品位方面下功夫。有研究者从用词方面对中国一些省会城市的形象定位进行分析，发现许多城市在城市形象定位上非常相似。比如，研究者在对城市形象定位中的形容词和名词分别进行对比分析时，发现“宜居”一词的使用频率最高，其次是“魅力”“活力”“休闲”等。这种城市品牌定位趋同的现象，固然有客观原因，如很多城市资源、人文和历史等条件相近，但是，主要原因还是在于没有充分发掘自身的自然历史文化特点，而仅仅基于城市经济发展的驱动和主观概念的创造，进行功能性的定位，导致出现大量“旅游城市”“宜居城市”“金融中心”“东方休闲之都”和“中国茶都”等，城市形象雷同，无法体现城市独特个性，难以给人留下深刻印象。[②] 有的甚至因城市形象定位不严谨，给城市形象带来极大负面影响，如某市旅游政务网曾打出宣传

---

① 张鸿雁.城市形象与城市文化资本论——中外城市形象比较的社会学研究.南京:东南大学出版社,2002:116

② 赵莉.当前城市形象传播误区及对策——以杭州为例.对外传播,2011(1)

口号——“一座叫春的城市”(目前已改为“一座春的城市”),导致舆论哗然。[①] 因此,“名”不仅要“美”,更需要“严谨”。

重“名”轻“实”不仅体现在城市形象口号宣传上的“有名无实”,还体现在城市空间规划上的“有名无实”。以城市广场为例,广场本应是城市的“客厅”,而城市的主体是市民,所以城市广场应该为市民而建,在这个露天的“客厅”里,“城市市民可以互动、交往、还可以健身、娱乐及进行文化创造。广场让城市居民可以从特定意义上认识城市存在的意义,同时也会从更深层次上认识到个人的存在”[②]。然而,纵观很多城市广场,要么无树荫遮阳,要么无座椅休息,却热衷于用大理石和花岗岩铺地,根本就谈不上环保与实用。经济条件好的城市为了争取国家级园林城市的名号,将广场一扩再扩;经济条件不好的城市为了“撑门面”,也要集全市之力建几个大广场,口号都是“改善城市环境,提高市民生活质量”,可实际上很多花费巨资修建和维护的豪华广场却得不到市民的垂青,“因为那上头太热、太干、太没意思,走得挺累,上个厕所都不方便”[③]。本应该成为城市人文关怀集中体现的城市广场,失去了它原有的意义。这样的广场违背了建设的初衷,市民难以进行休闲活动,更谈不上成为广场的主人。

正如汉娜·阿伦特认为的:“积极的生活,亦即处于积极行动状态的人类生活,总是植根于人与人造物的世界之中,这个世界是它永远不可能脱离或彻底超越的。人与物构成了人的每一项活动环境,离开了这样一个场所,人的活动便无着落;反过来,离开了人类活动,这个环境,即我们诞生于其间的世界,同样也无由存在。”[④]然而,在今日的一些城市,很多空间并没有考虑到群众的参与性。城市形象的

---

① 张龙.城市营销视角下的城市形象定位误区及模式重构.生产力研究,2012(5)

② 张鸿雁.城市形象与城市文化资本论——中外城市形象比较的社会学研究.南京:东南大学出版社,2002:296

③ 李思涯.《新远见》:新城市运动批判.http://www.china.org.cn/market/xwdt/412502.htm.2002-11-15

④ 汪辉,陈燕谷.文化与公共性.北京:生活·读书·新知三联书店,1998:57

塑造有明显的多重性目的，但是归根到底，是给市民提供满意的生活。这种满意，不仅仅是物质上的，更多的是城市给市民提供的归属感、亲切感。所以，当城市的物质水平在快速提高的同时，我们必须反思：城市的精神层面有没有得到相应的提高？如果不能在经济迅猛增长的同时，优化城市的文化结构，塑造特征分明的城市文化体系，给城市市民提供足够的精神养料，就不能实现城市社会整体进步与发展。

三、沪宁杭城市文化误区及对策

城市文化的再创造和永续发展，必须建立在认真反思从前过失，客观寻找现实差距和合理设计将来蓝图之上。但是，“城市形象建设是一个全新的社会系统工程”①，由于中国的城市化进程历史比较短，城市形象建设缺乏丰富的实践经验，也很难找到科学的理论指导，因此，很多城市在城市形象的设计、城市形象的推广、城市品牌的建设方面出现了很多值得关注的问题。沪宁杭三城在城市形象的建设过程中，也存在着诸多问题和文化误区。我们对这三座城市在城市建设中的典型误区进行归纳，并给出相应的对策。

（一）上海：国际大都市还应注意“温情”

一个好的城市，应当给予市民人文精神的关怀，这样才能够成为人们“心灵的家园，心里的归宿”。《雅典宪章》将城市的四大基本功能确定为居住、工作、游憩与交通，并认为这四大功能是研究和分析现代城市设计时最基本的分类。《马丘比丘宪章》指出：“人的相互作

① 张鸿雁.城市形象与城市文化资本论——中外城市形象比较的社会学研究.南京：东南大学出版社，2002：9

用与交往是城市存在的基本依据，城市规划与住房设计必须反映这一现实。"人们已经越发清楚地认识到，城市应当以人为主体，一切建设与发展都以人的全面发展为最终目的，能否给予市民充分的"人文关怀"已经成为评判一个城市文化与发展水平的重要指标之一。

帕克曾经说："城市一旦建立起来，似乎就成为一部巨大的分拣机器……会准确无误地从整个城市人口中挑选出那些最适于居住在某一特定区域或是某一特定环境内的个体来。"①尽管全世界的城市都存在着城市人生活社区和生活关系的"隔离机制"，包括"收入隔离""职业隔离""文化隔离""居住隔离"等，但是我们看到，目前，在世界范围内，具有良好城市形象的城市，如纽约、伦敦、巴黎、东京等，在城市空间理念和空间平等概念方面，"取得了某种文化意义上的进化"②。"隔离"是相对的，融合、包容是必需的。

上海的城市环境造就人们埋头工作、拼命赚钱的心态，在"时间就是金钱，有钱才有休闲"这一观念的影响下，城市的温情似乎正在变少。据 2017 年 3 月 21 日经济学人智库发布的《全球城市生活成本调查》，上海的生活成本"与新西兰的奥克兰和惠灵顿等城市处于同等水平，生活在上海要比生活在广州、天津贵三成"③。城市文化的繁荣，很多时候靠的是城市给予市民的人文主义关怀。

从全国来看，上海在一线城市中城市化程度最高。据统计，"2006 年我国东、中、西部城市化水平分别为 54.6%、40.4% 和 35.7%。分地区看，城市化水平最高的是上海，为 88.7%；其次为北京和天津，分别为 84.3% 和 75.7%。"④上海还拥有很长的城市轨道运营线路，"建成 12 号线、16 号线、17 号线等一批轨道交通线，轨道

---

① 史蒂文森．城市与城市文化．李东航，译．北京：北京大学出版社，2015：33～34

② 张鸿雁．城市形象与城市文化资本论——中外城市形象比较的社会学研究．南京：东南大学出版社，2002：39

③ 2017 全球城市生活成本排名．http://www.csjrw.cn/2017/0329/41812.shtml

④ 杨剑龙．论中国城市化进程中的文化遗产保护．中国名城研究，2010(5)

交通运营线路总长从468公里增加到666公里。”[①]但是,无论是从全国还是从全世界来说,上海的地铁票价都是较高的。在其他地方的地铁票价还在个位数的时候,上海的11号线安亭支线开通之后,地铁票价就开始变成了10元,这个价格真的不是那么“亲民”。此外,不仅公共交通不“亲民”,在限制私家车方面,上海也有特别的政策:实行私车牌照拍卖。据相关新闻,自2013年以来,上海的私车牌照价格突飞猛进,甚至月度平均成交价飞涨到近十万元。上海私车牌照拍卖一直被很多上海人诟病,而后上海为了打击投机炒作私车牌照的行为,还多次出台“警示价”(竞买人首次出价阶段出价不得高于“警示价”)等举措,但是效果并不是那么明显,2015年的上海首次私车牌照拍卖,有98203人参与竞拍,平均成交价格七万多元人民币。

上海在城市建设过程中,比较重视城市形象性要素的建设,例如非常注重“以人为本”的景观设计,强调空间层次的丰富性、城市景观的人文情怀和人文色彩,而这种注重人文关怀的思潮及实践,也使上海更加具有城市魅力,散发出其独特的城市情怀。此外,上海在城市文化的塑造过程中,比较注重打造出“海纳百川”的“海派”精神,处处透着时尚、繁华、摩登的气息,这使上海成为中国经济快速发展最好的代言人,向国人、世界展现着一种不可抵挡的城市吸引力。但要注意的是,在建设城市形象和营造城市文化氛围时不仅要关注物质层面内容,还应重视精神层面内容。比如,在建设城市形象的过程中,应充分考虑到城市空间如何满足市民的权益和生活需要。

虽然,近年来,上海有很多以“以人为本”的城市设计与探索,但是这种热闹喧嚣的现象的背后,却让人觉得少了一些曾经的“记忆”,让人感觉到上海城市温情的缺失。

(二) 南京:自我宣传时还应注意“提升”

孙中山先生曾经这样评价过南京:“南京为中国古都,在北京之

① 见:2018年上海市政府工作报告

前。其位置乃在一美善之地区。其地有高山,有深水,有平原。此三种天工钟毓一处,在世界之大都市诚难觅如此佳境也。”[①]俗称“十朝都会”“六朝古都”的南京,有着6000多年的文化史以及2000多年的建城史。南京拥有丰富多彩的历史遗存,如明孝陵、明城墙、总统府、中山陵等。近年来,南京市通过成立历史文化名城保护领导小组,制定和修订了《南京历史文化名城保护规划》《南京市文物保护条例》《南京市地下文物保护管理规定》等一系列管理法规,又确定了“保老城,建新城”的方针,贯彻实施“一个疏散、三个集中”的新思路,进一步为老城的保护和开发提供了保证。经过采取一系列的保护、修缮和翻新措施,一些历史遗迹得以重新焕发光彩。[②] 南京在中国的文化史上有着举足轻重的地位,是历史上的“文化胜地”。经过2000多年的历史发展和文化积淀,在新一轮发展的过程中,南京逐渐形成了开放、兼容的城市文化特色和个性品格。南京市委所提的南京精神是“开明开放,诚朴诚信,博爱博雅,创业创新”,充分显出南京的恢宏气度与博大胸襟。但是,或许因为坐拥众多历史古迹,有着深厚的文化积淀,在经济快速腾飞、城市快速发展的时代背景冲击下,南京在城市文化特色的塑造上,显得有些迷茫和彷徨,城市文化缺乏传承性、创新性和发展性。

《中国城市性格》中,把南京称为“最适合学生生活”的城市,理由是南京“有点文化,不多;有点追求,不大;有点经济,不富;有点思想,不深刻。”[③]这个评价,虽然透露着南京的包容性好、是外地人天堂的含义,但并不能算是一个好评价。南京,在包容和博爱的氛围中,似乎缺少了一些文化再生力和自我提升力。

历史上,南京多次面临与外来文化的对话机遇,可惜的是,在与中原文化、吴楚文化、西方文化等多元文化的交流、冲突中,南京经常处于被动的境地。对此,潘知常教授认为,南京文化吸收能力强,但

---

① 苏言,闵唯.上海太昂贵.南京:江苏人民出版社,2010:271

② 陈仕龙.培育高品位的城市文化.群众,2005(9)

③ 牛晓彦.中国城市性格.北京:中国物资出版社,2005:122

是整合消化能力不足，即使有所整合消化，也是严重的消化不良；缺乏文化积累的导向性和内聚力；缺乏文化更新能力，无法从中脱颖而出，成为领先文化潮流的文化轴心。[①] 的确，南京在历史上的文化交流中表现了较高的吸收和包容性，但是选择性不强，也就是说缺少一定的融合性和再造性。我们必须看到，南京，这个历史悠久的文化古都，在现代化城市建设中，对于历史文化名城强调得过多，表现出"城墙"文化的特征，这也使得南京的城市文化缺少像上海那样的提升契机。

此外，南京文化产业领域中的中小微企业居多，呈现优势分散化的局面，较难适应强势市场竞争的现实需要。2012 年，南京文化产业的产业增加值可比价增速虽然高达 25%，但产业增加值总量依然偏小，比苏州少了 155 亿，与深圳、上海、北京、广州这些城市相比差距更大。[②] 另外，南京人文国际化程度较低，与城市国际化发展定位的矛盾也逐渐凸显。2011 年，南京入境旅游人数为150.7 万人次，仅为上海的 17.7%、杭州的 49.2%。[③]

城市特色不仅是一个城市文化品牌的生命力，也是一个城市最有价值的名片。南京的文化品牌要想享誉全国、走向世界，必须对那些能够体现城市特色的文化资源，进行有效的集聚、整合和利用，使其以独特的魅力在城市竞争的舞台上独领风骚。[④] 城市不可能也不应该仅依赖历史条件和自然条件而存在，提升城市形象的关键因素在于不断创新、不断寻找城市新的增长点。比如，在新技术发展的新时代，应利用互联网多元化信息技术，以云计算、物联网、移动互联、大数据为基础，建立城市文化因子数据库，将互联网创新成果与城市文化深度结合，全面挖掘城市的文化底蕴和人文魅力，推动城市品牌的升级。[⑤]

① 潘知常，陈小坚．南京城市形象研究．现代城市研究，2004(5)
② 张为付：江苏文化产业发展研究报告(2014)．南京：南京大学出版社，2016:47
③ 李程骅，等．城市与区域创新发展新论．北京：中国社会科学出版社，2014:79
④ 孙丽华．城市文化品牌的四大要件．光明日报，2006－4－2
⑤ 康显，武忠华．城市品牌建设思考．合作经济与科技，2016(9)

易中天曾说:“城市和人一样,也是有体味的。这个体味,也就是城市的‘文化味儿’。敏感的人,甚至一走进某座城市,就闻到了。”我们今天看到的南京,古都风貌展现不够充分,而且现代化建筑又无法与北京、上海等城市相比。如果说文化名城建设中,历史和现代的矛盾是所有历史名城都面临的共性问题,那么在自我宣传中遗忘自我提升,则不能不说是南京的个性问题。也正是这个问题,在一定程度上影响了南京的发展和推广。南京在自我提升时,最亟待解决的就是传统文化资源的保护和利用,建设好“特色文化+”的地域文化表达。

(三)杭州:打造城市品牌时还应注意“特征”

城市文化品牌是一个城市的历史文化传统、建筑设施的外观风貌、社会文化活动以及文化产业、文化产品、文化氛围所形成的最有个性的、鲜明的特性,是能够代表这个城市的、在国内外和社会各界公众中产生总体印象和评价的、易于为人们所指认的形象表述。[①] 城市在开展形象建设和文化营造的过程中,要打造立得住、叫得响的文化品牌。精准的品牌定位将成为城市形象的“表意符号”,但对于任何一个城市而言,打造文化品牌还远远不够,还应当把文化品牌看成一种可以再生的资源,借用品牌营销的策略,整合和利用有利的社会力量,确定具有特征的品牌名称,设计容易识别的标志和口号。城市文化品牌特征鲜明、突出,有利于城市文化品牌的经营和推广,有利于促进城市文化的高层次发展,同时也能全面提高城市品牌的美誉度,从而提高城市的认知度和人们的归属感。

优秀的城市文化一定有浓郁的历史积淀作底蕴,一定有悠久的市民精神在传承,一定有深厚的创造潜力在酝酿。国外很多形象良好、文化活力强的城市,无不具有独特的文化定位,如巴黎——“世界时尚之都”,维也纳——“世界音乐之乡”,伦敦——“充满选择机会的

① 孙丽华.城市文化品牌的四大要件.光明日报,2006-4-2

城市”,罗马——“古典文化集萃的城市”等,这些城市之所以成为现代城市的典范,就是在处理继承与发展、保护与建设、个性与共性的关系上做得很出色。在如今的信息时代,文化拥有了更加便捷与快速的传播方式,强势文化来袭,却也激发了很多国家的传统文化以前所未有的丰富姿态再次出现,它们通过语言、服饰、节庆、活动等承载形式,生机勃勃地“复活”在人们面前。

目前,“特色危机”已经成了中国城市文化品牌定位上最大的问题。城市化进程中,出现了很多由于简单模仿导致的“千城一面”的同质化现象。因此,城市特色的重塑,越来越受到关注。有区别才有个性,才有存在感。城市的品牌建设中,最直观的就是城市环境的规划和设计。城市环境规划与设计中需要因地制宜,但并不是完全由“外因”即地理因素决定,既需要充分挖掘城市的自然优势、地域优势,又要明确城市的经济、政治、文化因素对整体环境形象的要求等,抓住城市的个性特征和灵魂所在,做到“外顺”“内融”,最大限度满足人们的生活需求,这样才能使城市的文化品牌设计个性鲜明、特点突出,也才能增强城市竞争力,使城市具有可持续发展的动力。

如果城市品牌定位不准,就会使城市的发展目标模糊。杭州是一个有着无数浪漫故事和无限梦想的地方,但是对于杭州的城市形象建设如果过于拘泥于“江南”“女性”这样的描述,而不从“新杭州”的城市需求出发,不从城市精神、形象与营销的角度去推敲、梳理杭州的城市文化与城市性格,开拓新的话语内容,杭州城市文化发展将受到牵制,更严重的还有可能成为阻碍杭州城市发展的因素。杭州打造的一系列城市品牌,虽意在推进各种行业的发展及提升行业的形象,却造成了杭州形象认知的模糊性,也影响了人们对杭州城市定位及品牌的认知,影响了杭州的辐射效应的发挥。比如,2000 年以来,杭州陆续被冠以“女装之都”“爱情之都”“中国茶都”“动漫之都”“会展之都”“艺术之都”“天堂硅谷”“购物天堂”和“美食之都”等称号，在引起受众关注的同时，也弱化了城市定位与品牌的清晰度。[①]“特色”过多而无“特”可言，的确是城市定位的失误。

“上有天堂，下有苏杭”，杭州得天独厚的自然禀赋令无数文人墨客、天下豪杰为之倾倒，杭州名扬天下，已经被历史定格。对于很多人来说，杭州都是一个值得一逛的地方。在杭州演绎的一幕幕缠绵悱恻的爱情剧、惊天动地的历史剧，都是杭州独特的文化底蕴。可以说，杭州的城市名片是由自然与历史印制而成的，也是值得杭州人为之骄傲的。正如杭州市市歌《梦想天堂》中所描绘的那样：“我们的家，住在天堂，美丽的梦想，期盼明珠耀眼在东方。”

杭州是天生的明星城市，对于知名度的推广，这位天生丽质的明星也足够努力。始于 1929 年、重新开办于 1999 年的西湖博览会，至今已举办了 15 届，成为杭州的重要广告窗口；2001 年，杭州获得“联合国最佳人居奖”，让“人间天堂”的美得到世界的承认；2002 年，杭州更是取得了第九届世界休闲大会的举办权，成为亚洲第二个获得此举办权的城市，再一次提高了杭州在世界的知名度；2006 年首届世界休闲博览会在杭州成功举办，这是杭州历史上规模最大、时间最长、影响最广、参与人数最多、办会水平最高的一次博览会，杭州因此将原先的城市品牌“东方休闲之都”更名为“世界休闲之都”，真正地以全球化的目光来定位和宣传城市。

2007 年，杭州亮出城市品牌——“生活品质之城”。这一品牌设定不仅平淡，由于缺少“专属性”，就有了可替代性，品牌也就产生了模糊性。[②] 太过于强调“多元性”的文化特征反倒带来了“无特征”的文化形象。

21 世纪的沪宁杭在中国众多城市中都处于比较领先的地位。这三座城市要想继续保持领先地位，需要勇于直面城市文化肌理中的陈旧和落后，剔除城市文化中的不足，确立一种促进社会进步、人

① 陈白颖. 话语视域下的城市文化传播与发展策略探索——以杭州为例. 浙江树人大学学报，2015(2)

② 宁海林. 杭州城市品牌论——兼论城市品牌定位. 城市学刊，2016(5)

类发展的"国际胸襟",造就一代具有科学价值观、包容思维的思想进步的现代市民,进而让城市的文化品位得到进一步提升,让城市的文化人格得到进一步美化。

城市之间在经济、社会等所有领域的竞争,最终是文化的较量。文化擦亮城市面孔,思想决定城市战略。[①] 城市对于我们来说,不仅是具有居住功能的空间、具有使用价值的场所,还是具有文化生产和文化保留价值的"想象空间"。因此,城市文化的构建和存在也是多样的。想象中的城市与现实中的城市相互交叠,构建出亲密的个人关系。此外,在想象中所遭遇和体验到的城市,引导人们在"真实的"空间中不遗余力地搜寻着可感知的建筑标记物。通过这些标记物,人们可以确认,想象的就是真实的。[②] 可以说,这些"想象"的城市有些是由我们的"记忆"不遗余力地构建的,它和现实的城市交织在一起并保留在我们的生命中,成为一个城市的独特的个性"品牌",具有独特的个性价值和文化意义。

① 单霁翔.关于"城市""文化"与"城市文化"的思考.文艺研究,2007(5)

② 史蒂文森.城市与城市文化.李东航,译.北京:北京大学出版社,2015:143

认知与前瞻

2018年是党的十九大召开后的第一年，也是改革开放40周年。当代中国正处在城市化水平快速提高时期。国家统计局发布的数据显示："2017年末，我国城镇常住人口81347万人，比上年末增加2049万人；城镇人口占总人口比重（城镇化率）为58.52%，比上年末提高1.17个百分点。"[①]长江三角洲地区是中国经济最发达、人口最密集的地区，以世界城市群为标杆，城镇化水平已达到70%左右。[②]长江三角洲位于大陆海岸线中部、长江入海口，自然条件优越，区位优势明显，处于长江经济带的龙头位置；同时，长江三角洲地区还是中国最大的经济核心区之一，经济基础良好，科技和文化教育事业发达。根据国家建设规划，到2020年这里将形成世界级城市群框架，人口将进一步增长，经济密度也将进一步提高。届时，长江三角洲地区虽然仅占全国2.2%的陆地面积，却要集中全国十分之一以上的人口，创造全国五分之一以上的国内生产总值。

---

① 陈炜伟.我国城镇化水平快速提高.经济日报，2018-2-5

② 陈雯，等.长江三角洲新型城镇化发展问题与态势的判断.地理研究，2015(3)

城市社会来临时期，虽然中外都有寓言故事讽刺城市或者城里人，但是对多数人来说，城市相对于乡村，是一个有着无限机会和无限梦想的地方，是一个代表未来的地方。城市化进程给中国带来了巨大的机遇和变化。中国的城市化有着其特有的个性特征，其发展规模和发展模式都与欧洲以及北美国家不同。其中最主要的就是中国的城市化进程在不同地区表现出巨大的差异性，如东部沿海城市与内地城市之间差别巨大，大城市与中小城市的发展差别巨大，即使是同一个城市内部也存在较大的区域差异。这些差异反映在城市的社会群体之间就表现为不同的社会群体的生存方式、文化表达方式存在巨大的差异。城市化促进了社会群体的流动，但是社会群体之间的差别并没有因为群体的流动而消弭，这种差异的鸿沟越来越明显。

中国的城市群要想在世界城市全球竞争的关系中占据世界经济价值链的高端区位，必须创造合理的、跨行政区域的、有内在市场机制关系的"城市群差序化格局"，并通过构建新型的城市群结构体系，直接参与城市全球化的竞争，创造中国区域现代化示范区。① 因此，我们需要在尊重"城市群差序化格局"的基础上，考察与分析城市文化特质，建立差异化发展定位，才能更好地实施长江三角洲区域内的经济发展与生态发展的协同战略。

城市发展需要提高竞争力和吸引力，也就是城市的"魅力"取决于其文化资源的利用状况和文化资源的整合水平。城市文化是城市的灵魂所在。很多的研究者都注意到了城市文化的重要性，城市文化无论对于提高城市的竞争力还是增加城市的吸引力都有重要影响。我们不能不认可的是，全球化虽然带来城市交通信息等交流的便捷，但是也带来了城市发展的趋同性。城市特色是一个城市区别于其他城市的个性特征，正如一个人的"颜值"和"才华"都是一个人的个性特征和魅力所在。在中国城市化进程的今天，我们更要强调

① 张鸿雁."大上海国际化都市圈"的整合与建构——中国长三角城市群差序化格局创新研究.社会科学，2007(5)

城市不要失掉个性特征。

城市是一部具体的、真实的人类文化的记录簿。[①] 不同的城市有不同的文化和特质。城市与城市文化产生于特定的时间与空间之中。每一个城市的文化都和其地理环境有着密不可分的关系。每一个城市，在不同的历史阶段，有着不同的表现形态和功能。城市文化特色不仅包括一座城市看起来的观感，也就是城市的“颜值”，还包含游览者或者居民的感受和评价。城市文化特色决定了这座城市不同于所有其他城市，成为一个独一无二的，充满诱惑力的观光、工作、生活和投资的场所。

城市是人类改造自然的最伟大成果，是人类活动融历史性、社会性于一体的社会实践成果。城市文化既产生于城市，又能滋养城市，是城市发展的动力，是城市的软实力，即一个城市的“才华”，是彰显城市个性的名片。从世界城市发展和影响力的经验来看，软实力的构建即“才华”的彰显是一个城市发展的推动力和提升力。如东京、巴黎、纽约、伦敦等城市，之所以世界闻名，就在于其展现的“魅力”。此外，城市文化形成和城市形象的构建和生活于其中的人类行为有着密不可分的联系。正如古希腊哲学家亚里士多德所说的：“人们为了生活，聚居于城市；人们为了生活得更好，留居于城市。”为了生活得更舒适、更幸福，人类创造了城市。城市是人类满足自身发展需要的聚居形式。城市空间是人类工作、生活学习的重要场所，为人类拥有，也被人类改造。

中国的一些城市，虽然不缺乏文化资源也不缺文化资本要素，但是缺乏“文化资本再生产”的“城市文化自觉”，很多文化资源和文化资本性要素还没有通过再生产转化为世界性的文化资源和文化主张，也没有成为国家和城市永续发展的文化动力源泉。[②] 任何一种文化的形成和发展都有一个日积月累、潜移默化的缓慢过程，逐渐形成

① 蒯大申.城市更新的文化内涵.文化艺术研究，2008(2)

② 张鸿雁.迪士尼文化给我们带来什么启示——对中国文化建设的五重反思.探索与争鸣，2016(2)

“积淀”和“底蕴”。“文化是一个过程，是一个开放的体系，要随着时代发展和社会进步，不断进行调整、更新和重塑，使一个民族的文化永葆与时俱进的活力，这就是文化的发展和创造。”[①]现代社会，文化的软实力作用越来越凸显，文化与经济、政治等方面越来越难以划清界限，文化在综合国力竞争中的地位也得到了越来越多的关注。因此，它被誉为经济的“杠杆”、社会发展的“火车头”。在知识经济扑面而来的新时代，强调建设国家和城市文化创新体系、形成整体优势至关重要。每个城市都有其独具特色的文化传统。这些传统都是宝贵的精神财富，都是一个城市产生新的文化创造力的重要基础和思想源泉。沪宁杭地域文化各有优势和特色，在“和而不同、相互包容、相辅相成、相得益彰”中找准定位，相互携手，积极推进合作与发展，避免城市特色危机，避免城市竞争中出现的产业同构、千城一面格局，如能做到这一点，长三角的整体综合竞争力将会得到极大提升。

从中华民族的生存与发展的高度去理解，“文化认同”程度代表着民族共同价值体系的文化凝聚力和民族文化心理结构所构成的民族生存力，这是随着时代变化而不断发展的文化身份识别和规范求同的民族归属感的核心。[②] 文化自信是文化认同的基础，是文化繁荣和民族发展的重要力量。习近平总书记在十九大报告中提出：“没有高度的文化自信，没有文化的繁荣兴盛，就没有中华民族伟大复兴。”同样，对一个城市来说，城市的文化就是城市建设、城市发展与城市繁荣的宝藏和精神支柱。城市也需要文化认同和文化自信，城市文化自信是确立城市自我认同的源泉。让一个城市能产生文化自信、自我认同的，正是这个城市在发展过程中与众不同的发展历史和文化资源。这些历史、文化的“基因”造就了一个城市的独特气质与性格。

城市文化之所以越来越受到重视，就在于它能带给人们文化自

---

① 单霁翔. 关于“城市”“文化”与“城市文化”的思考. 文艺研究，2007(5)

② 张鸿雁. 核心价值文化认同的建构与文化治理——深化改革文化治理创新的模式与入径. 南京社会科学，2015(1)

信和自我认同的力量。虽然20世纪以来，国际化、全球化的浪潮在一定程度上抹杀了城市的特色和个性，使得很多城市的风格越来越相似——一样的高楼林立，一样的商场品牌，一样宽大的马路……但是，人们也越来越意识到，巴黎之所以是巴黎，东京之所以是东京，南京之所以是南京，都是因为城市文化的不同，这种不同才能真正彰显一个城市的价值和存在感，才能给这个城市的人带来归属感和自豪感。

长江三角洲地区在我国城市群中处于“龙头”地位，也是我国城市文化建设与城市发展创新的重要试验场。国家的长江经济带发展战略、“一带一路”倡议等的提出，“区域一体化”的城市认同及其深度发展，增加了长江三角洲地区的城市之间的发展凝聚力，长江三角洲城市之间的互动与合作越来越多，互动与合作的方式和内容也越来越丰富。长江三角洲地区各城市正在携手迎接一个合作共进的新时代。

沪宁杭三个城市作为该区域的中心，有着得天独厚的优势。近年来，三个城市在品牌形象推广方面也格外重视。上海、南京、杭州三座城市虽然地理位置相近，但是由于不同历史阶段的地位和功能的差异，形成了不同的城市文化特色。城市文化特色是多种因素共同作用的结果，其中地理因素、历史因素、现实因素与想象因素（包括文学以及影视作品的影响因素等）都在其中产生了重要影响。这些看似不相关联的因素结合在一起，构成了沪宁杭各自不同的城市文化特色。

本书梳理出沪宁杭城市文化的发展与变迁过程以及文化产业的发展状况，有助于城市管理者把握城市文化资源的发展方向和城市文化资本化的方式，促进文化资源在城市品牌塑造及提升中的相关政策形成。城市通过对文化资源的梳理、挖掘与开发，提高人们对该城市的认同感、自豪感、归属感，增强城市文化的自信心、满意度和美誉度，对于发挥城市的规模效应、集聚效应以及辐射效应有着重要作用。

上海在三座城市中，虽然不是历史最悠久的，但是自开埠以后，其经济迅速发展，文化地位也随之迅速上升，甚至一度成为中国的文化中心。“魔都上海”“摩登上海”等一系列上海相关的城市文化研究也日益兴盛。不同时代的作家也都喜欢以“上海”为背景进行创作。如今的上海不仅是国家一线城市，还是世界性大都市。上海的城市愿景是“（到 2020 年）把上海初步建成国际经济、金融、贸易中心之一，基本确立上海国际经济中心城市的地位，基本建成上海国际航运中心。发挥上海国际国内两个扇面辐射转换的纽带作用，进一步促进长江三角洲和长江经济带的共同发展。”

南京，在三座城市中，历史是最厚重的。在古代，南京有六朝古都的深厚历史积淀；在近代，南京曾作为中华民国总统府所在地，有着极高的曝光率；在现代，作为全国经济大省——江苏的省会，南京也从未缺少关注的目光，2006 年的首届世界名城博览会成为南京自我宣传的又一大窗口。如今的南京，虽然在 GDP 和常住人口数量方面和上海相比还有一定差距，但是其之所以能够成为长江三角洲地区唯一的“特大城市”，自然是由于自身特别的优势。

杭州，在三座城市中，是最轻松安逸的所在。作为“新一线”城市的杭州，曾因皇帝逃亡南下而成为偏安一隅的南宋都城，其城市文化特质中蕴含着偏安古都所特有的“偏安得安”的文化精神。“上有天堂，下有苏杭”的美誉，使杭州成为众人向往的城市。2001 年杭州更获得“联合国最佳人居奖”，成为世界公认的“人间天堂”；2006 年的世界休闲博览会，2016 年的 G20 杭州峰会都对扩大城市品牌知名度功不可没。

城市的价值直接构成国家的软实力，增加国家在世界竞争中的软实力，特别是上海、南京、杭州这样具有代表性的城市，如何定位自己的城市，如何在寻求共同进步的同时保持自己的城市个性和特色，对目前中国的城市建设与社会发展来说也具有极大的参考价值。沪宁杭三城的城市文化形象是鲜明而具有特色的，推广城市的心态是积极的，但是我们必须看到在沪宁杭城市文化建设中也有一些不足。

沪宁杭三座特色不同的城市，在中国城市文化建设中有着较高的知名度、美誉度和认可度。虽然在不同的历史发展阶段，其表现出的城市形态和发挥的功能迥然相异，但是都为中国城市文化特色的建设和比较留下了大量的资料。同时，对沪宁杭千百年来传承下来的优秀文化遗产，我们要审慎地加以继承与保护。沪宁杭作为知名的历史文化名城，有着深厚的文化底蕴和文化积淀，为城市的建设和发展提供了重要的文化资源与动力，因此我们一定要充分发掘城市文化底蕴中的合理内核，传承发扬传统文化的精髓，并将这些资源变为城市发展的新动力。

城市是一个国家或地区文化最集中的地方，城市广泛吸收传统智慧和现代文明，要实现国家的文化复兴和民族的文化发展离不开城市文化的引领作用。人们对城市的向往和憧憬决定了城市化的过程不可逆转。城市文化是一个多元构建的过程，“城市，让生活更美好”，不仅仅是城市的理想，也是每一个城市建设者和城市研究者的理想。我们有充分的理由相信：理想的光辉最终会照进现实！

参考文献

1. 凯文·林奇. 城市意象. 方益萍,何晓军,译. 北京:华夏出版社,2001

2. 九野文化. 呼吸上海. 广州:广东旅游出版社,2004

3.《上海和横滨》联合编辑委员会,上海市档案馆. 上海和横滨——近代亚洲两个开放城市. 上海:华东师范大学出版社,1997

4. H. 孟德拉斯. 农民的终结. 李培林,译. 北京:中国社会科学出版社,1991

5. 安东尼·吉登斯. 失控的世界. 周红云,译. 南昌:江西人民出版社,2001

6. 芭芭拉·门奈尔. 城市和电影. 陆晓,译. 南京:江苏凤凰教育出版社,2016

7. 柏拉图. 柏拉图全集. 王晓朝,译. 北京:人民出版社,2003

8. 鲍士杰. 说说杭州话. 杭州:杭州出版社,2005

9. 布鲁格曼. 城变. 董云峰,译. 北京:中国人民大学出版社,2011

10. 布伦纳. 精神分析入门. 杨华渝,等译. 北京:北京出版社出版集团,2000

11. 陈白颖. 话语视域下的城市文化传播与发展策略探索——以杭州为例. 浙江树人大学学报,2015(2)

12. 陈伯海. 上海文化通史. 上海:上海文艺出版社,2001

13. 陈立旭. 都市文化与都市精神:中外城市文化比较. 南京:东南大学出版社,2002

14. 陈尚荣,孙宜君,刘慧. 新媒体与南京城市形象传播. 新闻爱好者,2015(11)

15. 陈仕龙. 培育高品位的城市文化. 群众,2005(9)

16. 陈雯,等. 长江三角洲新型城镇化发展问题与态势的判断. 地理研究,2015(3)

17. 陈永新. 论城市形象资源的理论界定与实践意义. 经济体制改革,2003(6)

18. 陈宇飞. 文化城市图景:当代中国城市化进程中的文化问题研究. 北京:文化艺术出版社,2012

19. 仇立平. 上海市民职业地位评价及其意义. 社会,1996(7)

20. 戴维·钱尼. 文化转向:当代文化史概览. 戴从容,译. 南京:江苏人民出版社,2004

21. 单霁翔. 关于"城市""文化"与"城市文化"的思考. 文艺研究,2007(5)

22. 丁楹. 南宋干谒与文学论纲. 重庆文理学院学报(社会科学版),2011(4)

23. 董维涛. 一方水土一方人. 北京:中国工人出版社,2003

24. 董晓峰. 城市形象形成发展的基本规律探索. 兰州大学学报(社会科学版),1999(4)

25. 范今朝,汪波. 运河(杭州段)功能的历史变迁及其对杭州城市发展的作用. 浙江大学学报,2001(9)

26. 范天宁. 匠人营国:杭州手工艺与城市文化形象——以张小泉剪刀为例. 现代交际,2017(11)

27. 方巍. "杭铁头":见义勇为现象的透视. 青年研究,1994(5)

28. 冯契. 哲学大辞典. 上海:上海辞书出版社,1992

29. 弗罗姆. 逃避自由. 刘林海，译. 北京：国际文化出版公司，2000

30. 傅绍万. 城市与文化. 北京：商务印书馆，2014

31. 盖湘涛. 城市景观美学. 长春：东北师范大学出版社，1988

32. 高小康，郦因素. 文化发展与南京城市形象建设. 南京社会科学，1999(增刊)

33. 高小康. 时尚与形象文化. 天津：百花文艺出版社，2003

34. 格尔斯. 人的现代化素质探索. 曹中德，等译. 天津：天津社会科学院出版社，1995

35. 格里格. 心理学与生活. 王垒，等译. 北京：人民邮电出版社，2003

36. 葛红兵. 城市批评·上海卷. 北京：文化艺术出版社，2002

37. 葛剑雄，等. 人口与中国的现代化(1850 年以来). 上海：学林出版社，1999

38. 葛璐. 三个"新上海人家庭"早期育儿的叙事研究. 华东师范大学，2010

39. 葛永海. 古代小说与城市文化研究. 上海：复旦大学出版社，2004

40. 龚若栋. 上海人与上海文化探源. 历史教学问题，2002(4)

41. 郭洪懋. 城市的整体经营与城市建设的产业化发展. 见：饶会林，等主编. 城市经济理论前沿课题研究. 大连：东北财经大学出版社，2001

42. 哈布瓦赫. 论集体记忆. 毕然，郭金华，译. 上海：上海人民出版社，2002

43. 何美丽，李进. 城市文化形象塑造新思维. 长沙铁道学院学报(社会科学版)，2007(9)

44. 何世茂. 沿江开发背景下的南京城市发展思路. 规划师，2003(12)

45. 何树红，刘玉清. 云南文化产业发展的金融支持. 经济问题探索，2011(5)

46. 何一民,田凯. 论城市公共环境艺术与城市形象建设. 西南交通大学学报(社会科学版),2002(6)

47. 何一民. 近代中国城市发展与社会变迁(1840～1949). 北京:科学出版社,2004

48. 荷兰根特城市研究小组. 城市状态:当代大都市的空间、社区和本质. 敬东,译. 北京:中国水利出版社,2005

49. 黑格尔. 历史哲学. 王造时,译. 上海:上海书店出版社,1999

50. 洪振强. 我国文化博览会的现状、作用及特征. 江汉大学学报(人文科学版),2011(3)

51. 胡焕庸. 中国人口·上海分册. 北京:中国财政经济出版社,1987

52. 胡小武. 城市形象战略的两大属性. 城市问题,2003(2)

53. 胡晓林. 世界文化市场概览. 北京:中国大百科全书出版社,1995

54. 黄南. 南京城市文化形象的成因及定位. 南京社会科学,2000(8)

55. 纪晓岚. 论城市本质. 北京:中国社会科学出版社,2002

56. 江蓝生,等. 2001～2002 年:中国文化产业发展报告. 北京:社会科学文献出版社,2002

57. 江蓝生,等. 2003 年:中国文化产业发展报告. 北京:社会科学文献出版社,2003

58. 康纳顿. 社会如何记忆. 纳日碧力戈,译. 上海:上海人民出版社,2000

59. 康显,武忠华. 城市品牌建设思考. 合作经济与科技,2016(9)

60. 蒯大申. 城市更新的文化内涵. 文化艺术研究. 2008(2)

61. 勒庞. 乌合之众:大众心理研究. 冯克利,译. 北京:中央编译出版社,2000

62. 雷诚. 论城市文化意象创造. 重庆建筑大学学报,2001(9)

63. 李程骅,等. 城市与区域创新发展新论. 北京:中国社会科学出版社,2014

64. 李建国. 城市文化产业发展研究. 中共杭州市委党校学报, 2000(4)

65. 李蕾蕾. 基于社会网络思想探讨文化创意产业和创意城市的发展战略. 见:彭立勋,主编. 深圳文化蓝皮书(2012):城市文化自觉与文化深圳建设. 北京:中国社会科学出版社,2012

66. 李明超. 创意城市推动文化创意产业发展的政府导向研究. 管理学刊,2013(12)

67. 李勤德. 中国区域文化. 太原:山西高校联合出版社,1995

68. 李天纲. 人文上海:市民的空间. 上海:上海教育出版社,2004

69. 李原,李洋. 被毁灭的城市. 北京:学林出版社,1985

70. 李芸. 差异化城市功能的定位与战略设计. 江苏社会科学, 2000(9)

71. 连玉明. 2004 中国城市报告. 北京:中国时代经济出版社,2004

72. 梁君. 区域文化产业升级机制与路径. 桂林:广西师范大学出版社,2016

73. 梁漱溟. 乡村建设理论. 梁漱溟全集(第 2 卷). 济南:山东人民出版社,2005

74. 林海音. 城南旧事. 合肥:安徽教育出版社,2015

75. 林华东. 从良渚文化看中国文明的起源. 浙江学刊,1994(6)

76. 林正秋,等. 历史形成的杭州特色及其对杭州跨世纪发展的影响. 杭州师范学院学报,1999(2)

77. 刘滨谊. 现代景观规划设计. 南京:东南大学出版社,1999

78. 刘道兴. 试论中国城市环境的文化品位提升. 郑州大学学报,2002(2)

79. 刘茜. 知识经济与文化产业. 北京:文化艺术出版社,2002

80. 刘树人. 空间遥感环境考古的地学分析. 地球信息,1998(1)

81. 刘易斯·芒福德. 城市发展史. 宋峻岭,等译. 北京:中国建筑工业出版社,1989

82. 陆峰.上海城市空间重构中的得与失.社会观察,2005(4)

83. 罗超.文化结构与中国文化本体.殷都学刊,2004(2)

84. 罗亚蒙.城市功能:城市竞争力与城市兴衰.魅力中国,2006(12)

85. 马克思.资本论(第一卷).北京:人民出版社,1986

86. 马克思,恩格斯.马克思恩格斯选集(第二卷).北京:人民出版社,1972

87. 马武定.21世纪城市的文化功能.城市规划汇刊,1998(1)

88. 马武定.文化决定空间——消费社会语境下的城市文化精神.规划师,2008(11)

89. 马长林.租界里的上海.上海:上海社会科学院出版社,2003

90. 梅新林,陈国灿.江南城市化进程与文化转型研究.杭州:浙江大学出版社,2005

91. 孟德斯鸠.论法的精神.孙立坚,等译.西安:陕西人民出版社,2001

92. 孟悦.人·历史·家园:文化批评三调.北京:人民文学出版社,2006

93. 米歇尔·博德.资本主义史:1500～1988.吴艾美,等译.北京:东方出版社,1986

94. 闵学勤.南京城市形象的定位分析.城市问题,2001(4)

95. 宁海林.杭州城市品牌论——兼论城市品牌定位.城市学刊,2016(5)

96. 牛晓彦.中国城市性格.北京:中国物资出版社,2005

97. 帕克等.城市社会学.宋俊岭,等译.北京:华夏出版社,1987

98. 潘辉.中国三大经济圈FDI投资环境之比较.现代财经(天津财经大学学报),2011(4)

99. 潘允康.城市社会学新论:城市人与区位的结合与互动.天津:天津社会科学院出版社,2003

100. 潘知常,陈小坚.南京城市形象研究.现代城市研究,2004(5)

101. 漆捷,李英姿.文化在区域经济中的整合功能——以山西

区域经济发展为例. 中共山西省委党校学报,2005(5)

102. 齐美尔. 桥与门——齐美尔随笔集. 涯鸿,宇声,等译. 上海:上海三联书店,1991

103. 祁今燕. 城市雕塑与历史文脉. 新材料新装饰,2004(11)

104. 钱乃荣. 沪语盘点:上海话文化. 上海:上海文化出版社,2002

105. 乔治·里尔茨. 社会的麦当劳化——对变化中的当代社会生活特征的研究. 顾建光,译. 上海:上海译文出版社,1999

106. 饶会林. 城市经济学. 大连:东北财经大学出版社,1999

107. 任平. 时尚与冲突——城市文化结构与功能新论. 南京:东南大学出版社,2000

108. 尚天成,赵黎明. 对城市经营的思考. 长安大学学报(社会科学版),2005(3)

109. 邵建光. 城市文化特色意蕴中的南京现代化战略选择. 南京社会科学,2002(12)

110. 佘国平. 论城市功能塑造与文化发展. 社会科学,1994(7)

111. 沈进. 现代城市管理与调控. 南京:南京大学出版社,1991

112. 沈青松. 城市形象及其塑造. 江南论坛,1999(7)

113. 沈青松. 来自第七届海峡两岸城市发展研讨会的报告. 江南论坛,2001(2)

114. 沈渭滨,姜鸣. 阿拉上海人——一种文化社会学的观察. 上海:复旦大学出版社,1993

115. 史蒂文森. 城市与城市文化. 李东航,译. 北京:北京大学出版社,2015

116. 史及伟. 杭州历史文化特征与新人文精神研究. 江南论坛,2003(3)

117. 史念海. 中国古都和文化. 北京:中华书局,1996

118. 斯蒂芬·迈尔斯. 消费空间. 孙民乐,译. 南京:江苏教育出版社,2013

119. 苏桂宁. 20世纪中国市民形象与市民文化. 北京:中国社会科学出版社,2013

120. 苏建荣. 鄂尔多斯文化产业发展的探索与实践. 实践(党的教育版),2013(6)

121. 苏言,闵唯. 上海太昂贵. 南京:江苏人民出版社,2010

122. 苏永军,邹晓东. 上海文化产业发展浅析. 上海大学学报,2002(8)

123. 苏智良. 中国城市化进程中城市风貌与历史建筑的保护. 上海师范大学学报,2012(3)

124. 唐代剑,徐行健. 论杭州国际形象设计与营销. 商业经济与管理,2002(10)

125. 陶建杰. 城市形象传播的误区突破与策略选择. 城市问题,2011(2)

126. 涂尔干. 社会分工论. 渠东,译. 北京:生活·读书·新知三联书店,2000

127. 涂文学. 对立与共生:中国近代城市文化的二元结构. 天津社会科学,1998(1)

128. 汪辉,陈燕谷. 文化与公共性. 北京:生活·读书·新知三联书店,1998

129. 汪莲. 城墙与租界的社会文化功能分析——南京、上海社会文化比较. 学海,1996(5)

130. 王干. 城市批评·南京卷. 北京:文化艺术出版社,2002

131. 王国平. 城市学总论. 北京:人民出版社,2013

132. 王会昌. 中国文化地理. 武汉:华中师范大学出版社,1992

133. 王静. 城市标准色与城市形象的塑造. 美与时代,2004(7)

134. 王立人. 长三角区域文化共同发展之思考. 江南论坛,2004(3)

135. 王萍萍. 城市品牌化路径探析——从城市品牌定位、塑造、营销到管理. 城市管理与科技,2015(2)

136. 王喜绒,李新彬. 比较文化概论. 兰州:兰州大学出版

社,1999

137. 王晓玉.上海女性.上海:上海文艺出版社,1992

138. 王新文.关于城市形象的文化审视.山东大学学报(哲学社会科学版),2003(4)

139. 王兴平.后院意识 偏安思想 西湖情结.规划师,2002(10)

140. 王雅林,等.构建生活美:中外城市生活方式比较.南京:东南大学出版社,2003

141. 王燕文.以创新思维打造“文化南京”.求是,2003(1)

142. 威廉·费尔丁·奥格本.社会变迁——关于文化和先天的本质.王晓毅,等译.杭州:浙江人民出版社,1989

143. 魏心宏.南京作家五魁手——苏童、叶兆言、韩东、黄蓓佳、毕飞宇.传记文学,2013(9)

144. 温朝霞.浅谈城市文化在城市可持续发展中的作用.党政干部论坛,2001(8)

145. 翁嫣.“动漫之都”何以崛起?——杭州动漫产业发展的战略分析.见:高小康,主编.城市文化评论(第1卷).上海:上海三联书店,2006

146. 吴承联.旧上海茶馆酒楼.上海:华东师范大学出版社,1989

147. 吴克礼.文化学教程.上海:上海外语教育出版社,2002

148. 吴忠,王为理,等.城市文化论,深圳:海天出版社,2014

149. 西蒙娜·薇依.扎根——人类责任宣言绪论.徐卫翔,译.北京:生活·读书·新知三联书店,2003

150. 夏盈.城市品牌塑造中的地方政府行为研究.学理论,2016(7)

151. 向勇.北大文化产业前沿报告.北京:群言出版社,2004

152. 肖明,段进.南京城市特色公众意向调查分析.规划师,2003 (1)

153. 肖艳阳.全球化时代城市呼唤情感设计.湖南大学学报,2003(7)

154. 谢鹏鹏. 从“最中国”评选看电视城市形象广告传播误区. 湖南广播电视大学学报,2013(4)

155. 辛向阳,周树兴,等. 人文中国:中国的南北情貌与人文精神. 北京:中国社会出版社,1996

156. 熊月之,周武. 海纳百川:上海城市精神研究. 上海:上海人民出版社,2003

157. 熊月之. 上海租界与文化融合. 学术月刊,2002(5)

158. 徐国源. 空间性、媒体化与城市造像:文化诗学与城市审美. 上海:上海人民出版社,2015

159. 徐康宁,等. 文明与繁荣:中外城市经济发展环境比较研究. 南京:东南大学出版社,2002

160. 薛冰. 家住六朝烟水间. 南京:南京师范大学出版社,2005

161. 杨东平. 城市季风:北京和上海的文化精神. 北京:东方出版社,1994

162. 杨剑龙. 论中国城市化进程中的文化遗产保护. 中国名城研究,2010(5)

163. 杨章贤,刘继生. 城市文化与我国城市文化建设的思考. 人文地理,2002(8)

164. 杨志坚. 南京山水与十朝古都胜迹. 资源调查与环境,2002(4)

165. 叶南客. 城市形象塑造战略新论. 学术研究,2000(12)

166. 叶南客. 南京市民对职业声望的评价. 社会,1997(1)

167. 叶兆言. 南京:历史和人文. 万象,2002(1)

168. 叶兆言. 谈天说地・闲说中国人. 连载:南京人不承认自己是南京人(4). 北京晚报,2001-4-30

169. 叶兆言. 南京人. 杭州:浙江人民出版社,1997

170. 叶志坚. 文化功能论. 中共福建省委党校学报,2003(10)

171. 叶中强,朱红. 文学想象与城市文化的多元建构. 上海:上海社会科学院出版社,2013

172. 易介中. 中国城市文化脸皮书. 北京:中国青年出版

社,2014

173. 易居.城市形象的基本概念和系统构建.苏州城市建设环境保护学院学报,2000(1)

174. 易中天.读城记.上海:上海文艺出版社,2004

175. 尹继佐.文化发展与国际大都市建设:2003年上海文化发展蓝皮书.上海:上海社会科学院出版社,2002

176. 尹农.城市化进程与杂志产业发展.南京社会科学,2011(12)

177. 尹启华,魏海涛.城市品牌研究.湖南工程学院学报,2003(12)

178. 英格尔斯.人的现代化素质探索.曹中德,等译.天津:天津社会科学院出版社,1995

179. 於贤德.城市空间命名的艺术追求.现代城市研究,1996(2)

180. 于海.城市社会学文选.上海:复旦大学出版社,2005

181. 余秋雨.文化苦旅.上海:上海知识出版社,1992

182. 喻学才,毛桃青.关于南京旅游文化发展战略的思考.南京社会科学,1994(4)

183. 元名杰,张学荣.浅议城市形象建设.浙江经专学报,1996(3)

184. 约翰·R.霍尔,玛丽·乔·尼兹.文化:社会学的视野.周晓虹,徐彬,译,北京:商务印书馆,2002

185. 约瑟夫·皮珀.闲暇文化的基础.刘森尧,译.北京:新星出版社,2005

186. 张鸿雁,吴新兰.沪宁杭城市群文化产业的特色认知.上海城市管理职业技术学院学报,2007(1)

187. 张鸿雁,张登国.城市定位论.南京:东南大学出版社,2008

188. 张鸿雁.人类城市化的"城市文化基因"与"城市社会再造文化因子"论——城市社会进化的人类学与社会学新视角.社会科学,2003(9)

189. 张鸿雁."城市文化资本":借古开今、创想未来的永续动

力. 上海城市管理，2014(5)

190. 张鸿雁. 城市形象与"城市文化资本"论——从经营城市、行销城市到"城市文化资本"运作. 南京社会科学，2002(12)

191. 张鸿雁. 城市形象与城市文化资本论——中外城市形象比较的社会学研究. 南京：东南大学出版社，2002

192. 张鸿雁. 迪士尼文化给我们带来什么启示——对中国文化建设的五重反思. 探索与争鸣. 2016(2)

193. 张鸿雁. 核心价值文化认同的建构与文化治理——深化改革文化治理创新的模式与入径. 南京社会科学，2015(1)

194. 张鸿雁. 论当代中国城乡多梯度社会文化类型与社会结构变迁——依据"社会事实"对"二元结构"的重新认知. 南京社会科学，2007

195. 张鸿雁. 农村人口都市化与社会结构变迁新论——孟德拉斯《农民的终结》带来的思考. 民族研究，2002(1)

196. 张鸿雁. 侵入与接替：城市社会结构变迁新论. 南京：东南大学出版社，2005

197. 张鸿雁. 社会经济形态转型条件下"结构性农业经济"的构建. 社会科学，1996(1)

198. 张鸿雁. 中国"非典型现代都市病"的社会病理学研究. 社会科学，2010(10)

199. 张鸿雁. 走出城市的特色危机. 群众，2016(5)

200. 张鸿雁. 城市·空间·人际：中外城市社会发展比较研究. 南京：东南大学出版社，2003

201. 张龙. 城市营销视角下的城市形象定位误区及模式重构. 生产力研究，2012(5)

202. 张为付：江苏文化产业发展研究报告(2014). 南京：南京大学出版社，2016

203. 张兴龙. 从起源角度看江南文化精神. 江南大学学报，2008(6)

204. 张亚东. 论文化产业的特殊性及市场定位. 枣庄学院学报，

2005(4)

205. 张燕. 城市形象建设误区分析及对策建议. 河北青年管理干部学院学报,2013(3)

206. 章友德. 城市社会学案例教程. 上海:上海大学出版社,2003

207. 赵东华. 南京的性格. 北京:中国经济出版社,2005

208. 赵莉. 当前城市形象传播误区及对策——以杭州为例. 对外传播,2011(1)

209. 赵玉忠. 文化市场概论. 北京:中国时代经济出版社,2004

210. 赵紫燕. 杭州、上海、厦门位居前三　对19个副省级及以上城市文化软实力的测评研究. 国家治理,2017(1)

211. 郑胜华,刘嘉龙. 世界休闲之都———21世纪杭州城市形象定位. 旅游学刊,2002(1)

212. 中国城市科学研究会. 城市科学与未来城市. 北京:中国科学技术出版社,2016

213. 周建秋. 城郭九谭:中国城市问题讨论. 北京:东方出版社,1999

214. 周京奎,黄雄. 城市产业承载力评价方法与测度研究. 河北学刊,2018(2)

215. 周乾松. "十二五"时期加快我国文化创意产业的思考. 河南科技学院学报,2011(5)

216. 周晓虹. 社会时尚的理论探讨. 浙江学刊,1995(3)

217. 周晓虹. 时尚现象的社会心理分析. 社会科学战线,1994(5)

218. 周晓虹. 现代社会心理学——多维视野中的社会行为研究. 上海:上海人民出版社,1997

219. 朱颖,张佳睿. 全球城市的经济地位研究. 城市发展研究,2016(1)